社会性弱势群体
犯罪治理研究

向　鹏◎著

中国政法大学出版社

2020·北京

　　社会性弱势群体犯罪问题关系到我国社会的稳定和发展，关系到改革开放的顺利进行，解决社会性弱势群体犯罪问题是建设社会主义和谐社会、小康社会全面建成的落脚点，具有重要的现实意义。社会性弱势群体犯罪问题是我国现阶段犯罪的重要类型，我国学者对社会性弱势群体犯罪问题的研究还只停留在个别问题的讨论上，本书以社会性弱势群体为研究对象，通过实证调查研究，从犯罪学、刑法学及统计学等多视角开展研究工作，尝试开拓这一研究领域的"处女地"，对我国犯罪学理论无疑是一种丰富和提升。

　　社会性弱势群体现在已成为社会学、法学和政治学等领域研究的重点。不同学科对社会性弱势群体的界定不尽相同，研究重点也不一样。从犯罪学视角界定社会性弱势群体，以"权利"作为研究的出发点。从我国现状来看，一个人若要正常生活或者正常发展，必须要享有一些最基本的权利，这些基本权利包括生存权、发展权、劳动权、受教育权、社会保障权、平等权等。若某类人不是由于自己的原因而未能享有上述权利，而该类人若要享有这些基本权利需要依靠国家保护或者社会保护才能得以实现（该类人没有明显的生理缺陷，具有基本的劳动能力，但该类人的素质普遍不高），则该类人就是社会性弱势群体。社会性弱势群体包括农民工、城市贫困群体、农村贫困群体等。

　　从以往的研究来看，通常犯罪类型划分标准包括：犯罪性质、犯罪经历、年龄、性别、组织形式等。研究社会性弱势群体犯罪，主要以犯罪人享有权利的情况为标准对犯罪进行类型划分。社会性弱势群体包括农民工、城市贫困群体、农村贫困群体等，对他们的犯罪可以作为一种犯罪类型来进行研究，也即本书研究的社会性弱势群体犯罪。本书研究思路为探究农民工、城市贫困群体、农村贫困群体的犯罪个性，总结犯罪现象、规律、产生的原因及治理对策，进一步研究社会性弱势群体类型化犯罪现象、规律、产生的原因及治理对策，从而达到减少和遏制犯罪的目的。

目前我国社会性弱势群体犯罪呈现出犯罪人低龄化的趋势，且文化程度不高，犯罪前没有工作或以临时工和散工为主，性格存在缺陷，犯罪后不知后悔所占的比例较高。社会性弱势群体犯罪的行为特征主要表现在两个方面，一是以抢劫和盗窃为主，二是造成经济损失较大。就社会性弱势群体犯罪的目的和动机特征而言，有的因为自己的合法权益遭到侵害，对公权力部门不满，进而报复社会；有的因工资被拖欠，而伤害或杀害企业老板；还有的因其他经济问题和情感问题引发犯罪。

究其原因主要有以下几个方面：我国社会正处于转型时期，社会矛盾加剧，社会性弱势群体利益表达机制不健全，发泄途径不畅通，产生仇恨心理；经济发展不平衡，结构性失业，城乡二元结构体制的影响；社会保障制度不健全，贫富差距过大等因素造成社会性弱势群体犯罪。

在社会性弱势群体犯罪治理上，要体现公平、人本主义、禁止歧视，进行倾斜保护及增强权利保障理念；在治理政策上，摒弃"严打"的方式，注重社会支持政策，形成以"社会支持为主，以打击为辅"的治理政策。在治理模式上，现有的治理模式存在不足，应采用"公众参与"的新治理模式，从社会性弱势群体在犯罪前情景预防、犯罪后的刑事应对及其他社会治理路径等方面对其犯罪进行治理。犯罪前情景预防的具体路径包括增加犯罪难度、提高犯罪风险和降低犯罪刺激、减少犯罪诱因；犯罪后的刑事应对表现为加强对社会性弱势群体的刑事法律保护，包括在立法上、刑事司法上的对策，对被害人救助措施的完善；社会政策治理路径包括健全社会性弱势群体利益表达机制，畅通其发泄路径，保障其平等权；打破经济发展不平衡及城乡二元体制结构的影响，鼓励社会性弱势群体就业，保障其生存权、劳动权；调整社会结构，确保社会性弱势群体的机会公平，实现其受教育权、发展权；加强收入分配调节，完善社会保障体系，确保社会性弱势群体的社会保障权等内容。通过对社会性弱势群体在犯罪前进行情景预防、犯罪后的刑事应对及其他社会治理路径对其犯罪进行治理，其目的是保护社会性弱势群体的权利，从根本上遏制和预防社会性弱势群体犯罪的发生。

社会性弱势群体犯罪治理路径如下图所示：

```
                        ┌ 1. 增加犯罪难度，提高犯罪风险
             犯罪前情景预防┤
                        └ 2. 降低犯罪刺激，减少犯罪诱因
             ┌ 1. 在刑事立法上的对策
社           │
会   刑事应对 ┤ 2. 在刑事司法上的对策
性           │
弱           └ 3. 对被害人救助措施的完善
势           ┌ 1. 健全社会性弱势群体的利益表达机制，畅通其发泄路径，保障平等权
群           │ 2. 打破经济发展不平衡及城乡二元体制结构的影响，鼓励社会性弱势
体           │    群体就业，保障其生存权、劳动权
犯   社会政策 ┤ 3. 调整社会结构，确保社会性弱势群体的机会公平，实现其受教育权、
罪           │    发展权
治           │ 4. 加强收入分配调节，完善社会保障体系，实现社会性弱势群体的社会
理           │    保障权
路           └
径
```

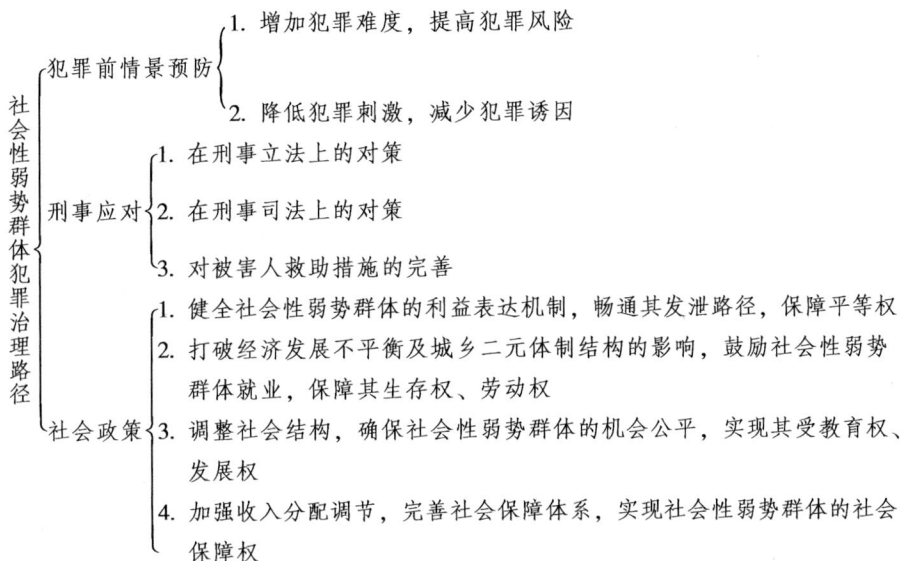

社会性弱势群体犯罪问题实质上是权利保障问题。社会性弱势群体犯罪形势严峻，在很大程度上是对他们的权利保障不够，是社会制度方面的缺陷与影响所造成的，对他们的关爱与支持不够。这促使我们反思，我们应当全力维护他们的权利，让他们感受到社会的温暖与友爱。

➤ 目 CONTENTS 录

绪　论

习近平同志在十九大报告中指出："当前，国内外形势正在发生深刻复杂变化，我国发展仍处于重要战略机遇期，前景十分光明，挑战也十分严峻。全党同志一定要登高望远、居安思危，勇于变革、勇于创新，永不僵化、永不停滞，团结带领全国各族人民决胜全面建成小康社会，奋力夺取新时代中国特色社会主义伟大胜利……十八大以来的五年，是党和国家发展进程中极不平凡的五年。面对世界经济复苏乏力、局部冲突和动荡频发、全球性问题加剧的外部环境，面对我国经济发展进入新常态等一系列深刻变化，我们坚持稳中求进工作总基调，迎难而上，开拓进取，取得了改革开放和社会主义现代化建设的历史性成就。"〔1〕自十八大以来，我们经过不懈努力在改革开放和社会主义现代化建设等方面取得了巨大的成就。目前我国社会正处于全面建成小康社会的关键时期，面对这一新形势，我们必须努力发展，将国民的整体生活水平和生活质量再提高到一个新的台阶，特别是让普通老百姓的获得感、满足感及幸福感得到加强。为了达到这一目的，必须解决好不同群体所面临的问题。

我国弱势群体规模十分庞大且具有特殊性，根据我国人力资源和社会保障部公布的"人力资源和社会保障事业发展统计公报"报告显示，2014 年全国农民工总量达到 27 395 万人，比上年增加 501 万人，其中外出农民工

---

〔1〕"决胜全面建成小康社会　夺取新时代中国特色社会主义伟大胜利——在中国共产党第十九次全国代表大会上的报告"，载《人民日报》2017 年 10 月 28 日，第 01 版。

16 821 万人。2015 年全国农民工总量 27 747 万人，比上年增加 352 万人，其中外出农民工 16 884 万人。2016 年全国农民工总量 28 171 万人，比上年增加 424 万人，其中外出农民工 16 934 万人。[1]由此可见，我国社会弱势群体的数量仍然较大。

弱势群体分为生理性弱势群体和社会性弱势群体，[2]本书关注社会性弱势群体犯罪问题，社会性弱势群体的范围较为广泛，包括城市贫困群体、进城农民工、较早退休的"体制内"人员、农村贫困群体。由于研究的需要，本书讨论的社会性弱势群体犯罪，只包括进城农民工犯罪、城市贫困群体犯罪、农村贫困群体犯罪。

随着我国社会和经济的不断发展，社会性弱势群体犯罪现象较为突出，在某些地区、某些行业、某些领域内有恶化趋势，成为影响社会稳定与发展的不稳定因素，不断引起媒体和公众甚至高层的关注。时任总理的朱镕基同志在提交九届人大五次会议审议通过的《政府工作报告》中强调对弱势群体给予特殊的就业援助，用"弱势群体"这个概念并写入政府工作报告是第一次。党的十六大时任中共中央总书记胡锦涛同志，曾在许多会议上表示"要关心弱势群体"，并要研究"如何增加农民收入，关注三农"。2013 年 3 月 17 日，李克强总理在十二届全国人大一次会议的中外记者招待会上提出，要防止特困群体陷入生存窘境而冲击社会道德和心理底线。10 月 30 日，李克强总理在主持国务院常务会议讨论建立健全社会救助制度时，再次强调要防止困难群体陷入生存窘境而冲击社会道德和心理底线。党的十八大以来，习近平总书记在系列重要讲话中阐发的民生思想，非常关注弱势群体。在党的十九大报告中，习近平总书记指出"带领人民创造美好生活，是我们党始终不渝的奋斗目标。必须始终把人民利益摆在至高无上的地位，让改革发展成果更多更公平惠及全体人民，朝着实现全体人民共同富裕不断迈进。"[3]由此可以看出习近平总书记对人民生活的关心。

---

〔1〕 中华人民共和国人力资源和社会保障部：http://www.mohrss.gov.cn/ghcws/BHCSWgongzuodongtai/201705/t20170531_271737.html，最后访问时间：2018 年 6 月 6 日。

〔2〕 此种分类标准为从陷入弱势原因的角度，把弱势群体分为生理性弱势群体和社会性弱势群体，生理性弱势群体是生理原因造成的，如残疾、年龄等，社会性弱势群体是由社会原因造成的，如下岗、失业等原因。

〔3〕 "决胜全面建成小康社会　夺取新时代中国特色社会主义伟大胜利——在中国共产党第十九次全国代表大会上的报告"，载《人民日报》2017 年 10 月 28 日，第 01 版。

一、研究意义

社会性弱势群体犯罪问题关系到我国社会的稳定和发展，关系到改革开放的顺利进行，解决社会性弱势群体犯罪问题是建设社会主义和谐社会、小康社会全面建成的落脚点，具有重要的现实意义。社会性弱势群体犯罪问题是我国现阶段犯罪的重要类型，我国学者对这一问题的研究还只停留在个别问题的讨论上，全面而深入研究这一问题，填补这一领域的空白，对我国犯罪学理论无疑是一种丰富和提升。

（一）研究社会性弱势群体犯罪，有益于开展此类犯罪的治理实践和丰富犯罪学理论

根据现行社会学专家估计，我国目前弱势群体的数量占全国总人口数量的1/10，农民工的数量达到2.8亿，很多人还生活在最低生活保障以下。社会性弱势群体犯罪现象日益突出，成为社会稳定与发展不安定的因素。因此，研究社会性弱势群体犯罪，总结其犯罪现状及特点，寻找犯罪规律，剖析犯罪原因，探寻治理对策及路径，对于构建和谐社会、全面建成小康社会无疑具有重要的现实意义。

从现行资料来看，对社会性弱势群体的研究较多，但大多数是从社会学的视角展开，从犯罪学、刑法学的角度研究非常缺乏。社会性弱势群体犯罪是我国现阶段犯罪的重要类型，对社会性弱势群体人员的特征状况，以及他们是否比其他社会群体更具有犯罪倾向，在犯罪结构中的发展态势等问题的探讨和研究，对我国犯罪学理论是一种丰富和提升。

（二）研究社会性弱势群体犯罪，有益于社会安定和经济健康发展

我们构建的和谐社会、小康社会是安定团结的社会。社会学中一著名理论指出，群体的利益常被其他群体剥夺，该群体就会对剥夺其利益的个人或群体充满敌意甚至仇恨。由于其处于弱势地位时，他们倾向于将自己的不满归结为剥夺他们利益的个人或群体，社会性弱势群体可能会报复剥夺其利益的个人或者群体，那么整个社会处于危险之中。他们的特点为人员广泛、多层次，这就标志着该群体具有雄厚的人力资源，共同的境遇，一致的生活方式，目的和价值取向相同，拥有相同的思想和基础，当他们的利益被侵犯或

遭受到不公平的待遇时，他们会团结一致，共同对付外界的压力。[1]这表明社会性弱势群体的利益或者权利受到损害时，他们追求自己权益的欲望表现得非常强烈，维护其权益的意识明显提高，若不被有关部门和个人适当地对待或者被忽视，他们就会失去理智，他们为了维护自己合法的权益，会采取非常规的方式来处理问题，这种非常规的方式较多，犯罪是其中的方式之一。

因此，社会性弱势群体犯罪问题必须引起国家和社会的高度重视，必须认真治理和解决，只有这样，我们的社会才会安定团结，经济才能健康发展，社会才能和谐。

（三）研究社会性弱势群体犯罪，有利于体现社会的基本人文关怀

人文关怀，其核心在于关心人性和人的价值，当然要求人的个性解放和自由平等，尊重人的理性思考，关怀人的精神生活，等等。在特定的环境中，人文是指尊重人的主体地位和个体差异，关心人丰富多样的个体需求，激发人的主动性、积极性、创造性，促进人的自由全面发展。具体地讲，它包含了以下几层涵义：（1）认识到人不仅是物质生活的存在，而且是精神和文化的存在。（2）认识到人们在促进社会发展和实现自身发展方面处于核心或主导地位。（3）认识人的价值，人的价值是追求社会价值和个人价值的统一。（4）尊重人的主体性。人不仅是物质生活的主体，也是政治生活、精神生活乃至整个社会生活的主体，也是改善人们生活、提高人们生活质量的主体。（5）照顾人们多方面和多层次的需要。不仅关心人的物质需求，更关心人的精神文化的需要，它不仅创造了满足人类生存需要的条件，而且注重自我发展和自我完善的需要。（6）促进人的自由全面发展。人的全面发展应该是自由的、积极的、主动的，而不是由外力推动的。人文关怀及人的全面发展使各方面的质量得到更好的发展或达到一定的发展水平，这是一种与人格发展相辅相成的全面发展。

人文关怀要求我们必须善待生命，善待每个个体。对于社会性弱势群体而言，我们在道义上有义务和责任关心、爱护、支持和保护他们。对社会性弱势群体的忽视，代表的其实是人文的丧失，是人类情感的麻木，对社会性弱势群体犯罪问题的研究，目的之一在于研究如何通过关心和保护弱势群体，

---

[1] 参见杨瑞清、辜静波："关于弱势群体引发群体性事件的原因透析"，载《求实》2005年第12期。

使他们不犯罪或者不再犯罪，这标志着对社会性弱势群体的基本人文关怀。社会性弱势群体是广大人民群众中的一部分，重视和维护他们的权益，充分调动他们的积极性，这对于建设小康社会和构建和谐社会，具有十分重要的意义。我们党是广大人民群众的根本利益所在，我们所有的政策和工作都要考虑到不同阶级和群众的利益。解决社会性弱势群体犯罪问题，是我们党代表人民的根本利益的表现。只有解决这个问题，才能确保经济持续、快速、协调、健康发展，真正实现整个社会的和谐。

二、国内外研究现状

由于弱势群体存在的普遍性，对于社会弱者问题的关注和研究早已成为一个全球性议题。从刑法学、犯罪学的角度，研究社会性弱势群体犯罪问题的文献和资料很少，涉及的研究人员也不多。从现有的文献来看，大多数学者都是从社会学及其他学科着手进行研究，其主要内容如下：

（一）国外研究现状

国外研究弱势群体的问题较早，1842～1844 年，恩格斯详细考察了英国曼彻斯特等十多个城市工人的生活、工作等情况，最后写成了著名的《英国工人阶级状况》一书，在书中十分详细地介绍了工人的生活状况，这些工人是资本主义社会"弱者群体"的典型代表。马克思也非常关心资本主义"弱者群体"——工人的生活状况，在他晚年编写了《工人调查表》。马克思、恩格斯都非常关注弱势群体，尤其是社会原因导致弱势群体的出现，他们的学术之路和人生之路都是由此起步的。继马克思、恩格斯之后，西方社会从多学科、多视角对弱势群体进行研究，其成果较为丰富。

1. 从政治学的角度

从政治学的角度研究弱势群体，其内容主要表现在两个方面：一方面是关于社会公平正义的研究。最具有代表性的专著为约翰·罗尔斯著的《正义论》，后续的《政治自由主义》及《作为公平的正义：正义新论》等著作。罗尔斯提出了公平正义论，此理论以融会西方正义概念的基本含义为基础并加以丰富。洛克、卢梭和康德的社会契约论是罗尔斯正义论的基础，《正义论》反对传统的功利主义，认为正义是社会制度的主要美德，同时论证了西方民主社会的道德价值。另一方面是关于公民权的研究。关于公民权的研究，最具有代表性的著作是 20 世纪 50 年代，英国社会学家阿尔弗雷德·马歇尔著的《公民权与社会阶级》，马歇尔指出公民权包括社会权利、政治权利、民事权利。社会权利主要由教育和社会福利两种权利构成，每个公民都应该享有教育和社会福利的基本权利。马歇尔提出的该理论对推进英国的福利建设具有重大意义，特别是维护弱势群体的权利，保障弱势群体的权利，不仅如此，该理论还影响到世界其他国家。

2. 从经济学的角度

从经济学的角度研究弱势群体，主要体现在贫困问题上。托马斯·罗伯特·马尔萨斯在《人口原理》一书中指出，人口的增长必然导致生产资料消耗的增长，生产资料过度消耗可能导致饥饿、战争、疾病，必须采取果断措施控制人口增长。到了 20 世纪 30 年代，部分经济学家将研究重点转移到发展中国家的贫困问题上，其主要代表是瑞典经济学家冈纳·廖尔达尔的《亚洲的戏剧：对一些国家贫困问题的研究》。从经济学的角度对弱势群体和贫困问题研究作出重大贡献的还有印度经济学家阿马蒂亚·森，他出版的专著较多，最有代表性的有《贫困与饥荒：论权利与剥夺》《理性与自由》《以自由看待发展》等，他将贫困人口数量、基本生活保障、收入水平和收入分布结构相结合，界定了新的"贫困指数"，全面反映一国的贫困程度，为推进贫困程度量化研究做出了贡献。

3. 从社会学的角度

社会学家对弱势群体的研究主要从社会分层理论的研究进行，其代表人物是德国著名社会学家马克斯·韦伯。他根据所拥有的财富、权利及声望将社会上的人员进行分层，分层理论对后来的学者研究弱势群体具有重大的影响。美国社会学家 W. L. 沃纳等人依据韦伯的社会分层理论作进一步研究，依照一个人的经济收入、文化水平、政治态度、宗教信仰自由和价值观念等指标组成综合性标准，把社会上的人分成六个阶层，即上上层、下上层、上中层、下中层、上下层、下下层。冲突学派社会学家赖特·米尔斯根据权力标准，将整个社会分为三个阶层，即最高层、中间层和最底层。最高层是权力精英层，由政治、经济、军事、文化等方面的权贵人物构成。中间层由社会名流、影视明星、一般官员等具有一定影响力的人物构成。底层主要由普通社会大众构成。

（二）国内研究现状

尽管到 20 世纪末，"弱势群体"的提法在我国出现的频率较高，但实际上国家及学者早已关注社会弱势群体的生存状况及社会处境，并开展了相关的调查。在 20 世纪 20 年代，毛泽东同志在对中国农村社会进行广泛调查的基础上写出了《中国社会各阶级的分析》《湖南农民运动考察报告》等调查报告，这些调查报告都是对处在我国半殖民地半封建社会的农民阶级的生活状况及社会地位进行调查所撰写的，在当时背景下，这些农民阶级就是弱势群体。1914~1915 年间，北京社会实证会对 305 名洋车夫的生活状况进行了调查，这些实证调查研究，从一定角度对弱势群体的范畴进行了界定。但调查者的地位不同，身份不同，所处的历史阶段不同，对研究问题所站的角度不同，故对弱势群体的理解和界定也不同。

新中国成立以后，20 世纪 50 年代初期到 80 年代末期，我国弱势群体问题不太突出。我国经济由计划经济向市场经济转变以后，弱势群体逐渐在我国出现。特别是国有企业改革，导致大批下岗工人出现，社会阶层逐渐显现，弱势群体越来越多，国家和社会开始关注弱势群体问题，涌现出一批专家、学者研究弱势群体。2001 年 12 月专门在武汉召开了主题为"弱势群体和社会福利"的学术研讨会，时任总理的朱镕基同志在提交九届人大五次会议审议通过的《政府工作报告》中强调"对弱势群体给予特殊就业援助"，首次使用"弱势群体"这个概念。

从现有的资料来看，对弱势群体研究的视角较为广泛，主要集中在政治学、经济学、社会学等学科，具有代表性的专著有：《社会福利与弱势群体》（阎青春主编，中国社会科学出版社 2002 年版）、《中国弱势群体研究》（张敏杰著，长春出版社 2003 年版）、《弱势群体权益保护法论纲》（王兴运著，中国监察出版社 2006 年版）、《中国城镇经济弱势群体救助系统构建研究》（吴碧英主编，中国财政经济出版社 2006 年版）、《我国转型期弱势群体社会风险管理探析》（李航著，西南财经大学出版社 2007 年版）、《社会弱势群体权利的法律保障研究》（张晓玲主编，中共中央党校出版社 2009 年版）、《面向信息弱势群体的政府公共服务研究》（江源富著，科学出版社 2012 年版）、《和谐社会语境下的弱势群体报道研究》（李明文著，武汉理工大学出版社 2013 年版）等，此外还有对弱势群体研究的博士、硕士论文及期刊论文。从这些研究来看，对弱势群体的研究有一个共同特点，研究都集中在城镇弱势群体或农村弱势群体，对生理性弱势群体的研究略带而已。城镇弱势群体与农村弱势群体都属于社会性弱势群体的范畴。对这些资料进行整理与归纳，形成如下观点：

1. 弱势群体的概念。我国学术界对于"弱势群体"的概念有不同的称法。学者从不同角度进行研究，对"弱势群体"理解不同，例如，从经济学的角度来看，陈成文教授指出，社会弱者是社会资源配置中经济利益分配不均匀的表现，同时也是社会发展中的一个薄弱环节，社会资源占有量不高，生活水平很低，是一个在社会中容忍度非常脆弱的群体。[1]从社会学的角度来看，郑杭生、李迎生认为弱势群体是指那些依靠自己的力量或能力维持个人和家庭的最基本的生活标准都成问题，需要国家和社会支持、帮助的社会群体。[2]从政治学的角度，张敏杰认为，弱势群体是指由于自然、经济、社会和文化方面的低下状态而难以像正常人那样去化解社会问题造成的压力，导致其陷入困境、处于不利社会地位的人群或阶层。[3]从跨学科的角度来看，崔凤、翟海东认为弱势群体的弱势是经济和社会的产物。在经济意义上，弱势群体具有市场竞争力低、收入低、就业和收入不稳定等特点。在社会意义上，弱势群体的弱势表现为被社会优势群体歧视，社会优势群体侵犯了他们的合法权益。因此，弱势群体主要是指劳动力和就业能力较低，资源缺乏（就业信息、社会关系等），在社会中的地位非常弱势的社会群体（经济、社会等）。[4]

2. 弱势群体的基本特征。（1）相对性。一般而言，"弱势"总是相对"强势"而言的。有"强势"就必然有"弱势"，反之亦然，二者是矛盾的统一体，相互比较，相互依存。（2）广泛性。广泛性是说弱势群体分布的领域非常广泛，存在于各种矛盾对比关系之中。（3）集合性。集合性是说弱势群体不是指一个又一个的个体，而是无数个个体的结合。（4）多因性。弱势群体的形成原因是多种多样的。任何结果的形成都是有一定原因的，弱势群体也一样。（5）法律性。所谓法律性，是说弱势群体权益的取得和维护都是靠

---

〔1〕 参见陈成文："社会学视野中的社会弱者"，载《湖南师范大学社会科学学报》1999 年第 2 期。

〔2〕 参见郑杭生、李迎生："全面建设小康社会与弱势群体的社会救助"，载《中国人民大学学报》2003 年第 1 期。

〔3〕 参见张敏杰："社会经济发展中的弱势群体及其社会支持"，载《浙江学刊》2003 年第 3 期。

〔4〕 参见崔凤、张海东："社会分化过程中的弱势群体及其政策选择"，载《吉林大学社会科学学报》2003 年第 3 期。

法律的特别规定来实现，而不是靠自身实力或市场竞争来实现，也不是靠法律的一般规定来实现。（6）被剥夺感强。由于新的弱势群体表现为分散性和普适性的特征，当前我国社会包含社会性优势群体和社会性弱势群体，两个差距悬殊的群体生活在同一个城市和同一个社会，社会性弱势群体远离亲人的关怀，他们的被剥夺感更加强烈。吴忠民认为中国贫困群体的相对贫困感和被剥夺感更加深刻，更加广泛，相对具有被剥夺感的人数往往多于具有相对贫困感的人数，相对剥夺感表现出一种"晕轮效应"。[1]

3. 弱势群体的形成因素。弱势群体的形成因素十分复杂，多种多样。讨论和研究弱势群体的形成因素，对制定相应的弱势群体权益保护政策、法律和法规，确定和选择克服成因的对策、手段和措施有着十分重要的意义。大致而言，以下几种因素是弱势群体形成的主要因素：（1）生（心）理因素。生（心）理因素是弱势群体（主要是指弱势自然人群体）形成的一个主要因素，如先天聋哑。（2）灾害因素。灾害主要是指自然灾害。灾民便是因自然灾害而形成的弱势群体。自然灾害往往来势凶猛、反反复复、防不胜防、破坏力大，始终是人类的"头号公敌"。（3）经济因素。经济因素也是弱势群体形成的重要因素。贫困者、流浪者均是因经济因素形成的弱势群体。（4）自然因素。与上述因素不同，西部、革命老区、边疆地区、贫困地区以及其他尚未开发地区的弱势是或主要是因自然因素形成的。如自然条件差、环境恶劣、经济发展缓慢，导致这些地区在政治、科技、文化、交通、金融等各个方面始终处于弱势地位。（5）政策与制度因素。政策与制度有时也是弱势群体形成的重要因素之一。比如，改革开放以后，我们对农村稳定、农业发展和农民富裕的问题进行深层次的改革。（6）资本因素。资本因素是弱势群体形成的又一重要的因素。中小企业和中小股东就是因资金缺乏处于弱势地位的。（7）行为因素。行为因素是弱势群体形成的一个特殊因素。有些弱势群体（主要是指弱势自然人）是因为行为人自身的违法、犯罪行为形成的，如服刑者。这些违法犯罪者被判入狱服刑，便失去了自由，进而也形成了弱势群体。对这一特殊的弱势群体，我们必须给予他们以特殊的人文关怀。（8）历史因素。有些弱势群体是因历史因素形成的。（9）信息因素。信息不对称也是弱势群体形成的因素之一。消费者就是基于这种因素形成的弱势群体在消

---

[1]　参见吴忠民："中国现阶段贫困群体分析"，载《科技导报》1999 年第 7 期。

费过程中，常常上当受骗。调查结果显示，每个消费者上当受骗的因素各不相同，都源于信息不对称。

4. 我国对弱势群体的保护存在不足。（1）适用对象非常狭窄。无论是在立法上还是在实践中，受到法律保护的弱势群体主要包括老年人、妇女、残疾人、失业人员、退休人员，缺乏保障的普遍性和全面性。（2）对权利的规定过于笼统和缺乏操作性。法律语言表现为多是原则性的规定，缺乏程序上的保障，实体权利没有得到保障与实现。因此，立法不是最终目的，立法只是解决问题的一个前提，更重要的是，使公正司法和廉洁执法得到实现。（3）在观念上。将弱势群体作为一个整体高度重视，而缺乏对弱势群体个人的人文关怀，如果仅仅是物质贫困，一个人可以接受，如果是社会冷漠和无知，就会让人失去了生存的信心和存在价值。要在真正意义上保护每个弱势群体的个体利益，才能实现保护弱势群体的目的。（4）在法律的执行上。就社会对弱势群体的救助而言，社会对弱势群体的福利往往被执法部门某些执法者个人的行为所破坏，将其卷入个人的腰包，执法者滥用权力阻碍了社会对弱势群体救济的作用。政府执法的完整性和廉洁性决定了法律价值实现的程度和社会进步的程度。

5. 对弱势群体法律保护的建议。（1）完善多层次的法律保护制度。保护弱势群体的权利，涉及社会各个方面，必须构建多层次的法律保护体系。一是界定宪法对弱势群体的保护原则和保护理念。二是统一社会保障制度的基本准则，从根本上健全对失业、医疗、养老、社会保险等方面的规定与实施，保障社会救济和社会福利支出的投入，保障合理的收入分配。三是针对不同的弱势主体，制定不同的法律进行保护，例如对于农村弱势群体，要制定农村社会保障法等特殊保护法律。（2）将制度性的差异废除。法律之所以被人们遵守，一是它具有严肃性和公正性。二是它可以保护弱者的利益。目前，在我们社会中还存在许多"人与人规定不一样"的歧视性法律，如户籍歧视和"法律面前人人平等"的精神相冲突的情况随处可见，如"同命不同价"现象的存在，究其原因，就是法律的不公正。只有消除体制内僵化的制度性差异规定，让所有人享受平等的国民待遇，才能实现更大、更专业、更真实的社会正义和社会公平。（3）完善法律援助制度。法律援助制度是当今世界各国普遍公认的一种司法制度，是现代法治国家必须承担的一种国家责任，它被称为法律职业的"希望工程"。目前我国的法律援助制度还不够完善，为了让弱势群体获得更多的法律救济机会，必须尽快建立和完善相关的规章制度，规范运行工作程序，将法律援助制度真正落到实处。（4）规范和完善法律保护的实施机制。一是尽快建立宪法诉讼机制；二是简化诉讼程序，使弱势群体的司法救济门槛降到最低。三是将司法保障基金纳入国家预算，解决司法援助不足的问题。（5）体现法律适用的人文关怀。执法机关和司法机关应该树立为人民服务的意识，消除执法和司法中对弱势群体歧视的现象，坚决杜绝在执法中对弱势群体的冷漠，摒弃执法部门"不作为"型执法，对弱势群体充满人文关怀，重视弱势群体的特殊要求与呼声，尽量满足他们的合理要求，关注弱势群体的法律援助，及时保护弱势群体的合法权益。

三、研究目标、拟解决的关键问题

本书通过实证调研以及对媒体关于社会性弱势群体犯罪案例的分析，在整理、归纳资料的基础性工作上，再通过对资料进行认真分析、总结，最终形成文字，以期达到的预期目标和拟解决的关键问题如下：

（一）研究目标

通过本书的展开，旨在通过理论分析，分析社会性弱势群体及其犯罪内涵、分类、特征，归纳解释社会性弱势群体犯罪的基础理论，分析实证资料，总结社会性弱势群体犯罪形成的原因，探究社会性弱势群体犯罪治理理念和治理政策，并分析社会性弱势群体犯罪现有治理模式的不足，探寻出"公众参与"新的治理模式，从犯罪前情景预防及犯罪后的刑事应对等路径对社会性弱势群体犯罪进行治理，以达到遏制和预防社会性弱势群体犯罪的目的。

（二）拟解决的关键问题

通过本书，拟解决的问题表现在两个方面：第一，拟解决的理论问题。开展社会性弱势群体犯罪问题研究在犯罪学研究领域中具有十分重要的理论价值。社会性弱势群体犯罪是我国现阶段犯罪的重要类型，国内学界对这一问题的研究停留在个别问题的讨论之上，全面深入研究社会性弱势群体犯罪，会填补相关领域的不足之处，无疑有助于丰富和提升我国犯罪学理论。第二，拟解决的现实问题。近年来，我国社会性弱势群体的犯罪现象较为突出，在某些地区、某些领域内有恶化趋势，成为影响社会稳定与发展的不安定因素，不断引起媒体和公众甚至高层的关注。

四、拟采取的研究方法、研究方案

我国政府高度重视社会性弱势群体犯罪，本书以社会性弱势群体研究对象，通过实证调研以及案例分析，从犯罪学、刑法学及统计学等相结合的角度开展研究工作，拟采取的研究方法、研究方案如下：

（一）拟采取的研究方法

1. 文献研究法。在社会性弱势群体犯罪研究中，通过对有关社会性弱势群体犯罪的各种文献资料，如论文、专著、报告、官方统计材料、经验总结，进行分析和研究，讨论社会性弱势群体犯罪的特征、原因及治理等问题。

2. 社会调查法。社会调查法指对研究工作课题有计划地进行社会调查，以获取资料并得出结论的方法。在社会性弱势群体犯罪研究中，通过召开座谈会、查阅文件资料和案卷材料，找有关人员和调查对象谈话等多种形式，收集资料。

3. 案例研究法。案例研究法是指对拟研究的个案和实例进行全面深入的考察和分析，进而揭示有关规律、特点和原因的方法。在社会性弱势群体犯罪研究中，收集农民工、农村贫困群体、城市贫困群体等的犯罪案件，对典型案例进行解剖分析，从中归纳分析犯罪主体与客体的规律和特点，从而整体把握整个社会性弱势群体犯罪的情况。

4. 数据分析法。对社会性弱势群体犯罪问题研究，还采用社会科学统计软件包进行问卷、社会调查数据的录入、管理和统计分析。统计分析主要进行单变量描述统计和多变量相关因素分析。

（二）研究方案

研究思路为提出问题、识别问题、分析问题、解决问题。本研究分为四个步骤。第一，查找相关资料为本研究做准备；第二，实地调查，以社会性弱势群体为研究对象，设计调查资料，展开调查工作；第三，对调查资料进行分析、归纳、整理、总结，分析社会性弱势群体犯罪现状、总结犯罪规律，结合相关理论，分析影响社会性弱势群体犯罪因素，探究其治理路径；第四，在做好基础性工作的前提下，撰写本书。具体方案及思路如图1所示：

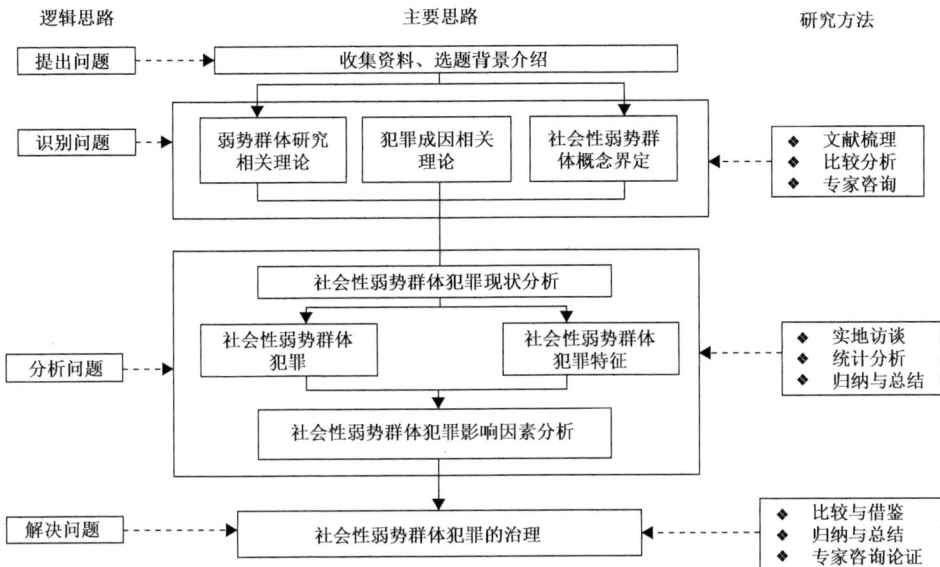

图 1　研究思路图

五、本书创新之处

在总结现有资料的基础上，通过实地调查等方式进行研究，本书在一定程度上做到了如下创新：

（一）在研究内容上

1. 从犯罪学的角度来界定和解释社会性弱势群体的概念。社会性弱势群体现在已成为社会学、法学和政治学等领域研究的重点。不同学科对社会性弱势群体的界定不尽相同，研究重点也不一样。从犯罪学视角界定社会性弱势群体，将"权利"作为研究的出发点。从我国现状看，一个人若要正常生活，或者正常发展，必须要享有一些最基本的权利，这些基本权利包括生存权、发展权、劳动权、受教育权、社会保障权、平等权等。这类人我们称他们为弱势群体。根据这一概念，我们也可以来界定社会性弱势群体。若一类人不是自己的原因而放弃本应该享有的上述权利，而这些基本权利被同时代的一般人正常享有，这类人若想享有这些基本权利要靠国家保护，或者社会保护才能得以实现，这部分人群没有明显的生理缺陷，具有基本的劳动能力，但是这部分人群的素质普遍不高，这类人就是社会性弱势群体。社会性弱势群体包括：农民工、农村贫困群体、城市贫困群体等。

2. 运用解释社会性弱势群体的"机会梗阻"理论来解释社会性弱势群体犯罪的原因。在全面梳理解释社会性弱势群体犯罪理论的基础之上，以"机会梗阻"理论来解释我国现阶段社会性弱势群体犯罪的现象，详细分析社会性弱势群体在获得教育、住房、就业、医疗和养老五大资源上遭遇的困难，提出"机会梗阻"对犯罪发生的影响模式。

3. 在社会性弱势群体犯罪治理政策上，提出仅依靠"严打"的模式是治标不治本，必须采取社会支持模式，形成以"'严打'为辅，社会支持为主"的治理政策；在治理模式上，现有的治理模式存在不足，应采用"公众参与"的新治理模式。

（二）研究视角上

从现有的文献来看，大多数学者研究社会性弱势群体，主要是从社会学及其他学科着手进行研究，很少从犯罪学的视角着手。本书以社会性弱势群体为研究对象，通过调查研究，从犯罪学、刑法学及统计学等多视角开展研究工作。

社会性弱势群体概述

　　社会性弱势群体犯罪问题，是我国社会发展中的一个大问题。对此问题治理和解决得好坏，直接关系到社会的稳定与发展，更关系到全面建成小康社会。从目前的研究状况来看，研究者们站在不同的学科和视角对弱势群体的界定各不相同，研究的重点、难点也不一致，甚至同一学科不同的研究者所持的观点也有所差异。本章主要从犯罪学的角度来界定弱势群体，在此基础上探究社会性弱势群体的概念、特点、分类及社会性弱势群体的现状。

第一节　社会性弱势群体的界定

　　弱势群体分为生理性弱势群体和社会性弱势群体，探讨社会性弱势群体的概念，必须先界定弱势群体。弱势群体已成为社会学、政治学、经济学、法学等学科研究的一个重点问题。若对弱势群体界定混乱，会影响研究结果的科学性，关系到对社会性弱势群体犯罪的现状及特点分析，关系到对社会性弱势群体犯罪的原因剖析及治理对策的探究等。本章主要从犯罪学的角度来界定和探讨弱势群体。

一、不同学科对弱势群体的界定

　　界定弱势群体，无论是在理论界还是在实务界都十分必要。在理论界，可以丰富犯罪学的内容，拓宽研究者的视野。在实务界，可以更加准确地分析犯罪的现状、特点，剖析犯罪原因，并探究治理犯罪的对策。

（一）不同学科、不同视角界定弱势群体

社会学、经济学、政治学、法学等不同的学科、不同的领域的研究者们对弱势群体的界定不同。

1. 社会学角度。从社会学的角度，研究者认为弱势群体在社会上所处的地位低下，不具有优势，无法参与某些关系到自己切身利益的事情，或者无法参与社会政策的制定。之所以弱势，不是弱势群体主观方面的某些缺陷或"矮人一等"所造成的，而是由于客观条件、社会环境等方面的影响，处于弱势地位，不具有优势。这种弱势主要表现在发展机遇、生活、物质条件、权力、权利等方面。[1]孙迪亮认为，弱势群体是指在社会和经济发展过程中因为存在一些障碍，导致缺乏经济、政治和社会机会，并没有充分享受社会和经济发展的成果，在社会中处于不利地位的人群。[2]杨团认为界定弱势群体可以从"是否丧失具有市场竞争能力的人力资本，是否难于融入所处地域社会的社会生活、难于与其他群体享有平等的公民权利，是否远离社会权力中心和社会对于社会群体的既定评价等角度来定义"，进而其将弱势群体界定为"在社会各个群体中处于劣势的脆弱的一群。弱势群体不是一个一成不变的概念，它的形成和演变轨迹是社会在一定的发展时期政治经济文化综合作用的结果"。[3]

2. 经济学角度。从经济学的角度，研究者们界定弱势群体，主要依据两个方面进行，"资源匮乏论"与"生活贫困论"。（1）"资源匮乏论"。弱势群体在社会资源的配置方面包括经济利益的薄弱与贫困，还包括能力、权利等方面的缺乏与弱势。主要是社会总体资源分配不均衡的结果。张友琴依据"资源匮乏论"对弱势群体进行界定，指出弱势群体是指在社会资源配置上处于弱势且有困难，需要帮助的群体。这一界定有两层含义：第一，这类群体在社会资源配置上处于弱势地位，经济较为贫困，在能力、权利等方面匮乏。第二，这类群体由于掌握的社会资源不多，生活贫困自己无能为力解决，需

---

〔1〕 参见昝剑森、程新征："略论改革中的'弱势群体'"，载《第二届全国社会福利理论与政策研讨会论文集》2001年版；刘书林："注重做好弱势群体的思想政治工作"，载《前线》2001年第5期。

〔2〕 参见孙迪亮："社会转型期城市弱势群体的特征、成因及扶助"，载《理论研究》2003年第1期。

〔3〕 参见杨团："弱势群体及其保护性社会政策"，载《前线》2001年第5期。

要外援。[1]吴鹏生认为弱势群体是一群由于社会分配不公而处于弱势的群体。这些群体在社会、经济、生活中处于一种无奈、无助的状态，在竞争的领域中没有与优势群体形成对抗，他们只有退出社会主流，逐渐被忽视和边缘化的地位，具有基本社会群体的共同特征。[2]陈成文教授指出，社会弱者是社会资源配置中经济利益分配不均匀的表现，同时也是社会发展中的一个薄弱环节，社会资源占有量不高，生活水平很低，是一个在社会中容忍度非常脆弱的群体。[3]（2）"生活贫困论"。"生活贫困论"主要从生活困难的角度，对弱势群体进行界定。研究者们认为弱势群体从最基本的生活出发进行研究，生活、生存是最基本的东西，弱势群体由于自身的原因连自己的温饱问题都不能解决。弱势群体的界定虽然与贫困人口的界定不同，但两者至少有交集的部分。周沛认为城市弱势群体是在社会转型时期，由于经济、政治、社会等外部原因，与弱势群体自身的文化、技能、观念、身体等自身原因，在生活上处于非常困难的城镇人口。[4]

3. 政治学、法学角度。从政治学、法学的角度界定弱势群体，其主要依据弱势群体享有的权利是否实现或被限制，弱势群体之所以弱势就是应享有的权利不能实现，或被限制。钱大军、王哲认为，社会弱势群体的法学解释，即由于社会条件和个人能力等方面存在障碍而无法实现其基本权利，需要国家帮助和社会支持以实现其基本权利的群体。可以说，社会弱势群体的最为重要的特征是其基本权利得不到实现，就像在社会学视角中，人们的生活水平没有超过贫困线一样。[5]俞荣根、张立平从弱势群体的范围上将弱势群体分为广义的弱势群体与狭义的弱势群体。以是否享有平等的话语权为标准，在政治、经济、文化、社会等方面享有不平等的权利，对关系到自己的切身利益和权利很少有或基本上没有话语权，其自由受到限制的群体就是弱势

---

〔1〕　参见张友琴："社会支持与社会支持网——弱势群体社会支持的工作模式初探"，载《厦门大学学报（哲学社会科学版）》2002年第3期。

〔2〕　参见吴鹏森："论弱势群体的'社会报复'"，载《江苏行政学院学报》2003年第1期。

〔3〕　参见陈成文："社会学视野中的社会弱者"，载《湖南师范大学社会科学学报》1999年第2期。

〔4〕　参见周沛："城市弱势群体生存现状与救助机制研究——以南京市白下区为个案"，载《唯实》2006年第3期。

〔5〕　参见钱大军、王哲："法学意义上的社会弱势群体概念"，载《当代法学》2004年第3期。

群体。[1]

4. 弱势群体自身角度。社会上脆弱的群体在遇到社会的影响与冲击时，自身缺乏改变的能力，逆来顺受，易遭受挫折的群体是弱势群体。这是从弱势群体自身的角度来界定弱势群体。李林认为，弱势群体是一个相对的概念，在具有可比性的前提下，指在社会中一部分（通常是少数），通常是在经济、文化、身体、智力、社会地位等方面处于相对劣势的人群。[2]王思斌认为，弱势群体指在面对社会问题时缺乏弹性和应变能力，容易遭受挫折的群体。实际上，他还认为弱势群体脆弱，很难抵御外部力量的冲击，与社会优势群体不同，他们的特点是力量薄弱，无论是身体还是社会能力都处于弱势地位。就范围方面来看，弱势群体和脆弱群体之间没有明显的区别，但弱势群体强调的是"所处的社会地位"，即能力和权力与不能与其他群体的比较。[3]张敏杰认为，弱势群体"是指由于自然、经济、社会和文化方面的低下状态而难以像正常人那样去化解社会问题造成的压力，导致其陷入困境、处于不利社会地位的人群或阶层；在社会变迁的进程中，这个群体是社会援助的对象，是社会福利的接受对象。"[4]郑杭生、李迎生认为弱势群体是指那些依靠自己的力量或能力维持个人和家庭的最基本的生活标准都成问题，需要国家和社会支持、帮助的社会群体。[5]杨宜勇认为弱势群体"主要包括各种病、残疾、意外灾害和意外事故所导致的个人生存和劳动能力障碍者，过高赡养系数者以及市场竞争中的失败者。"[6]邓伟志、苏红认为，"弱势群体是指创造财富、聚敛财富能力较弱，就业竞争能力、基本生活能力较差的人群。"[7]

5. 综合性视角。上文从社会学角度、经济学角度、政治学角度、法学角度、群体自身角度分别对弱势群体进行界定。从综合性的视角来看，即有学

〔1〕 参见俞荣根、张立平："社会弱势群体权利缺位的法律救济"，载《重庆行政（公共论坛）》2006 年第 3 期。

〔2〕 参见王思斌主编：《社会工作导论》，北京大学出版社 2011 年版，第 17 页。

〔3〕 参见李林："法治社会与弱势群体的人权保障"，载《前线》2001 年第 5 期。

〔4〕 张敏杰：《中国弱势群体研究》，长春出版社 2003 年版，第 21 页。

〔5〕 参见郑杭生、李迎生："全面建设小康社会与弱势群体社会救助"，载《中国人民大学学报》2003 年第 1 期。

〔6〕 杨宜勇等：《公平与效率——当代中国的收入分配问题》，今日中国出版社 1997 年版，第 75 页。

〔7〕 邓伟志、苏红："关于弱势群体问题"，载《社会科学论坛（学术研究卷）》2005 年第 03 期。

者从经济学、社会学、政治学的角度综合对弱势群体的范畴进行界定。如崔凤、翟海东认为弱势群体的弱势是经济和社会的产物，相较而言，更有政治意义。在经济意义上，弱势群体具有市场竞争力低、收入低、就业和收入不稳定等特点。在社会意义上，弱势群体的弱势表现为被社会优势群体歧视，社会优势群体侵犯了他们的合法权益。在政治上，弱势群体的弱势表现为弱势群体无法参与和影响政策的制定，没有自己的声音，就像一群沉默的人。因此，弱势群体主要是指劳动力和就业能力较低，资源缺乏（就业信息、社会关系等），在社会中的地位非常弱势的社会群体（经济、社会、政治等）。〔1〕钱再见认为，从社会学的角度来看，社会弱势群体由于社会结构的急剧转型和社会关系失调的原因，或作为社会成员中一部分人自己的一些原因（竞争失败、失业、体弱者、残疾等），导致他们对当前社会现实的不适应，在生活上出现障碍和困难的人群。〔2〕薛晓明认为，要更全面地总结社会弱势群体的内涵，应把握好以下几点：首先，社会弱势群体是一个相对概念，有弱势群体，就应该有优势群体，应从社会地位、所处的境遇来给弱势群体下定义。其次，对弱势群体的定义仅从经济的角度来进行定义尚不完全，而低收入和生活水平低、教育程度低、能力差也是弱势群体的特征，对其进行定义要综合考虑各因素。再次，弱势群体并不是一个固定的概念，其形成和衍化轨迹是一个国家政治、经济、文化及社会生活在一定时期内融合的结果。最后，对弱势群体的定义，目前国际社会工作和社会政策的定义不应完全被套用。他认为弱势群体指的是在物质条件、权利、社会威望、社会地位、社会竞争能力和发展机会都处于弱势的社会群体。〔3〕孙立平指出弱势群体的"弱势"至少有三层含义：第一，他们的现实生活处于非常不利的境地；二是他们在市场竞争中的弱势地位；第三，在社会和政治方面，他们往往处于不利的地位。〔4〕

---

〔1〕　参见崔凤、张海东："社会分化过程中的弱势群体及其政策选择"，载《吉林大学社会科学学报》2003年第3期。

〔2〕　参见钱再见："中国社会弱势群体及其社会支持政策"，载《江海学刊》2002年第3期。

〔3〕　参见薛晓明："弱势群体概念之辨析"，载《生产力研究》2003年第6期。

〔4〕　参见孙立平：《断裂：20世纪90年代以来的中国社会》，社会科学文献出版社2003年版，第248页。

二、弱势群体界定遵循的原则

原则其基本含义为行为准则，说话、做事不能突破的界限。在给某个词语下定义时，也必须遵循一定的准则，不能突破其界限。对弱势群体进行界定不能突破以下原则：

（一）弱势群体中的"弱势"其参照物并非是"强势"群体，而是一般社会成员

要彻底研究社会性弱势群体犯罪问题，必须弄清弱势群体中"弱势"的范畴，目前许多人认为弱势群体的参照物应该是强势群体，与强势群体比较，才有弱势群体，这种理解方法欠妥。从哲学的角度来看，世上并非存在两个完全对等的事物，事物之间总会存在差别。并非与之对应的一定为强势群体。事实上，强势群体与弱势群体之间还存在第三种群体，即介于强势群体与弱势群体之间的中间群体，即一般社会成员。若参照物为强势群体，弱势群体中的弱势范畴被扩大化，对弱势群体的研究不够准确，使研究失去意义。通常理解的弱势群体包括农民工、下岗的贫困群体、农村贫困群体，不应该包括富人阶级和一般丰衣足食的中间群体，如果把中间群体也纳入弱势群体的范畴，弱势群体太泛化了。因此，谈及弱势群体的"弱势"，其参照物应为中间群体，即一般社会成员，中间群体比不上强势群体，但胜过弱势群体，弱势群体相较于社会中间群体，而处于弱势地位。与强势群体相比较，弱势群体是出于社会中最低的阶层。

（二）弱势群体不是一个真正的实体，只能理解为一个群体

《社会学概论新修》把社会群体定义为直接交往联系起来具有共同利益的人群，这些人群的交往是持续的。其共同特征：其一，成员间的关系明确，其二，成员间有群体意识和群体规则，其三，群体成员间的交往是持续的，其四，群体成员有一致的行动能力。[1]社会学意义上的群体与相关联的实体对应，弱势群体是在经济上、生活上具有相似特征的一些人群，这些人群没有形成共同体，但具有共同的社会特征。在经济上、生活上、利益上、地位上具有相似特征的人所形成一个群体，从社会意义上说，他们是一定的"社会类属"，从社会成员的构成来讲的确可以称他们为一个大的"群体"，这也

---

[1] 参见郑杭生主编：《社会学概论新修》，中国人民大学出版社2003年版，第22页。

符合我们的表达习惯。总之，弱势群体不是一个真正的共同实体，应该理解为一个社会群体。

（三）研究弱势群体应明确学科属性，避免在研究过程中采用不同的标准

不同学科的研究方法、研究对象及研究的侧重点不一样。如上文所述研究的角度不同，对弱势群体的界定不同。所以，在对弱势群体进行界定时，首先要弄清弱势群体的学科属性，若不同的学科对弱势群体采用一样的界定标准，其研究的合理性、可行性值得怀疑，研究最终的结论根本没有实际意义。为什么对弱势群体会产生那么多的界定，就是因为不同的学者研究的角度不同，会产生不同的见解，所以，在研究弱势群体时，必须找准其学科属性，在同一研究中，采取统一定义，从犯罪学的角度研究弱势群体，只能从犯罪学的角度来界定弱势群体，不能从其他学科进行研究。

（四）注意区别类似概念

国外对弱势群体的研究起步较早，在有关研究中有脆弱群体和劣势群体的说法。脆弱群体是从丧失劳动能力、独立生活能力缺乏的角度来进行界定，在社会生活中非常脆弱，很容易受到伤害，其共同特征为丧失或没有劳动能力，连基本的生活都不能得到保障，需要社会和政府进行救济的社会群体。劣势群体的产生是根据主流社会的价值标准、普通社会群体的一般生活水平为标准来划分的，劣势群体主要是就业与社会地位在长期生活中处于劣势，之所以处于不利地位是社会的结构与制度造成的，在社会中的机会与分配遭受不公平对待。国外对脆弱群体、劣势群体的界定对我们研究弱势群体具有借鉴意义，但不能把国外研究弱势群体的理论一成不变地搬到我国，因为国情不同，弱势群体形成的原因各不相同。总之，在研究弱势群体时要与相似的概念区分开来。

三、从犯罪学的角度界定弱势群体

（一）弱势群体的界定

选取的视角不同，界定弱势群体的标准就不同。本书关注社会性弱势群体犯罪问题，所以要从治理犯罪的角度出发，只能从犯罪学的角度来界定弱势群体犯罪。犯罪学研究的人群是与犯罪活动相关的人群，犯罪学视角研究弱势群体就是判断与犯罪有关的人群中哪些人属于弱势群体。反之可以这样理解，与犯罪相关的人以什么样的标准来界定他是弱势群体。从犯罪学研究

和界定弱势群体，权利是一个离不开的话题。从古至今，许多人都在为享有的基本权利而作出牺牲。所以"权利"是一个核心话题。尽管学者们从不同角度研究弱势群体，都可以通过研究"权利"为起点，从犯罪学角度来界定弱势群体，也同样从"权利"着手。

如上文钱大军、王哲认为，社会弱势群体的法学解释，即由于社会条件和个人能力等方面存在障碍而无法实现其基本权利，需要国家帮助和社会支持以实现其基本权利的群体。可以说，社会弱势群体最为重要的特征是其基本权利得不到实现，就像在社会学视角中，人们的生活水平没有超过贫困线一样。钱大军、王哲从基本权利出发研究弱势群体，有其借鉴之意。不过也存在不足，在社会中只要其基本权利不能实现的群体认定为是弱势群体，这样的标准使弱势群体的范围扩大了。弱势群体的意义在于他们是社会的特殊群体，如果普通大众都被认为是弱势群体，研究弱势群体就失去了研究意义。学者钱大军、王哲定义弱势群体时，他们认为需要国家的帮助和支持才能保障其基本权利实现的社会群体才是弱势群体，这种定义还需要从更深层次进行探讨，事实上普通人基本权利的实现都需要一个国家的支持和帮助，所以需要国家的支持与帮助才能实现其基本权利的群体被认为是弱势群体，未免显得不全面、不准确。因此，在社会中由于自身的原因不能实现其基本权利，需要国家的支持与帮助，这类群体才称得上是弱势群体。

通常人在享受权利的同时必须履行义务，人就是权利与义务的一个综合体。在这些权利中，有些权利是人正常生活、发展所必需的权利，如生存权、发展权等，这些权利是人享有的最基本的权利。在一个社会中有一类并非因自身的原因而放弃其基本权利，不能同普通社会民众一样享有和实现其基本权利，需要国家的支持与帮助才能享有和实现其基本权利的这类人就是弱势群体。目前我国作为正常人生活和发展需要的基本权利包括：生存权、发展权、劳动权、受教育权、社会保障权、平等权。具体内容如下：

第一，生存权。生存权，亦即相当生活水准权，日本早稻田大学法学部大须贺明教授认为，生存权的目的，在于保障国民能过像人那样的生活，以在实际社会生活中确保人的尊严；其主要是保护帮助生活贫困者和社会的经济上的弱者。《日本宪法》第25条规定，所有国民均享有维持健康且文化的最低限度生活的权利，国家必须在一切生活方面，努力提高与增进社会福利、社会保障以及公共卫生，就是对生存权的明确规定和保障。我们所谈及的生存权的权利主体是指连最低生活保障都不能满足，需要国家和社会的支持与帮助的人群。这类人群的构成形式较多，一是包括因工厂倒闭、社会经济形势不好而造成失业、得不到劳动机会，造成他们生活都非常困难、甚至贫困化的人群；二是包括身体有疾病，或者身体残疾，或者精神状态出了问题连生活都不能自理的人群；三是包括穷困潦倒几乎没有什么财产无法维持最低生活状态的人群。《日本宪法》第25条规定的"所有国民均享有维持健康且文化的最低限度生活的权利"的标准是指人在肉体上、精神上起码过得像人的生活。这才是人在社会上活着为确保有尊严的最低的标准，若连此标准都不能满足，这样的人与活着的动物没有什么区别。不仅蕴含着人活着要满足最基本的生活标准，要有最低的生活尊严，而且还要有一定文化性的生活标准。即"能在社会上保持作为'人'尊严的最低限度经济的和文化性的生活。"日本桐荫横滨大学法学部教授三浦隆认为，广义的生存权包括家庭权、生存权（狭义即生活权）、教育权、劳动权，在狭义上所谓生存权，就是人为了像人那样生活的权利。所谓像人那样生活，就是说人不能像奴隶和牲畜那样生活，是保全作为人的尊严而生活的权利。为此，国民以其各自家庭为基础，有"享有最低限度的健康与文化生活的"权利。

挪威人权研究所高级研究员A.艾德认为，单从纯物质的观点来看，最基本的生活标准为一个人的生活水平必须在社会生活的贫困线之上，食物、衣服和住房是最基本的生活必需品，若达不到此标准，其生活处于失败状态。当然人的生活标准不仅仅局限于此，还有其他的生活标准要求，其他的生活标准要求是不能用一般的话语来解释，这取决于有关社会的文化条件。关键在于，每个人都能与他人进行正常的日常交流，而不会感到羞耻，也不会遇到不合理的障碍。[1]这意味着他们可以有尊严地享受最基本的生活标准。在我们社会中任何人都不能仅靠贬低自己或丧失基本的自由生活着，如乞讨、卖淫或被奴役来满足其基本的生活需要。若这样活着，这就说明这类人连最基本的生活都不能保障。

综上所述，生存权是指人们获得足够的食物、衣物、住房以维持有尊严的相当生活水准的权利，它包括了食物、衣物、住房权利等特定内容的权利。

---

〔1〕 https://dict. youdao. com/search? q=bk:%E7%94%9F%E5%AD%98%E6%9D%83，最后访问时间：2018年6月16日。

这样定义生存权既符合国际人权公约的有关规定，也可以使生存的权利的内容更加清晰，使食物、衣物住房和其他特定权利能够迅速进入我们的视野，这有利于促进我国食品安全生产的实现以及住房等和公民的生活水平密切相关的制度进行系统的改革，将有利于实现公民的生存权在我国被逐渐重视起来，促进我国公民生活水平继续提高。

第二，发展权。发展权是个人、民族、国家积极、自由和有意义地参与政治、经济、社会和文化发展并公平享有发展所带来的利益的权利。自 20 世纪 60 年代以来，发展中国家为打破旧的国际政治经济秩序，为获得政治、经济、社会、文化的全面发展而做出了不懈的努力。1970 年，联合国人权委员会委员卡巴·穆巴耶在题为《作为一项人权的发展权》的演讲中明确提出了"发展权"的概念。1979 年在联合国大会第三十四届会议中第 34/46 号决议中指出，发展权是一项基本人权，平等发展的机会是各国的自然权利和个人的基本权利。1986 年，联合国大会第 41/128 号决议通过了《发展权利宣言》，就发展的主题、内涵、地位、保护方式和实现途径等基本内容，作出了全面的解释。1993 年《维也纳宣言和行动纲领》再次重申发展权利是一项不可剥夺的人权，从而使发展权利的概念显得更加全面和系统。

发展权主要有以下几个特点：一是发展权既是一项个人人权，同时也是一项国家或民族的集体人权。这两个方面是相辅相成的、不可分割的。在一国范围，发展权首先是一项个人人权。个人只有作为发展权的主体，才能充分地、自由地参与政治、经济、社会和文化的发展，并公平享有发展带来的利益。[1]然而，个人和集体是相互依存的，没有国家或民族的发展，就很难谈论个人发展。因此，发展权利必须是不可否认的集体人权。二是个人发展的权利主要指向国家，集体发展权主要针对整个国际社会。在一个国家，个人发展的权利主要取决于国家。《发展权利宣言》指出，各国有权利和义务制订发展政策，以确保人人平等地发展和享受发展的好处。在国际范围内，实现国家或国家的发展权利主要取决于国际社会的共同努力。各国都有促进自身发展的责任。为了保证发展的权利，必须建立一个新的国际政治和经济秩序，以消除阻碍发展中国家发展的障碍。三是发展权是实现人权的必要条件。

---

〔1〕 参见"发展权"，百度百科 http://baike.baidu.com/view/634886.htm，最后访问时间：2018 年 5 月 28 日。

《发展权利宣言》指出，发展是政治、经济、社会和文化发展的过程，在这个过程中所有的人权和基本自由都可以逐步实现。

实现发展权的条件包括三个方面。其一，为国家创造一个有利于发展的稳定的政治和社会环境；其二，各国将享有对其自然资源和财富的永久主权，并制定适合本国国情的发展政策；其三，以积极、自由、有意义的方式参与发展过程、决策和管理，分享公平带来的利益。国家要为公民的发展提供一个良好的平台，以使公民的发展权得到充分的保障。

第三，劳动权。所谓劳动权是指有劳动能力的公民有权参加社会劳动或工作并获得相应的劳动报酬的权利。劳动权利是劳动者生存权的必要条件。没有劳动和工作的权利，就没有生存权的保障。劳动力是公民基本权利之一，因为它是一种权利，所以就存在义务人，在劳动的权利与义务关系中，权利人是公民，相对应的义务人则是国家，它是一种宪法权利和义务关系，不同于民法上的劳动关系。

资本主义制度下存在严重失业现象，使劳动者的劳动权得不到保障。直到第二次世界大战后，部分西方国家的宪法才承认了劳动权，如1946年的《法国宪法》规定：任何人有工作的义务并享有就业的权利，1946年《日本宪法》、1947年《意大利宪法》都对劳动权加以确认。中华人民共和国成立后，曾制定和发布了一系列法律文件，采取了一系列措施。如1950年6月7日政务院发布的《关于救济失业工人的指示》，劳动部同年7月1日又公布《救济失业工人暂行办法》等，各省市也都公布了本地区的救济办法或试行细则。采用包括以工代赈、生产自救、还乡生产、转业训练和发放救济金等办法，逐步解决了失业问题。随着社会主义经济的恢复和发展，就业人数逐步增加。中国历次公布的宪法都确认劳动权是公民的一项根本权利。1982年《中华人民共和国宪法》（以下简称《宪法》）第42条规定："中华人民共和国公民有劳动的权利和义务""国家通过各种途径，创造劳动就业条件，加强劳动保护，改善劳动条件，并在发展生产的基础上，提高劳动报酬和福利待遇"。这不仅确认有劳动能力的公民有工作的权利，而且在劳动报酬、劳动条件、集体福利等方面都有切实的保障，为公民实现劳动权提供了物质基础。

劳动权的主体是公民，但宪法和劳动法中的"公民劳动权利"和"劳动者权利"是两个具有严格区别的法律概念。我国《宪法》第42条规定，"公民有劳动的权利和义务"，其权利主体是"一切有劳动能力的公民"。因为不是每个具有劳动能力的公民，都必须能够进入劳动关系，而并不是没有进入劳动关系的公民者就不能被称为"劳动者"，也并不是这些公民不享有劳动权利，而是与进入劳动关系的劳动者劳动权利相比，只是其劳动权的内容更少而已。

依照《宪法》，公民在未获得劳动身份之前，其劳动权利主要包括：就业权和就业培训的权利，对于年老体弱的人，应享有国家和社会援助的权利或救济的权利，以及享有的社会保险和医疗保健的权利，则属于他的其他社会权利，这些权利都是劳动权的内容。

劳动者劳动权利内容非常丰富和广泛，除了享有以上的权利外，劳动者还依照劳动法享有其他劳动权利，其他劳动权利包括：签订劳动合同权、解除劳动合同权、经济补偿权、工作时间权、劳动竞赛权、合理化建议权、科学研究权、技术革新权、发明创作权、受表彰或奖励权、参加组织工会权、民主协商参与权、批评检举和控告权、劳动培训权、职业技能考核权、劳动安全权、劳动保险权、劳动环境权、病伤产期不受解雇权、女工和未成年工受特殊保护权、伤残保障权、疾病保障权、退休保障权、退职保障权、待业保障权、家属抚恤权等。总之，劳动是人类的基本的生活方式，是人们获得物质资料的一般方式。也可以这样理解充分实现劳动权利意味着在一定程度上实现了生命权。然而，由于社会安排和个人能力的不同，目前许多劳动权利处于虚空闲置状态，我国的现状也是如此。

第四，受教育权。受教育权利包括两个基本要素：其一，公民有权在学校接受教育的权利；其二，国家有提供教育设施、培训教师为公民接受教育创造必要的机会和物质条件的职责。如果一个人没有接受教育，失去了上学的机会，那么他就失去了受教育的权利。没有教育的物质保障和法律保障，公民受教育的权利也可能会落空。受教育权利是一项基本人权。在人类诞生之初，人类的生存能力并不比动物的生存能力强，但动物之所以不能与人类相比，是因为人类有区别于动物的潜能，而教育是其中一个重要的方面。

要改变和提升自己，释放你的潜能，就必须依靠教育和接受教育。受教育是一种通过将某些价值观、文化规则、生产技能和知识传授给个人而促进实现社会化的活动。每个人都通过受教育来完成他们的社会化过程；受教育获得的生存知识和技能是未来独立生活的必要准备。因此，人的社会化和获得独立生存的手段都离不开受教育。人们不仅要生存，还要发展；不仅要生活，还要追求生活的质量。为了实现这一目标，与受教育密不可分。可以看出，受教育是一个人生存和发展的关键因素。

社会是个体生存和发展的前提，但它是由每个个体组成的。虽然实践中个人与社会的关系总是被矛盾和冲突所困扰，但内部却存在着统一。这种统一的一个重要表现就是个人与社会的双向互动。个人成长的特殊性导致了这种双向责任和义务的相互转化。社会首先要对个人负责，使个人获得必要的能力，才有权要求个人对社会尽责。这种关系决定了受教育是每个人的基本权利。个人的享有受教育的权利则是社会的义务。社会应该至少给每一个未成年人提供受教育的机会，使他们掌握各种基本生存技能，参与社会生活所需的必要文化知识，并且在知识和智力上为将来正常生活和进一步受教育打下基础。

虽然受教育权是 20 世纪才开始的一项宪法权利，但它越来越受关注。随着经济水平的提高，人们对教育的重视程度也逐渐上升，一开始人们只是重视初等教育和中等教育，随着知识经济时代的到来，高等教育也进入了人们的视野。在经济不发达的时代，像初中这样的知识水平可以适应生存和发展的需要，现在有了高层次的知识，不仅成为一个人发展的前提，而且越来越成为人们生存的手段。这种社会需求激发了人们对高等教育的渴望，这导致了各国对高等教育的普及（甚至在一些发达国家流行起来）。在精英化的教育模式中，如果进入高等教育只是少数人的专利，高等教育被认为是一种特权，还没有产生平等的感觉，所以没有高等教育权利的争论之说。在高等教育大众化的时代，大学不再是一个神秘的象牙塔，接受高等教育已经成为公众改善生活条件的一个有效的方法，因此社会更加关注受教育的权利与机会。

第五，社会保障权。社会保障的权利也被称为福利权利，是公民要求国家通过立法来承担和提高整个国家公民的基本生活水平的权利。特别是政府和社会应确保个人和家庭在工伤、职业病、失业、疾病和老年时期保持一定的固定收入和其他补贴。但社会保障权利作为公民的基本权利，是在 20 世纪才被明确提出的。最早在宪法中明确规定社会保障权的是德国 1919 年颁布的《魏玛宪法》。《魏玛宪法》第 151 条第 1 款规定，经济生活的秩序必须适合社会正义的原则，而所谓社会正义，则在于保障所有社会成员能够过上体现人的价值、体现人的尊严的生活。社会保障权正是保障人的生存权以及发展权的权利。第 161 条规定，为了维持健康和劳动能力、保护母性、防备老年、衰弱和生活突变，国家在被保险者的协力下，设置包括各种领域的社会保险制度。第 163 条规定，国家给予全体劳动者以通过经济性劳动获得生活来源的机会，如果一时没有这种机会，应考虑给予必要的生活保障，具体实施方法，由国家另外通过立法规定。二战以后，社会保障权作为法定权利在各国宪法中普遍被确认。社会保障权作为一种基本权利，在我国宪法中已明确规定，我国《宪法》第 44 条规定"国家依照法律规定实行企业事业组织的职工和国家机关工作人员的退休制度。退休人员的生活受到国家和社会的保障。"第 45 条又规定"中华人民共和国公民在年老、疾病或者丧失劳动能力的情况下，有从国家和社会获得物质帮助的权利""国家和社会保障残疾军人的生活，抚恤烈士家属，优待军人家属""国家和社会帮助安排盲、聋、哑和其他有残疾的公民的劳动、生活和教育"。从我国《宪法》的规定中可以看出：退休者的生活保障权、公民的物质帮助权、特殊人员的优待权以及残疾公民的合法权益保障权，共同构成公民的社会保障权利。人的一生不可能不衰老，不可能没有疾病，一辈子不可能一帆风顺。公民应该享有社会保障，因此国家必须建立完善的社会保障制度。

第六，平等权。平等权是指公民依法享有权利和履行义务，不受任何差别对待，要求国家同等保护的权利。平等的理论基础是两个：其一，权利理论。这一理论认为，权利是人类与生俱来的属性，是人类本性的一部分。一个人天生就有求生的本能，自己决定自己与他人以及周围事物的关系。这种自由的超越，虽然与经验无关，但可以通过经验验证。在这里，"生活自由"是指个人自由的生活，不是个人对平等漠不关心，平等是人与人之间的关系。然而，从"生来自由"的逻辑推断出"生来平等"，现在每个人都是自由的，这意味着某些个人享有与其他个体平等的自由。其二是"公民"概念在宪法上的确定。公民角色使得社会每一成员获得了普遍意义的法律角色，并可能以独立人格存在，在政治、经济、文化等社会生活中享有与他人平等的法律权利和义务。

平等权利不只是适用法律的平等。严格地说，它由四部分组成：一是权利的平等，即所有公民都平等地享有法律权利；二是义务是平等的，即所有公民都平等地履行法律义务。三是法律同样适用，即国家机关在适用法律时平等对待全体公民，在保护和处罚中应平等对待。四是法律边界的平等，即没有任何组织或个人享有超越宪法和其他法律的特权。这四个部分是一个有机整体，它们的统一构成了法律的平等权利。平等权利表达一种原则和信念。它否认强调不同的个人在社会中享有特权和社会阶层是社会公正的基础，根据每个人的身份或社会地位不同的权利和义务的分配。对于大多数人来说，平等权就是限制少数人享有某种特权，每个社会公民都平等地享有法律的权利，依法履行义务。我国民法中的公平原则，继承法中关于继承权男女平等的规定，刑法中有关任何人犯罪在适用法律上一律平等的条款，以及对执法公正和司法公正的要求等，无一不体现着这种一视同仁的原则和信念。

平等权利是指在法律的范围内权利主体平等。范围的限制就决定了平等权的绝对性和相对性的有机统一。绝对性主要表现在两个方面：一是权利主体的可能性和实现的权利是绝对的，只要是法律规定的权利，所有符合要求的主体的权利，不管他是否已经有权利来实现，或准备实现这一权利，他必须有合法权利和实现的可能性；二是通常享有基本的权利是绝对的，是不可剥夺的。对于那些不可剥夺的权利在任何时间或任何条件都受到法律的保护，不能被剥夺。比如尊严、人格自由等基本权利，权利主体之间的平等地享有这些权利。甚至在罪犯行刑之前，他的尊严、人格和精神自由也像其他公民一样受法律保护。

总之，从犯罪学的角度来界定和解释社会性弱势群体的概念。社会性弱势群体现在已成为社会学、法学和政治学等领域研究的重点。不同学科对社会性弱势群体的界定不尽相同，研究重点也不一样。从犯罪学视角界定社会性弱势群体，通过"权利"作为研究的出发点。从我国目前现状看，一个人若要正常生活，或者正常发展，必须要享有一些最基本的权利，这些基本权利包括生存权、发展权、劳动权、受教育权、社会保障权、平等权等。若一类人不是自己的原因而放弃本应该享有的上述权利，而这些基本权利被同时代的一般人正常享有，这类人若想享有这些基本权利要靠国家保护，或者社会保护才能得以实现，这类人我们称他们为弱势群体。

（二）弱势群体的分类

不同的学者站在不同的视角研究弱势群体，对弱势群体的分类也不同，目前对弱势群体分类有以下几种：

第一种，结构性弱势群体与功能性弱势群体。学者吴鹏森将弱势群体划分为结构性弱势群体和功能性弱势群体。结构性弱势群体是指社会结构中处于弱势地位的社会群体。功能性弱势群体是指因素质低而处于不利地位的社会成员，使其无法与社会其他成员竞争。[1]

第二种，初级脆弱群体和次级脆弱群体。郑杭生和李迎春将弱势群体划分为初级脆弱群体和次级脆弱群体。初级脆弱群体是指在社会基本生活中不能满足或实现的弱势群体。例如，无助的老人、残疾人、失去或缺乏工作能力、没有生活来源的人等。次级脆弱群体指的是在基本生活或物质满足的前提下，因为自身的身体或精神障碍，或社会障碍造成心理挫折或被剥夺感，使很难适应社会，甚至形成越轨行为的社会成员的集合。[2]

第三种，新生弱势群体与传统弱势群体。张富良认为新生的弱势群体包括以下几类：第一类，市场经济条件下的城镇新生贫困群体，如失业者、下岗无业者等。第二类，残疾人群体，即传统的弱势群体。第三类，城市农民工，他们在城市中干着最辛苦的活，但没有享受到城里劳动者的同等待遇，权益得不到保障，受歧视，工资兑不了现。第四类，老年群体，这也是传统的弱势群体。第五类，高校贫困生等。

张敏杰认为传统意义上的弱势群体包括老弱病残、儿童。随着改革的不断推进及分配制度的不公平，在社会竞争中处于不利地位的群体是新生弱势群体，例如女性、非城市人口、农村贫困群体、下岗人员等。

第四种，城市弱势群体和乡村弱势群体。孙迪亮认为从地域的分布，可以将弱势群体分为城市弱势群体和乡村弱势群体。城市弱势群体包括下岗职工、失业人员、年老靠领最低生活保障的退休人员，其中最主要的下岗职工或处于失业状态的城市贫困群体。乡村弱势群体主要包括农村中的贫困群体。[3]

第五种，生理性弱势群体和社会性弱势群体。朱力根据弱势群体的成因将弱势群体分为生理性弱势群体和社会性弱势群体。生理性弱势群体分为女性、未成年人、老人、残疾人等。社会性弱势群体分为农民工、农村贫困群体、城市贫困群体等。

---

[1] 参见吴鹏森："论弱势群体的'社会报复'"，载《江苏行政学院学报》2003年第1期。

[2] 参见郑杭生、李应生："全面建设小康社会与弱势群体社会救助"，载《中国人民大学学报》2003年第1期。

[3] 参见孙迪亮："社会转型期城市弱势群体的特征、成因及扶助"，载《理论研究》2003年第1期。

综上所述，由于不同的学者站在不同的角度对弱势群体进行分类，结合本书的研究目的，从犯罪学的角度，笔者赞同将弱势群体分为生理性弱势群体和社会性弱势群体。

四、社会性弱势群体的犯罪学界定

从犯罪学的角度来界定和解释社会性弱势群体的概念。社会性弱势群体现在已成为社会学、法学和政治学等领域研究的重点。不同学科对社会性弱势群体的界定不尽相同，研究重点也不一样。从犯罪学视角界定社会性弱势群体，通过"权利"作为研究的出发点。从我国目前现状看，一个人若要正常生活，或者正常发展，必须要享有一些最基本的权利，这些基本权利包括生存权、发展权、劳动权、受教育权、社会保障权、平等权等。若一类人不是由于自己的原因而放弃本应该享有的上述权利，而这些基本权利被同时代的一般人正常享有，这类人若想享有这些基本权利要靠国家保护，或者社会保护才能得以实现，这类人我们称他们为弱势群体。根据这一概念，我们也可以来界定社会性弱势群体。这部分人群没有明显的生理缺陷，具有基本的劳动能力，但是这部分人群的素质普遍不高，这类人就是社会性弱势群体。社会性弱势群体的特征有政治影响力弱，对政治活动的参与性不强；经济上的贫困性；生活水平及社会地位的低层次；社会性弱势群体享受的基本权利得不到保障，例如包括生存权、发展权、劳动权、受教育权、社会保障权、平等权等。社会性弱势群体包括：农民工、农村贫困群体、城市贫困群体等。社会性弱势群体的权利得不到很好的保护是造成他们犯罪的原因。本书研究社会性弱势群体犯罪，主要从研究农民工犯罪、城市贫困群体犯罪、农村贫困群体犯罪着手。

（一）农民工

2015 年全国农民工总量 27 747 万人，比上年增加 352 万人，其中外出农民工 16 884 万人。2016 年全国农民工总量 28 171 万人，比上年增加 424 万人，其中外出农民工 16 934 万人。[1]从发展的视角来看，我国农民工在数量上有增长的趋势，有一部分农民工的弱势程度还在继续加深。农民工一开始

---

〔1〕 中华人民共和国人力资源和社会保障部：http://www.mohrss.gov.cn/ghcws/BHCSWgongzuodongtai/201705/t20170531_ 271737.html，最后访问时间：2018 年 5 月 30 日。

进入城市打工，与城市人口存在差别受到歧视。他们没有受到城市人口的同等待遇，在养老、医疗、工伤、失业保险等方面没有保障，基本工资低，工资拖欠严重，工作条件和环境差，子女入学、住房、吃饭等基本生活方面面临诸多困难。

（二）城市贫困群体

根据官方扶贫的对象看，我国城市贫困群体主要包括四类：一是城市贫困无业者，即有一定劳动能力和不固定收入，但家庭人均收入仍低于当地最低生活保障线或贫困标准的贫困居民；二是无生活来源、无劳动能力、无法定扶养的"三无"人员；三是在职职工领取最低工资、离退休人员领取离退休金、下岗人员领取基本生活费、失业人员领取失业救济金后，其家庭人均收入仍低于当地最低生活保障线或贫困标准的贫困职工；四是由于其他种种原因使其家庭人均收入低于当地最低生活保障线或贫困标准的贫困居民。我国官方确定的城市最低生活保障线作为当前区分城市贫困人口的主要标准。在实践中也是以此标准来确定是否属于城市贫困群体。

（三）农村贫困群体

据有关资料显示，现在全国仍然还有几千万的失地农民。60%的失地农民生计困难，其中有一部分成了"三无"农民（无地、无业、无保障）。对某省调查分析，征地成本价其分配收益格局为政府占20%左右，企业占40%左右，村级组织占20%至30%，到农民手里的价款占10%至20%，有专家预测，每个地方对农民征地的价格不一样，从农民身上拿走的土地款至少有5 000亿。失地农民不一定全部都贫困，但他们中绝大多数生活面临着困难，保险没有着落。

第二节　社会性弱势群体的状况

我国社会性弱势群体主要包括农民工、城市贫困群体、农村贫困群体，数量庞大，生活条件极其艰苦，生活贫困，遭受各种歧视。社会性弱势群体的现状如下：

一、数量大、比例高

截至2016年年底，全国有城市低保对象855.3万户、1 480.2万人。全年各级财政共支出城市低保资金 687.9 亿元。2016 年全国城市低保平均标准 494.6 元/人·月。全国有农村低保对象 2 635.3 万户、4 586.5 万人。全年各级财政共支出农村低保资金 1 014.5 亿元。2016 年全国农村低保平均标准 3 744.0元/人·年。[1]

随着社会的不断发展和改革开放的不断深入，我国农村居民的生存和温饱问题逐步得到解决。随着国家推行扶贫政策，我国农村贫困人口数量尽管每年都在减少，脱贫的人口逐渐增多。如果按照国际标准，我国有许多农民依然还处于贫困状态，处于贫困状态的农民数量庞大。另外，我国还有许多农民工生活在城市的边缘地带，城市的贫困人口也不在少数，总之，我国社会性弱势群体的数量大，在总人口中所占的比例较高。

二、遭受各种歧视

进入现代社会以来，许多国家将平等权作为一项基本权利写入宪法。平等观念已深入人心，社会公众普遍一致认为，社会弱者与其他人一样，都具有同等的权利，若不关心弱者的权利，所谓的平等就不平等了。尽管平等权已写入法律，日常工作和生活以及其他领域对社会性弱势群体歧视的情况比比皆是，最常见的就是年龄限制，有些企业在招工时明确写出不招 40 岁以上的劳动者。最突出的歧视是现代社会的农民工在城市主要从事的是城市人不愿干的脏、乱、差的工作，虽然干这些工作，但他们的工资低且增长缓慢。不但这些农民工受到歧视，他们的下一代甚至第三代也跟着受歧视，经历着各种不公平的待遇。农民工的子弟上学在许多城市受到不公平的待遇，公立学校排斥他们的子弟，若在私立学校读书，学费高得离谱。另外就是没有城市户口也是农民工子女求学难的一个问题。中国政法大学宪政研究中心就我国就业歧视做过问卷调查，其结果显示，我国就业和工作中歧视最为严重的就是身份歧视，遭受不公平的待遇。总之，我国社会性弱势群体遭受着各种歧视，他们的平等权面临着严重的挑战。

三、一些制度与法律对社会性弱势群体的保护存在漏洞

我们推行的社会主义市场经济，其发展规律为优胜劣汰，既然为优胜劣

---

[1] 中华人民共和国民政部：http://www.mca.gov.cn/article/sj/tjgb/201708/20170800005382.shtml，最后访问时间：2018 年 6 月 1 日。

汰，就意味着我们的经济发展不可能实现同时富裕和同步富裕，只有允许一部分先富起来，让先富起来的人带动后富起来的人，形成你追我赶的态势，最终实现共同富裕。我们的市场经济没有现成的模式和经验可循，只有摸着石头过河，在经济体制的改革过程中难免会存在许多制度和法律的漏洞。在先富起来的群体中，个别人赚的第一桶金都带有违法犯罪的情形，至少不是那么光彩，例如有的人凭走私贩私、贪污受贿、制假卖假、坑蒙拐骗、投机倒把等手段获得不义之财。当然，这些问题的出现不仅仅是法律的漏洞问题，还有许多个人因素。当然还与制度有关，例如城乡户籍制度、工农业"剪刀差"人为地扩大农村和城市的差距；还例如对垄断行业缺乏监督，个别管理部门权力寻租，贪污腐败，这些制度的缺陷造成了贫富差距进一步扩大。

总体来说，在分配制度和社会政策法律不公的多重作用下，社会性弱势群体的权利被漠视与忽略。在一定程度上，我国的社会性弱势群体是制度性弱势群体、法律性弱势群体。[1]

四、社会性弱势群体权益受损引发的社会矛盾和群体事件不断

社会性弱势群体面对种种歧视和日益扩大的贫富差距，一些社会性弱势群体开始产生反抗意识并采取有组织的活动。如因困难职工问题导致的群体性事件时有发生，农村在城镇化的过程中个别因腐败问题导致的暴力冲突问题事件不断。此外，个别针对富人的暴力事件，特别是绑架、仇杀案件也在不断发生。因此如不很好地解决社会性弱势群体问题，受损的不仅仅是社会性弱势群体自己，最终的恶果有可能由社会来承担。从某种意义上讲，只有处理好社会性弱势群体的问题，社会的文明程度才能进一步向前发展，笔者在调研时收集到的数据表明，社会性弱势群体的权利受损与犯罪存在正向的关系，如表1、表2所示：

---

〔1〕 参见余少祥：《弱者的权利——社会弱势群体保护的法理研究》，社会科学文献出版社2008年版，第143页。

表 1 贵州省某县农民工犯罪统计表

年度	农民工犯罪案件数	案件总数	农民工犯罪案件比例	农民工犯罪人数	总犯罪人数	农民工犯罪人比例
2013 年	106	126	84%	141	188	75%
2015 年	92	115	80%	118	160	74%
2016 年	90	108	83%	106	151	70%

表 2 四川省某区无业人员犯罪统计表

年度	无业人员犯罪案件数	案件总数	犯罪案件比例	无业人员犯罪人数	总犯罪人数	农民工犯罪人比例
2011 年	92	122	75%	156	232	67%
2012 年	78	116	67%	148	256	58%
2015 年	83	111	75%	155	262	59%

从上表可以看出，农民工及无业人员犯罪的案件数比例较高，涉及的犯罪人数也较多，他们的权益得不到保障，有的人只有通过犯罪的方式才能实现，他们的权利受损与犯罪存在正向的关系。

本章小结

本章主要从犯罪学的角度探讨了社会性弱势群体的概念、社会性弱势群体的特征及社会性弱势群体的现状。要从犯罪学的角度探讨社会性弱势群体的概念，必须弄清犯罪学视角弱势群体的概念。界定弱势群体，以"权利"作为本书研究的出发点，一个人若要正常生活或者正常发展，必须要享有一些最基本的权利，这些基本权利包括生存权、发展权、劳动权、受教育权、社会保障权、平等权等。若一类人不是由于自己的原因而放弃本应该享有的上述权利，而这些基本权利被同时代的一般人正常享有，这类人若想享有这些基本权利要靠国家保护，或者社会保护才能得以实现，这类人我们称之为弱势群体。受此启发，我们也可以来界定社会性弱势群体。这部分人群没有明显的生理缺陷，具有基本的劳动能力，但是这部分人群的素质普遍不高，这类人就是社会性弱势群体。

社会性弱势群体的特征有政治活动的参与性不强；经济上的贫困性；生活水平及社会地位的低；基本权利得不到保障，例如包括生存权、发展权、劳动权、受教育权、社会保障权、平等权等。

目前我国社会性弱势群体数量庞大，生活条件极其艰苦，生活贫困，遭受各种歧视，一些制度与法律对社会性弱势群体的保护存在漏洞，社会性弱势群体权益受损引发的社会矛盾和群体事件不断，其基本权利得不到保障。社会性弱势群体的现状在一定程度上为其犯罪埋下了"伏笔"。总之本章讨论社会性弱势群体的犯罪学定义、社会性弱势群体的特征及社会性弱势群体的现状，为分析社会性弱势群体现状、特征，归纳解释社会性弱势群体犯罪的基础理论，总结社会性弱势群体犯罪形成的原因，探究社会性弱势群体犯罪治理理念和治理政策，为探寻社会性弱势群体犯罪的治理模式及治理路径打下坚实的基础。

第二章

社会性弱势群体犯罪现象考察

犯罪现象是进行犯罪研究的基本事实，是进行犯罪学研究的原始素材。一定的犯罪原因导致一定的犯罪现象，一定的犯罪现象是其犯罪原因的外化和结果状态；由一定的犯罪现象可以查明背后与深层的犯罪原因，进而分析其置身其中的社会和历史情景，为探究治理对策奠定基础。研究社会性弱势群体犯罪，从研究农民工犯罪、城市贫困群体犯罪、农村贫困群体犯罪着手。在调研中发现，农民工犯罪形式多样，特别是抢劫、偷盗犯罪最为突出。农民工犯罪数量变化不大，犯罪率比社会总人口的平均犯罪率要低，犯罪主体呈低龄化、受教育程度低，普遍素质不高，且共同犯罪的比例较高。城市贫困群体犯罪，犯罪呈上升趋势，犯罪前无职业或职业不稳定在城市贫困犯罪群体中最为突出，犯罪目的主要是为了钱。农村贫困群体犯罪，犯罪主体的文化素质不高，几乎都是自然犯，18～35岁青年是主要的犯罪主体。通过对农民工犯罪、城市贫困群体犯罪、农村贫困群体犯罪的调查与统计，实现对社会性弱势群体犯罪状况的初步认识，这一针对社会性弱势群体犯罪现象的研究，旨在为剖析社会性弱势群体犯罪的原因以及进一步探讨其犯罪治理对策奠定基础。[1]

---

〔1〕 参见魏猛："基于社会质量理论分析视角下的弱势群体犯罪问题研究"，载《上海公安高等专科学校学报》2012年第5期。

第一节 社会性弱势群体个性犯罪实证研究

在上文中，我们已经讨论了社会性弱势群体主要包括人数众多的农民工、城市贫困群体、农村贫困群体。研究社会性弱势群体犯罪，其目的是探究出社会性弱势群体犯罪的治理对策，以减少和遏制社会性弱势群体犯罪，让社会安定和谐。为了达到这一目的，必须对社会性弱势群体犯罪的现象进行考察，分析农民工、城市贫困群体、农村贫困群体的犯罪情况。

一、农民工犯罪现象及特点

农民工犯罪是指具备以下条件的犯罪。第一，持有农村户口；第二，在公司、企业、厂矿、建筑和其他行业从事非农业劳动；第三，按期领取一定的报酬。研究发现，农民工犯罪形式多样，其中抢劫、偷盗、吸毒贩毒、伤害居多，特别是抢劫、偷盗犯罪最为突出。农民工犯罪数量变化不大，总体较为平稳，犯罪率比社会总人口的平均犯罪率要低，犯罪人呈低龄化、受教育程度低，普遍素质不高，且共同犯罪的比例较高。农民工犯罪多数被判为有期徒刑，短期刑比例高，重刑化的趋势不容小觑。

（一）调研数据分析[1]

农民工犯罪问题是当前社会管理和犯罪治理的重点课题，在调研中，选取了一些监狱、法院等进行实地调查、访谈。还进行问卷设计，问卷设计中包括犯罪人的年龄、婚姻状况、家庭成员、收入高低、收入稳定性以及相关经济因素、教育程度等内容对犯罪人进行考察。以下是调研选定的386份有效样本的分析，农民工犯罪形式多样，其中抢劫、偷盗、走私贩毒、伤害居多，特别是抢劫、偷盗犯罪最为突出，走私贩毒也不容小觑。

---

〔1〕 在调查中共发放问卷是 410 份，其中未收回的有 15 份，有 9 份是无效问卷，有效问卷为 386 份。

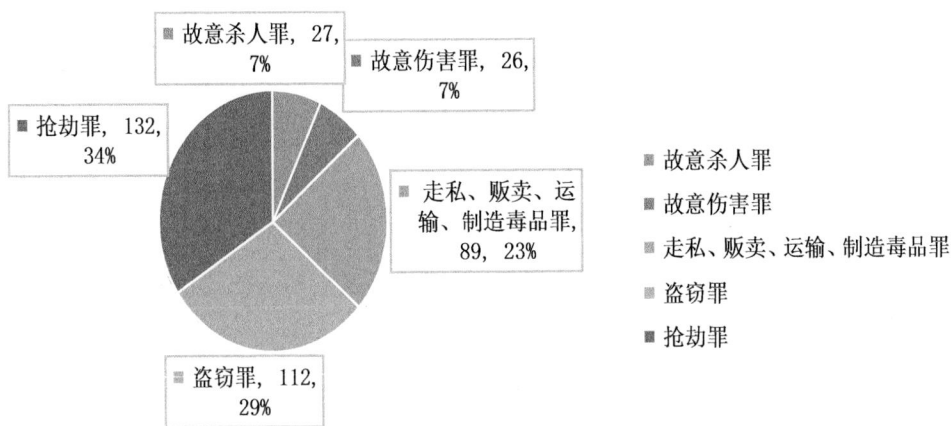

图2 农民工犯罪类型统计图

从上图可以看出，农民工犯罪涉及的类型较多，包括抢劫、偷盗、走私贩毒、故意伤害、故意杀人，其中抢劫犯罪、偷盗犯罪最为严重，走私贩毒也不能忽视。

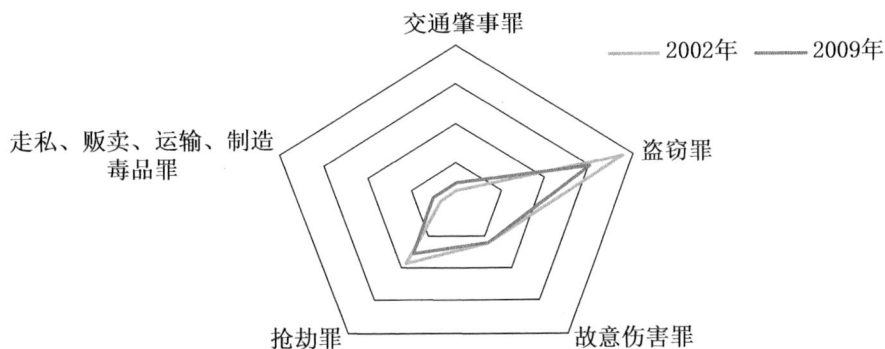

图3 2002年及2009年全国人民法院审理刑事案件中农民工主要犯罪类型情况统计图

从上图可以看出，盗窃、抢劫财产性犯罪所占的比例较高，侵犯人身犯罪的比例虽然少于盗窃、抢劫犯罪，但不容忽视，走私、贩卖、运输、制造毒品罪也有所涉及。

由上两图对比可知，笔者实地调查收集的数据得出的结论与全国法院审理的情况基本一致，农民工犯罪以财产性犯罪为主，以盗窃和抢劫为主，侵犯人身犯罪的犯罪形势也较为严峻。[1]

（二）农民工犯罪人呈低龄化的趋势，文化水平不高，以小学、初中为主

对选定386份有效样本分析，农民工犯罪人呈低龄化、文化程度不高，以小学、初中文化为主，普遍犯罪人的综合素质不高。新一代农民工已成为影响社会安定的重要力量，新一代农民工犯罪形势较为严峻。[2]

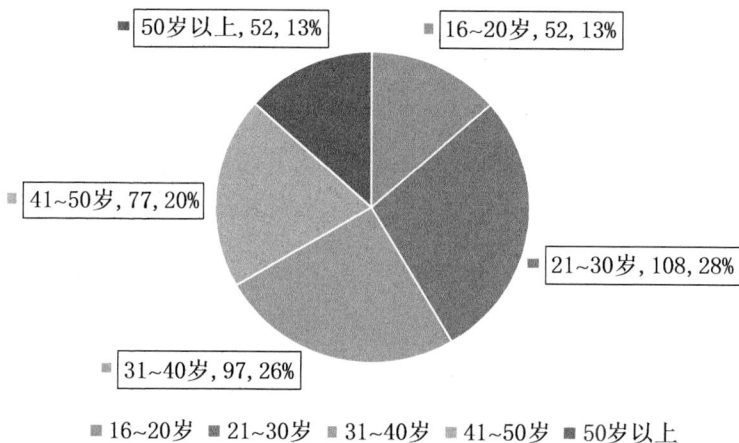

图4　农民工犯罪人年龄特点统计图

从上图可知，16~20岁的犯罪人所占的比例为13%，21~30岁犯罪人所占比例为28%，16~30岁犯罪人的比例占到41%。相反50岁以上的犯罪人所占的比例最低，为13%。由此可见在农民工犯罪中，犯罪人呈低龄化的趋势。年龄越大犯罪的人数反而更少。

---

〔1〕　参见隋光伟："群体犯罪现象范畴述议——现代犯罪社会学的犯罪概念、原因及方法"，载《犯罪学论丛（第1卷）》2003年。

〔2〕　参见官晓玲："关注弱势群体构建和谐社会"，载《今日科苑》2011年第12期。

本科学历及以上, 5, 1%   大专, 32, 8%

文盲, 56, 15%   高中, 63, 16%

小学, 108, 28%

初中, 122, 32%

■ 本科学历及以上 ■ 大专 ■ 高中 ■ 初中 ■ 小学 ■ 文盲

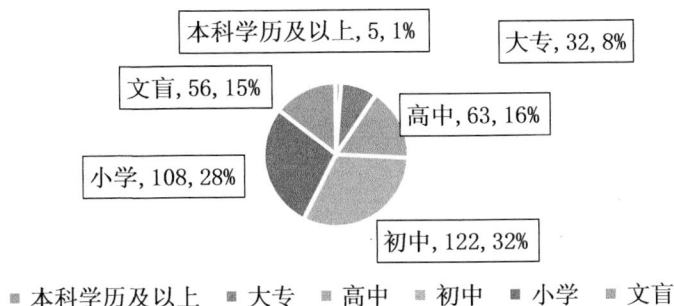

图5 农民工犯罪人文化水平统计图

从上图可知，犯罪人为初中文化水平人数所占的比例为32%，小学文化水平人数所占比例为28%，初中文化水平和小学文化水平人数所占的比例为60%。由此可见，农民工犯罪人的文化水平不高，以小学、初中文化为主。

（三）农民工犯罪行为暴力特征明显，损失严重，在人身和财产方面的破坏性较大

根据资料显示，农民工犯罪暴力特征明显，损失严重，造成被害人的人身和财产损失严重。伤害性犯罪和造成被害人死亡的比例高，是危及社会稳定不可忽视的因素。[1]

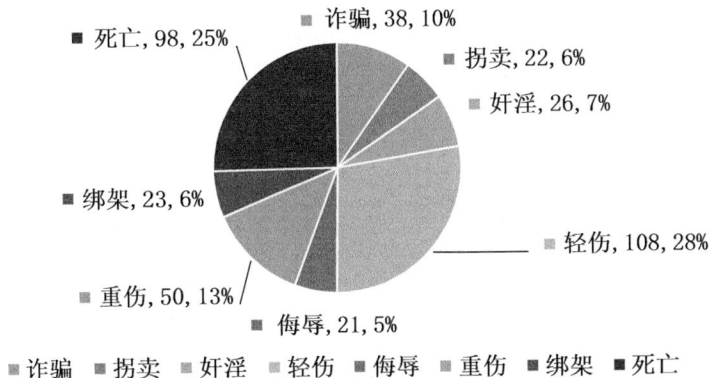

死亡, 98, 25%   诈骗, 38, 10%

拐卖, 22, 6%

奸淫, 26, 7%

绑架, 23, 6%

轻伤, 108, 28%

重伤, 50, 13%

侮辱, 21, 5%

■ 诈骗 ■ 拐卖 ■ 奸淫 ■ 轻伤 ■ 侮辱 ■ 重伤 ■ 绑架 ■ 死亡

图6 农民工犯罪人造成被害人伤害后果情况统计图

在上图中，农民工犯罪造成被害人轻伤、重伤、死亡的比例高达66%，

---

〔1〕 参见马皑："对弱势群体中犯罪现象的观察与思考"，载《中国法学》2003年第4期。

可见农民工犯罪造成被害人人身伤害较为严重。

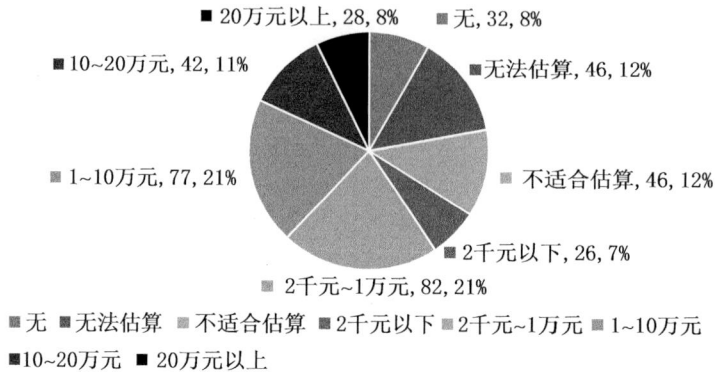

图7 农民工犯罪人造成被害人财产损失情况统计图

从上图可以看出，农民工犯罪对财产的破坏大，所占比例高，数额在 20 万元以上的比例为 8%，数额在 1 万元以上 20 万元以下的数额的高达 32%。可见，农民工犯罪的这些特征对社会公众的安全感影响较大，同时也关系到社会的安定与和谐。

（四）在农民工犯罪中共同犯罪多

在农民工犯罪中，共同犯罪是一个显著特征，所占的比例较高。根据笔者的调查，最近几年来，农民工以共同犯罪的形式比例最高为 2015 年的 50%。在共同犯罪中，以老乡、亲戚的关系居多。

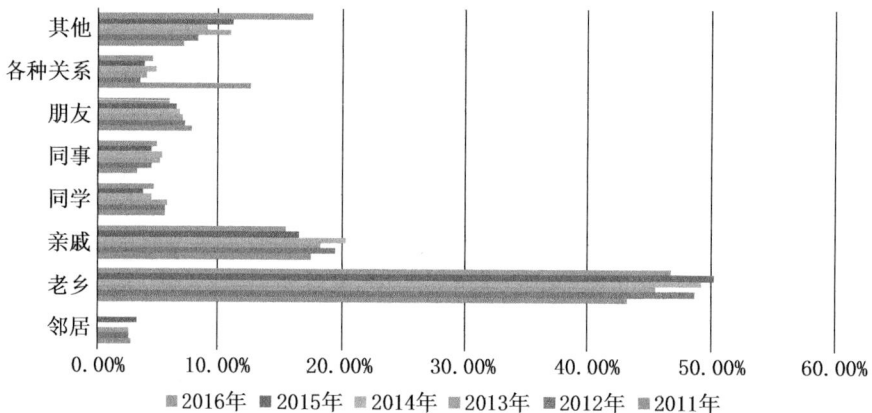

图8 农民工共同犯罪中成员之间的关系统计图

由上图可以得知，农民工共同犯罪的形势严峻，共同犯罪中成员之间的关系以老乡、亲戚关系最为突出，这两种关系比例最高的为 2014 年，达到 70%。

（五）农民工犯罪发生的诱因及动机特征

对收集的资料进行分析时，农民工犯罪的诱因和动机多种多样，有的农民工因为自己的合法权益遭到侵害，对公权力部门不满，进而报复社会，有的农民工因自己的工资被拖欠，伤害或杀害企业老板，还有的农民工因经济问题和情感问题引发犯罪。[1]根据归类分析，农民工犯罪发生的诱因及特征如下表所示：

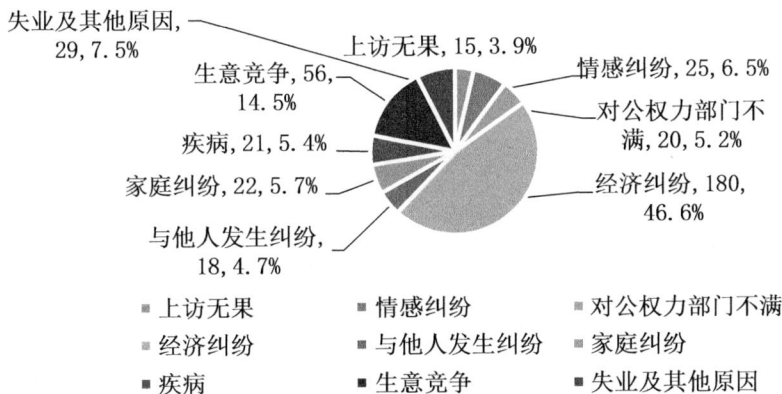

图9　农民工犯罪发生的诱因调查统计图

从上图得知，诱发农民工犯罪经济因素所占的比例最高，几乎占所有因素的一半。生意竞争也是导致农民工犯罪的重要因素，所占比例为 14.5%。当农民工的合法权益被破坏，导致农民工上访，上访无果而犯罪的比例为 3.9%。农民工对公权力不满，进而报复，造成犯罪的比例为 5.2%。因家庭纠纷、与他人发生纠纷使农民工犯罪的人数占到 10.4%。还因情感纠纷导致犯罪的比例为 6.5%。因疾病、失业及其他原因造成农民工犯罪的人数所占的比例高达 12.9%，总之，导致农民工犯罪的诱因较多，主要为经济因素，上访无果及对公权力不满也是不可忽视的因素。[2]

---

〔1〕　参见毕孟琪、黄奥：“紧张理论下的弱势群体犯罪问题研究”，载《黑龙江政法管理干部学院学报》2011 年第 3 期。

〔2〕　参见魏自涛：“弱势群体的成因及社会影响”，载《广西社会科学》2003 年第 10 期。

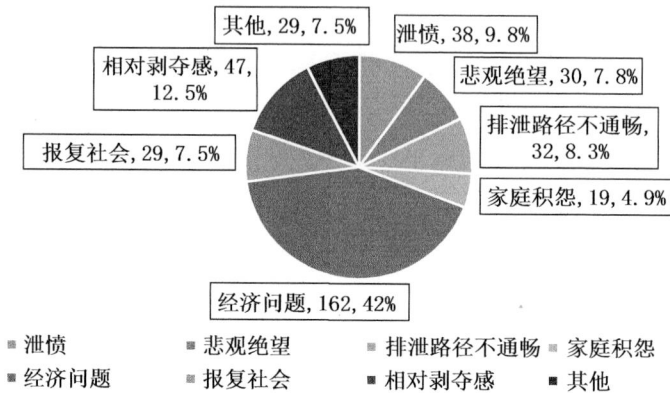

图 10　农民工犯罪发生的动机调查统计图

从上图得知，因经济动机来解决贫困问题始终是农民工一个主要问题，涉及犯罪的比例为 42%。看透一切，悲观绝望导致的动机犯罪为 7.8%，排泄路径不畅通动机犯罪为 8.3%，报复社会及相对剥夺感致犯罪的 20%，家庭积怨的动机为 4.9%，这说明农民工的幸福指数不高，因一些不良动机易发犯罪。[1]

（六）农民工犯罪被判处刑罚的特点

农民工犯罪被判处刑罚有两个特点：第一，被判处有期徒刑的比例高，且短期徒刑比例高；第二，重刑比例高。

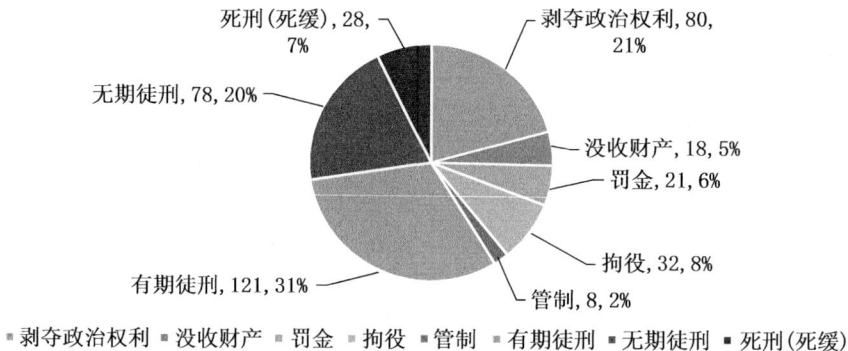

图 11　农民工犯罪被判处刑罚特点统计图

从上图得知，被判处有期徒刑的人数为 121 人，占 31%，比例最高。在

---

〔1〕　参见许小澜、陆文明、马奉南等：《关于新生代农民工犯罪问题的调研报告》。

判处的有期徒刑中，3 年以下有 52 人，占总人数的 13.4%，3 至 5 年有 26 人，占总人数的 6.7%，5 至 10 年有 21 人，占总人数的 5.4%，10 年以上的人数为 32 人，占总人数的 8.2%。再者，判重刑的比例较高。上表中，被判死刑（死缓）和无期徒刑的比例占 27%，这说明对农民工犯罪严打的方式和判重刑的不可忽视。

二、城市贫困群体犯罪现象及特点

根据官方扶贫的对象看，我国城市贫困群体主要包括四类：一是城市贫困无业者，即有一定劳动能力和不固定收入，但家庭人均收入仍低于当地最低生活保障线或贫困标准的贫困居民；二是无生活来源、无劳动能力、无法定扶养的"三无"人员；三是在职职工领取最低工资、离退休人员领取离退休金、下岗人员领取基本生活费、失业人员领取失业救济金后，其家庭人均收入仍低于当地最低生活保障线或贫困标准的贫困职工；四是由于其他种种原因使其家庭人均收入低于当地最低生活保障线或贫困标准的贫困居民。我国官方确定的城市最低生活保障线作为当前区分城市贫困人口的主要标准。[1]在实践中，也是以此标准来确定是否属于城市贫困群体。

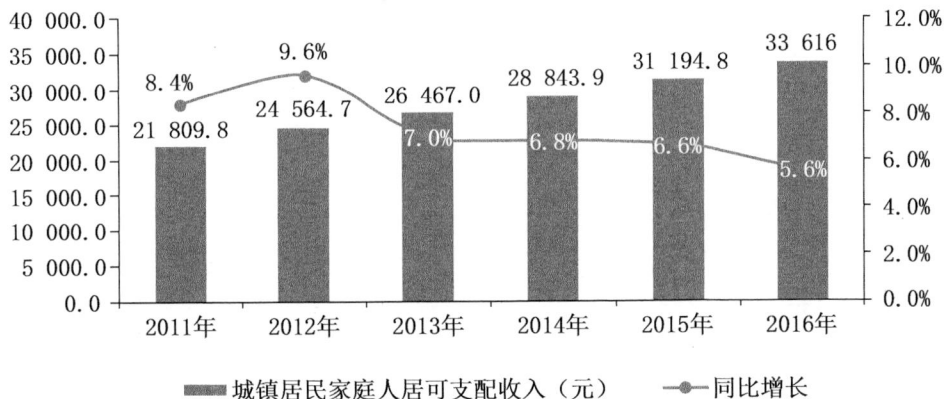

图 12　2015-2016 年城镇居民家庭人均可支配收入情况

该图来自于《中国统计年鉴》(2016 年)。[2]

---

〔1〕 参见薛东前、吕玉倩、黄晶等："城市贫困群体主观生活质量研究——以西安市典型社区为例"，载《地理科学》2017 年第 4 期。

〔2〕 豆瓣：https://www.douban.com/note/605137127/，最后访问时间：2018 年 6 月 5 日。

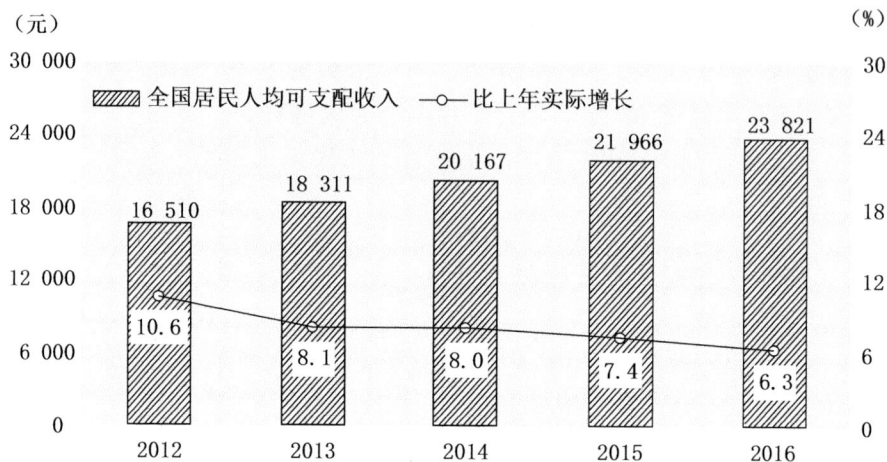

图 13　2012~2016 年全国居民人均可支配收入及其增长速度〔1〕

就城市居民最低生活保障情况看，就桂林市而言，2015 年度城市居民最低生活保障标准统一调整为每人每月 480 元，就大连市而言，2017 年 7 月 1 日起全市城市居民最低生活保障标准为每人每月 670 元。〔2〕各地根据当地的实际情况确定最低生活保障，若人均收入低于当地的最低生活保障线，应属于城市贫困群体。

（一）城市贫困群体犯罪总体情况

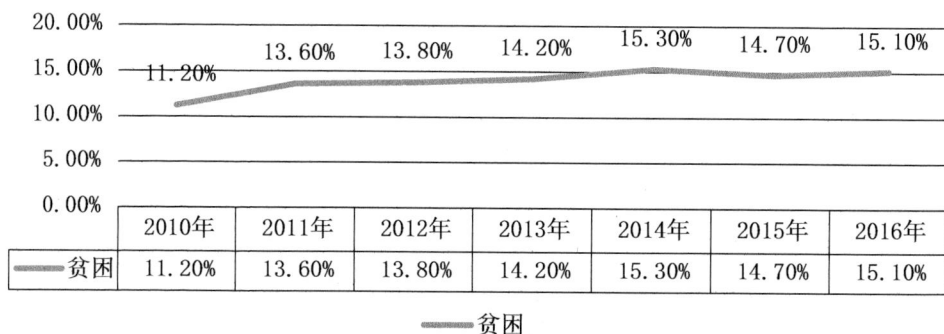

	2010年	2011年	2012年	2013年	2014年	2015年	2016年
贫困	11.20%	13.60%	13.80%	14.20%	15.30%	14.70%	15.10%

—— 贫困

图 14　城市贫困群体犯罪情况表

---

〔1〕　http://finance. eastmoney. com/news/1350, 20170616747494656. html，最后访问时间：2018 年 6 月 2 日。

〔2〕　http://news/2016-12-22/095962175474995076116 42. shtml，最后访问时间：2018 年 6 月 2 日。

据笔者的调查，城市贫困群体犯罪在 2013 年前呈上升趋势，在 2013 年后基本上处于平稳的态势，2010 年城市贫困群体犯罪所占的比例为 11.2%，在 2013 年所占的比例为 14.2%，从 2010 年到 2013 年城市贫困群体犯罪一直处于上升的趋势。从 2014 年到 2016 年，犯罪形势处于平稳状态。

（二）犯罪主体构成

1. 在城市贫困群体犯罪中，15~18 岁的贫困群体犯罪最为严重，除 65 岁以上的贫困老年人极少犯罪外，其他年龄段的贫困群体犯罪均呈上升趋势后趋于平缓。据笔者调研，在城市犯罪人口中，2015 年与 2016 年，15~18 岁的贫困群体所占的比例最高。如下表所示：

表 3　城市贫困群体不同年龄段犯罪人犯罪统计表

年龄段	所占比例
15~18 岁	51.2%（2015 年）
	28.2%（2016 年）
19~25 岁	11.6%（2015 年）
	13.5%（2016 年）
26~35 岁	8.9%（2015 年）
	12.2%（2016 年）
36~45 岁	6.5%（2015 年）
	9.3%（2016 年）
46~55 岁	5.2%（2015 年）
	4.8%（2016 年）
56~65 岁	1.2%（2015 年）
	0.8%（2016 年）
65 岁以上	0.2%（2015 年）
	0.1%（2016 年）

从上表得知，在城市贫困群体犯罪中，2015 年及 2016 年 15~18 岁的贫困群体，犯罪形势最严重。15~18 岁的贫困群体尽管在 2016 年下降了 23%，但是与其他年龄段的贫困群体相比，其犯罪形势最为严重。19~25 岁的贫困群体犯

罪所占的比例也较高，分别占到 11.6% 与 13.5%，这也是重点治理的对象。[1]

2. 在城市贫困群体犯罪人员中，男性贫困群体高于女性贫困群体，随之呈下降趋势。在 2015 年、2016 年，在城市犯罪人员中，男性贫困群体犯罪所占的比例分别为 15.6% 与 11.7%，女性贫困群体犯罪所占的比例分别为 13.2% 与 10.5%，男性贫困群体犯罪的比例高于女性贫困群体犯罪的比例，且两者都有下降的趋势。[2]如下图所示：

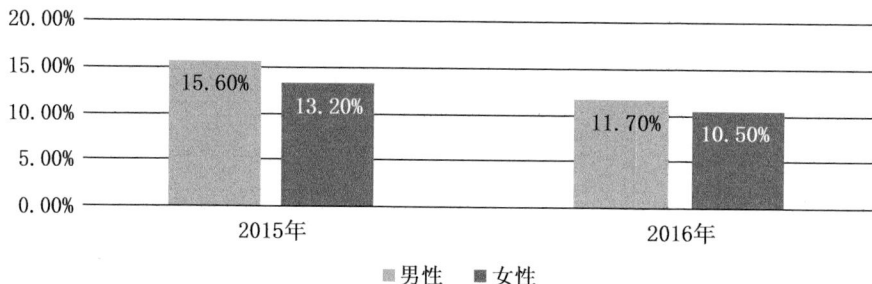

图 15　城市贫困群体犯罪不同性别犯罪统计图

城市贫困群体犯罪人在犯罪前没有工作或工作不稳定。据笔者的调查，在 2014 年、2015 年、2016 年中，城市贫困群体犯罪主体犯罪前没有工作的比例分别为 93.2%、91.2% 及 88.5%，犯罪前有临时工作的比例分别 2.6%、4.3% 及 3.7%，有较稳定工作的人员很少。

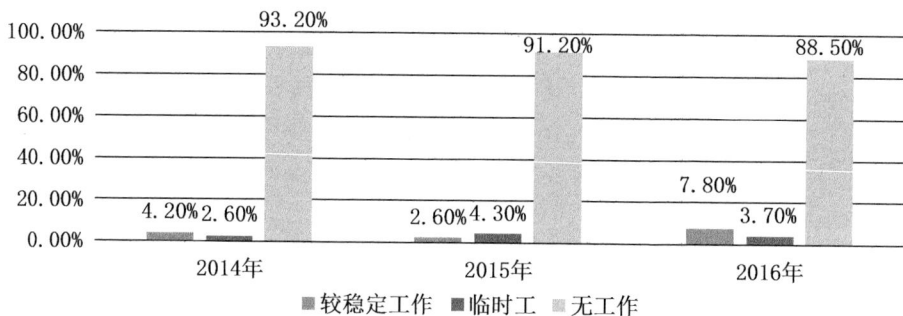

图 16　城市贫困群体犯罪人在犯罪前工作状况统计图

---

〔1〕　参见邱玉梅："弱势群体犯罪研究"，载《湖南科学大学学报（社会科学版）》2007 年第 6 期。

〔2〕　参见刘凡镇："弱势群体的界定及其犯罪特点分析"，载《江苏经贸职业技术学院学报》2012 年第 5 期。

在城市贫困群体犯罪中，犯罪人在犯罪前没有工作或以城市的临时工和散工为主。

（三）城市贫困群体犯罪以财产型犯罪为主

城市贫困群体犯罪主要表现在抢劫和盗窃两个方面。据笔者的调查，在2014年、2015年、2016年中城市贫困群体犯罪主要以财产型犯罪为主，其中盗窃罪和抢劫罪所占的比例很高，在这三年中稳居前三，聚众斗殴所占的比例不亚于盗窃罪和抢劫罪。[1]在2014年，抢劫罪所占的比例最高，盗窃罪其次，聚众斗殴所占的比例为第三；在2015年，盗窃罪所占的比例最高，聚众斗殴所占的比例其次，抢劫罪所占的比例排第三；在2016年，盗窃罪所占的比例最高，抢劫罪其次，聚众斗殴所占的比例为第三。

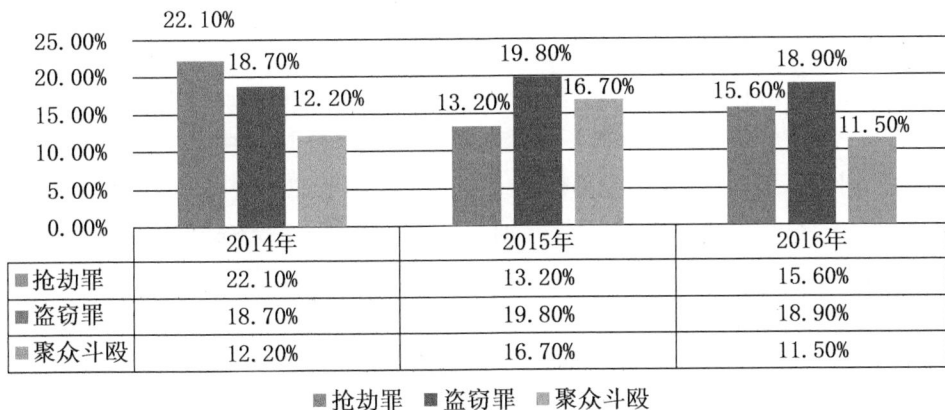

	2014年	2015年	2016年
抢劫罪	22.10%	13.20%	15.60%
盗窃罪	18.70%	19.80%	18.90%
聚众斗殴	12.20%	16.70%	11.50%

抢劫罪　盗窃罪　聚众斗殴

图17　城市贫困群体犯罪性质统计图

城市贫困群体犯罪的犯罪方式主要包括预谋犯罪和偶发犯罪两种犯罪方式。从2014年至2016年，根据城市贫困群体犯罪的情况来看，预谋犯罪上升，偶发犯罪下降。从2014年至2016年，属于早有预谋犯罪的比例分别占22.6%、26.5%、32.7%，属于偶发犯罪的比例分别为42.4%、36.5%、29.3%。在2014年，偶发犯罪的比例最高，在2015年、2016年早有预谋犯罪的比例上升到最高。

---

[1]　郭晓红："转型期弱势群体的相对剥夺感与犯罪"，载《江西社会科学》2012年第9期。

	2014年	2015年	2016年
■偶发犯罪	42.40%	36.50%	29.30%
■早有预谋犯罪	22.60%	26.50%	32.70%
■冲动	12.20%	17.30%	5.60%
■其他类型	3.20%	2.70%	1.80%

■偶发犯罪 ■早有预谋犯罪 ■冲动 ■其他类型

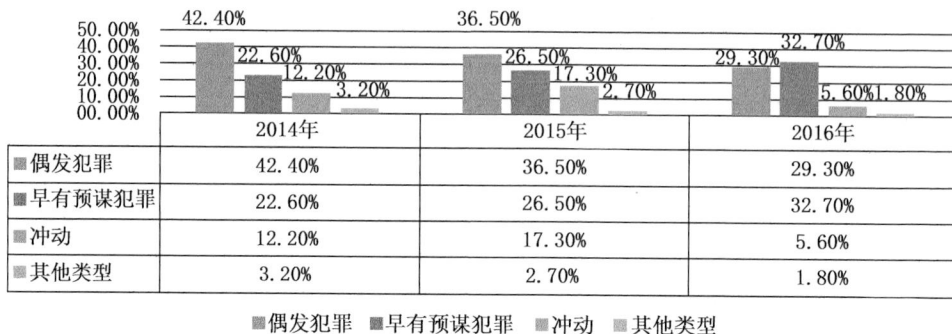

图18　城市贫困群体犯罪动机统计图

从上图可以得知，从 2014 年至 2016 年，在城市贫困群体犯罪中，预谋犯罪上升，偶发犯罪下降。

（四）犯罪目的

城市贫困群体犯罪目的有多种，有的犯罪人为了钱财，有的对社会不满，出于报复社会，还有的为了性满足等，在多种目的中，为了钱财犯罪占的比例很高，且还有上升的趋势。从 2014 年至 2016 年，在城市贫困群体犯罪中，以钱财为目的的犯罪分别占到 63.6%、65.3%及 67.7%，以钱财为目的是犯罪的主要类型，在访谈中，犯罪人谈到自己犯罪的原因包括生活有困难、生活能解决温饱问题但还想过好些、筹集赚钱资本、看到别人的生活很幸福，自己比不上有气等原因而实施犯罪。[1]在这些原因中，生活困难导致犯罪的比重最大。在城市贫困群体中有一部分城市贫困群体，因自己的住房被拆迁，获得的赔款很少，上访无路，对社会及生活失去信心，最终不得不犯罪，这种类型的犯罪也占一定的比例。还有一部分为性满足犯罪也不可忽视。

---

〔1〕　参见刘力："探究我国弱势群体犯罪的原因及预防对策"，载《今日中国论坛》2013 年第 21 期。

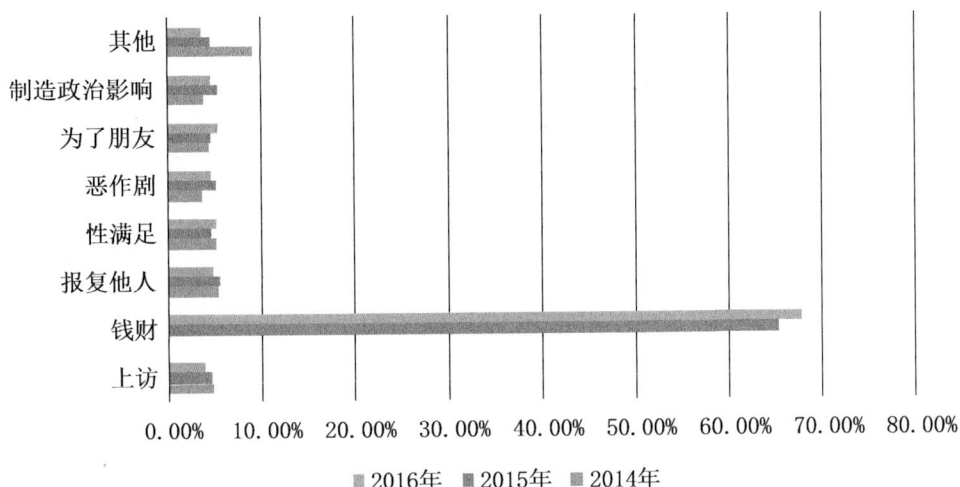

图19　城市贫困群体犯罪目的统计图

（五）城市贫困群体犯罪人文化程度不高，判刑以重刑为主

根据笔者的调查，城市贫困群体犯罪人文化程度普遍不高，小学以下文化程度的文盲、半文盲多达被调查犯人总数的 16.3%。初中文化程度包括初中尚未毕业者占被调查犯人总数的 57%。约有 7% 的犯罪人有高中文化（包括中专、技校在内）。大专文化及大专以上文化程度占 3%。

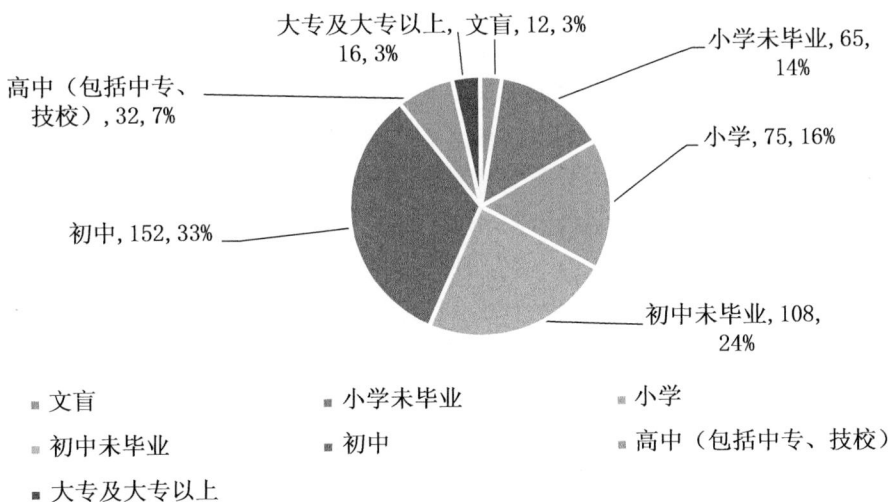

图20　城市贫困群体犯罪人文化程度构成统计图

从上图可以得知，城市贫困群体犯罪人文化程度不高，初中及初中未毕业占的比例高。

从城市贫困群体犯罪人被判刑的情况来看，城市贫困群体犯罪人被判刑有两个特点：第一，重刑比例高；第二，被判处有期徒刑的比例高。

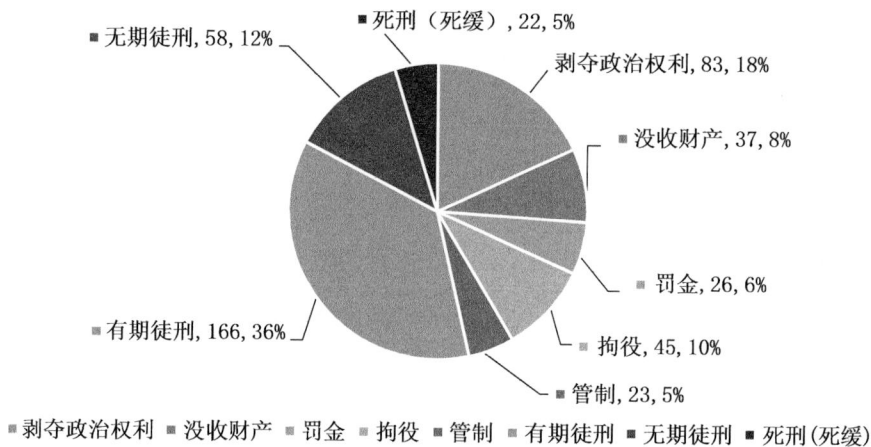

无期徒刑,58,12%　死刑（死缓）,22,5%　剥夺政治权利,83,18%　没收财产,37,8%　罚金,26,6%　拘役,45,10%　管制,23,5%　有期徒刑,166,36%

■剥夺政治权利　■没收财产　■罚金　■拘役　■管制　■有期徒刑　■无期徒刑　■死刑(死缓)

图 21　城市贫困群体犯罪人被判处刑罚特点统计图

三、农村贫困群体犯罪现象及特点

目前，我国正处于社会转型时期，尽管社会经济取得了长足发展，但由于多方面的原因，农村贫困群体的生活状况虽然有所改变，但问题依然很严重，贫富差距在扩大，由此产生了一连串的社会问题，最突出的问题就是农村贫困群体的犯罪问题。[1]关于农村贫困群体的犯罪问题的研究，尚不多见。农村贫困群体大多为温饱边缘者、无依无靠的孤寡老人、长期患病者，居住条件极其艰苦的人，他们中间一部分正在或者已经成为违法犯罪分子，对建设小康社会的影响也开始凸显，在某种程度上需要社会的支持与关注。[2]

本次调查的对象为农村中收入低、生活困难，社会资源短缺，在社会竞争

---

〔1〕　参见杨燮蛟："中国式多元化纠纷解决机制的建构——在涉法群体性突发事件视角下的探索"，载《行政与法》2010 年第 5 期。

〔2〕　参见刘金红等："我国农村社会保障制度研究"，http://www.labournet.gov.cn/lilun/fileview.asp? title=%CE%D2%B9%FA%C5%A9%B4%E5%C9%E7%BB%E1%B1%A3%D5%CF%D6%C6%B6%C8%D1%D0%BE%BF&number=al012681.txt，最后访问时间：2018 年 6 月 5 日。

中处于弱势地位，并缺乏相应发展潜能的人群，考虑到调查的对象是一部分在押犯，由于文化程度大多是初中或初中以下文化，由于被调查对象文化程度不高及便于资料的收集与整理，本次调查问卷采用了封闭型问卷方式，把要问的问题印在问卷上，还把答案也印在问卷上，调查对象只需将符合自己情况的答案作出标记即可。本次发放问卷 788 份，最终收回并确定有效的问卷 721 份，对这些有效问卷进行整理，利用软件进行分析。在有效的 721 份问卷中，调查对象的人均年收入低于当地的人均年收入水平，属于典型的农村贫困群体。

（一）农村贫困群体犯罪的犯罪人文化程度较低

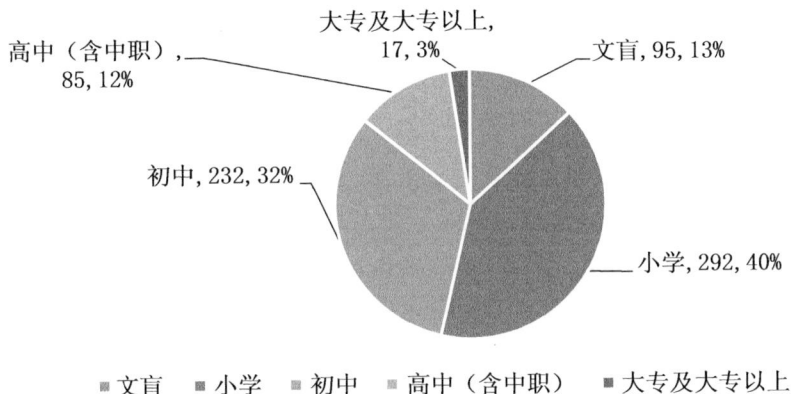

图 22　农村贫困群体犯罪的犯罪人文化程度统计图

从上图可知，在农村贫困群体犯罪中，犯罪人的文化程度较低，初中以下文化所占的比例高，占到 85%，其中小学文化占 40%，文盲占 13%，初中文化占 32%，高中以上文化占 15%。

（二）农村贫困群体犯罪的犯罪人的年龄主要集中在 18~35 周岁

在研究中对青年期的年龄界定分歧很大，比较有代表性的观点将青年期界定在 15~28 周岁。在我国的政府工作、社会活动中通常将青年界定在 18~35 周岁，国家统计局在人口普查中将青年人口界定在 15~34 周岁，《中华全国青年联合会章程》规定 18~40 周岁为青年人口，我国许多地方在评选青年人才奖时最高年龄规定为 35 周岁。联合国教科文组织认为 14~34 周岁为青年人口。[1]为了研究的需要，将青年的年龄界定在 18~35 周岁。在农村贫困群

───────────────

〔1〕　应届毕业生网：http://www.yjbys.com/bbs/901298.html，最后访问时间：2018 年 6 月 5 日。

体犯罪中，犯罪人的年龄主要集中在 18~35 周岁。

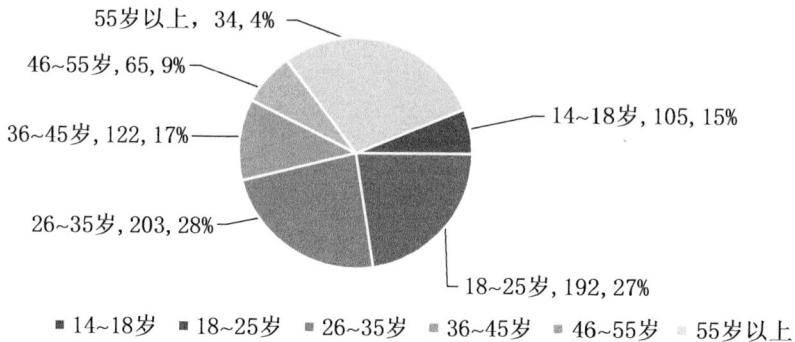

图 23　农村贫困群体犯罪犯罪人的年龄统计图

此图显示，18~35 周岁之间的犯罪人为 395 人，占调查对象的 55%。这说明 18~35 周岁这一段的犯罪人员成为农村贫困群体犯罪的主要群体。

（三）农村贫困群体犯罪的犯罪人尚未结婚的居多

从调查的情况来看，在农村贫困群体犯罪中，从犯罪人的婚姻状况来看，有未婚的、初婚、离婚、丧偶、再婚等情况，未婚犯罪人的比例很高。

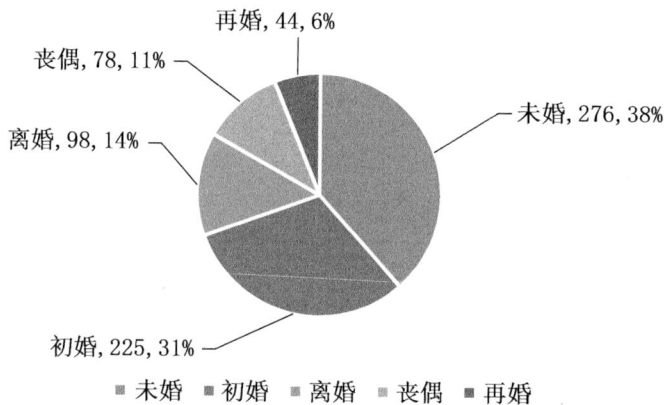

图 24　农村贫困群体犯罪的犯罪人婚姻状况统计图

在农村贫困群体犯罪中，犯罪人为未婚者所占的比例最高，占到 38%，其次，犯罪人为初婚的比例为 31%。再婚的比例最低，仅占 6%。

（四）在农村贫困群体犯罪中，以侵犯财产型犯罪居多，几乎都是自然犯，犯罪类型以抢劫、盗窃居多

自然犯罪是由和罗法洛最先提出，所谓自然犯罪，就是指那些违反人类道德、具有反社会性的行为。[1]这种行为，由于从根本上说违反了人的本性，所以无论在任何社会、任何政治制度之下，自然犯罪都被认为是犯罪行为。例如杀人、盗窃等。自然犯也就是我们常说的传统犯。无论在何种政治制度、何种社会之下，犯罪人的行为从根本上违反了人性，违反了伦理规范的犯罪，而不是法定犯。农村贫困群体犯罪几乎都是自然犯。

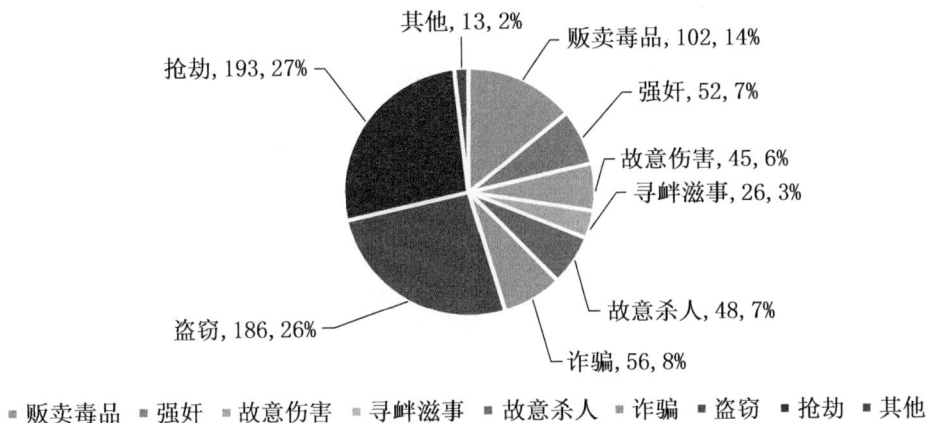

■ 贩卖毒品　■ 强奸　■ 故意伤害　■ 寻衅滋事　■ 故意杀人　■ 诈骗　■ 盗窃　■ 抢劫　■ 其他

图 25　农村贫困群体犯罪类型统计图

从上图得知，在农村贫困群体犯罪中，以侵犯财产型犯罪居多，抢劫、盗窃、诈骗犯罪的人数为 435 人，所占比例高达 61%。犯罪类型以抢劫、盗窃居多，抢劫犯罪比例高达 27%，盗窃犯罪比例高达 26%。

（五）农村贫困群体犯罪目的和犯罪动机

在农村贫困群体犯罪中，大多数犯罪人为了钱财而犯罪，有的是为了制造政治影响，自己的土地或房屋被征收，赔款不合理，上访无门，为了报复而犯罪。这些犯罪人犯罪目的和动机有单一的因素，也有多方面的因素，但主要是经济问题所导致犯罪。

---

〔1〕　参见周东平：《犯罪学新论》，厦门大学出版社 2015 年版，第 175~178 页。

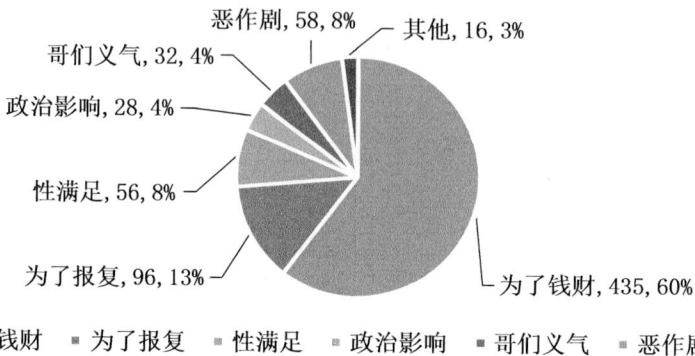

图26　农村贫困群体犯罪目的和犯罪动机统计图

在上图中，在农村贫困群体犯罪为了钱财的目的而犯罪的有435人，所占的比例最高，占到60%。其次为报复型犯罪有96人，所占比例为13%。

（六）农村贫困群体犯罪人受我国传统文化的影响深，观念符合主流价值观

在普通老百姓的眼里，认为犯罪就是那些价值观错误、道德感缺乏、冷酷无情、粗野暴躁、富于攻击性的人。即犯罪人的心理、行为方式与老百姓截然不同，但从实际调查来看，并非如此，农村贫困群体犯罪受我国传统文化的影响深，观念符合主流价值观。[1]

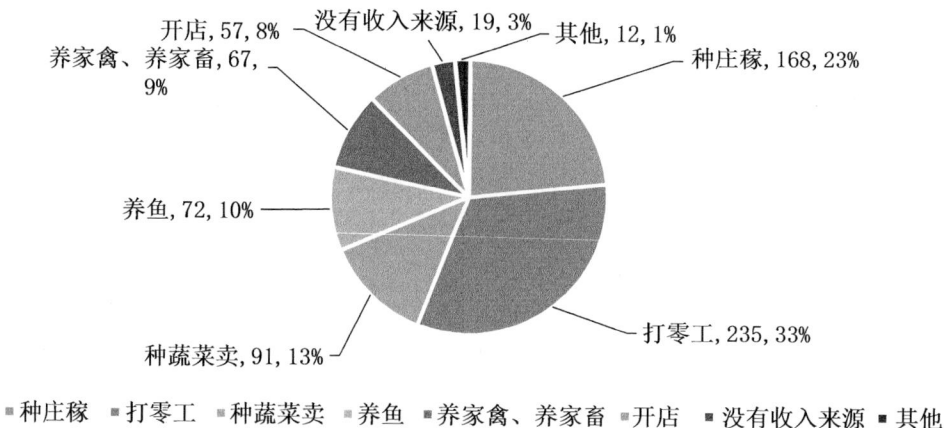

图27　农村贫困群体犯罪犯罪人收入来源统计图

―――――――――――

〔1〕　参见马皑："对弱势群体中犯罪现象的观察与思考"，载《中国法学》2003年第4期。

从上图看出，犯罪人的收入主要靠种庄稼、打零工，靠这两种方式作为主要收入来源的人数为403人，所占比例为56%。并非是靠抢劫、盗窃作为收入的主要来源。

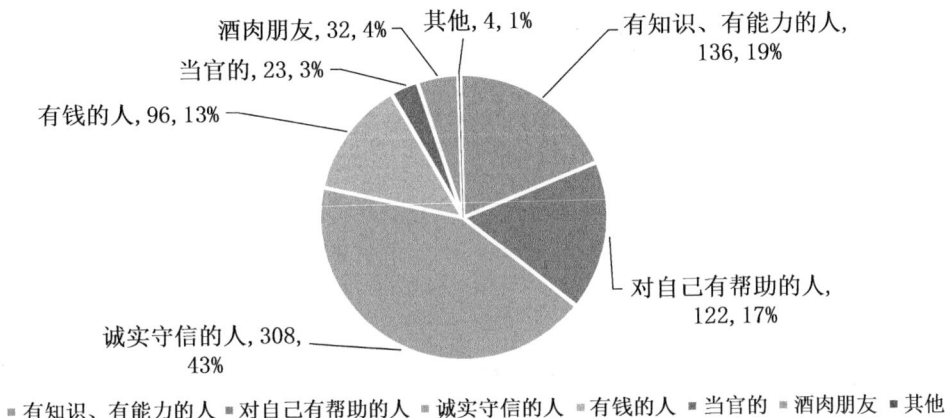

图28 你想交什么样的朋友统计图

在农村贫困群体犯罪中，犯罪人对此问题回答，认为诚实守信的人比例最高，占43%。以上两图说明，农村贫困群体犯罪人受我国传统文化的影响深，观念符合主流价值观，与认为犯罪就是那些价值观错误、道德感缺乏、冷酷无情、粗野暴躁、富于攻击性的人普通的观念截然相反。

第二节 社会性弱势群体犯罪的共性特征和规律

在上一节对社会性弱势群体犯罪进行了个性实证考察，分别对农民工、城市贫困群体、农村贫困群体的犯罪现象及特征进行剖析。对农民工、城市贫困群体、农村贫困群体犯罪样本进行分析和提炼，目的是获取社会性弱势群体犯罪的共性特征和规律。对社会性弱势群体犯罪现象的共性特征和规律进行研究是我们剖析社会性弱势群体犯罪的原因、探寻社会性弱势群体犯罪治理对策的依据。

一、社会性弱势群体犯罪人的共性特征和规律

考察社会性弱势群体犯罪人的共性特征和规律，从犯罪人的年龄、受教

育程度、犯罪人的身份、犯罪心理特征、犯罪经历等方面着手。

（一）社会性弱势群体犯罪人犯罪年龄：呈低龄化的趋势

从收回的有效样本来看，社会性弱势群体犯罪人犯罪年龄呈低龄化的趋势。在农民工犯罪人中，16~20周岁的犯罪人所占的比例为13.5%，21~30周岁犯罪主体所占比例为28%，16~30周岁犯罪人的比例占到41.5%。2015年与2016年，在城市贫困群体犯罪中，15~18周岁的贫困群体所占的比例最高。在2015年占到51.2%，在2016年占到28.2%。在农村贫困群体犯罪中，犯罪人的年龄主要集中在18~35周岁。18~35周岁之间的犯罪人数为392人，占调查对象的54.8%。这说明18~35周岁这一段的犯罪人员成为农村贫困群体犯罪的主要群体。由此可见，社会性弱势群体犯罪人犯罪年龄呈低龄化的趋势。[1]

表4　社会性弱势群体犯罪人年龄统计表

类别	年龄段	人数	所占比例
农民工	16~30周岁	160	41.5%
城市贫困群体	15~18周岁	2015年、2016年的人数	51.2%、28.2%
农村贫困群体	18~35周岁	392	54.8%

（二）社会性弱势群体犯罪人文化水平：小学、初中文化，综合素质不高

在社会性弱势群体犯罪中，农民工犯罪人为初中文化水平人数所占的比例为16.9%，小学文化水平人数所占比例为17.8%，初中文化水平和小学文化水平人数所占的比例为34.7%。由此可见，农民工犯罪人的文化水平不高，以小学、初中文化为主。城市贫困群体犯罪人文化程度普遍不高，小学及其以下文化程度的文盲、半文盲多达被调查犯人总数的16.7%。初中文化程度包括初中尚未毕业者占被调查犯人总数的56.4%。约有6.9%的犯罪人有高中文化（包括中专、技校在内）。在农村贫困群体犯罪中，犯罪人的文化程度较低，初中以下文化所占的比例高，占到85.6%，其中小学文化占40.4%，文盲占13.1%，初中文化占32.1%。高中以上文化占14%。从总体情况来看，社会

---

[1]　参见李漪："必须重视第二代'城市边缘人群'的教育和管理"，载《理论学刊》2002年第1期。

性弱势群体犯罪人文化水平，以小学、初中文化水平为主，综合素质不高。

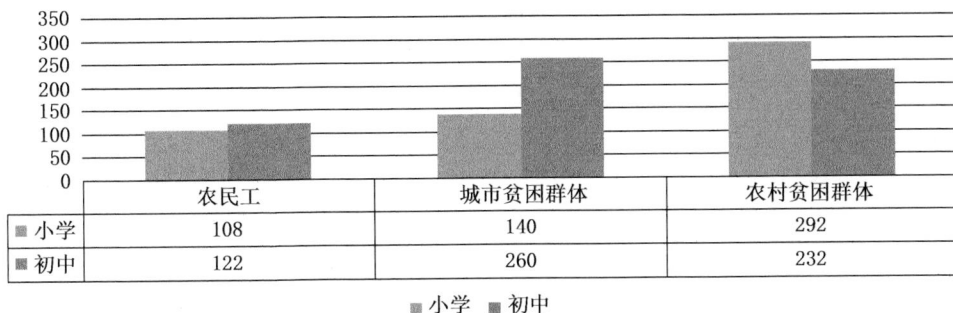

	农民工	城市贫困群体	农村贫困群体
▇ 小学	108	140	292
▇ 初中	122	260	232

▇ 小学　▇ 初中

图29　社会性弱势群体犯罪人文化水平统计表

（三）社会性弱势群体犯罪人犯罪前工作：在犯罪前没有工作或以临时工和散工为主

社会性弱势群体犯罪包括农民工犯罪、城市贫困群体犯罪和农村贫困群体犯罪。农民工犯罪人在犯罪前，大多数人没有工作，即便有工作都是以临时工或散工为主，有的犯罪人怕吃苦，但又想赚大钱，没有捷径可走，只有靠盗窃、抢劫他人来维持生计。[1] 在统计中，农民工犯抢劫罪、盗窃罪的比例高达63.3%。城市贫困群体犯罪人在犯罪前绝大多数没有工作或工作不稳定。在2014年、2015年、2016年中，城市贫困群体犯罪主体犯罪前没有工作的比例分别为93.2%、91.2%及88.5%，犯罪前有临时工作的比例分别2.6%、4.3%及3.7%，有较稳定工作的人员很少。但在农村贫困犯罪中，犯罪人的收入主要靠种庄稼、打零工，靠这两种方式作为主要收入来源的人数为403人，所占比例为56%。

（四）社会性弱势群体犯罪人犯罪经历：犯罪前违法犯罪很少

根据对收集的资料进行分析，社会性弱势群体犯罪人在实施犯罪前，违法犯罪行为很少。在农民工犯罪的386份样本中，曾有违法犯罪的仅有32人，所占比例为8.3%，有5人曾犯有盗伐林木罪，3名曾与朋友发生纠纷打架、犯故意伤害罪，6名犯有盗窃和抢劫罪，其他人员中有吸毒贩毒、交通肇事等违法犯罪现象。在城市贫困群体犯罪中，犯罪人在犯罪前曾有过违法犯

---

[1] 参见张雪筠："心理疏离与民工犯罪——城市化进程中民工犯罪的心理分析"，载《理论与现代化》2002年第6期。

罪的人数所占的比例为5.6%，他们中主要是抢劫、盗窃罪，对吸毒犯罪也有所涉及，还有一部分人犯有诈骗、强奸罪，不过比例不是很高。在农村贫困群体犯罪的721份样本中，在实施犯罪前曾有违法犯罪的人数为27人，所占比例为3.7%。在曾有过的违法犯罪中，盗窃、故意伤害罪所占的比例很高，盗窃他人的林木、耕牛等，故意伤害主要是发生在邻里关系，田边地角边界的纷争，发生打架的情形。总之，社会性弱势群体犯罪人在犯罪前，曾实施违法犯罪的现象较少，比例不是很高。

表5 社会性弱势群体犯罪人犯罪经历统计表

类别	人数	所占比例
农民工	32	8.2%
城市贫困群体	40	5.6%
农村贫困群体	27	3.7%

（五）社会性弱势群体犯罪人心理特征：性格存在缺陷，犯罪后不后悔占的比例较高

通过对社会性弱势群体犯罪人的心理状况进行统计分析，一部分人的性格存在缺陷，在犯罪前存在情绪反常、对生活失去信心、厌世、报复、充满仇恨等状况。犯罪后，表示不后悔所占的比例较高。

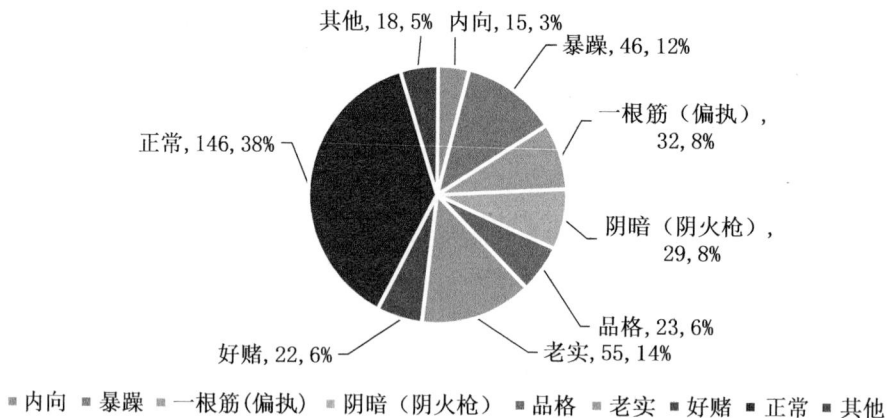

图30 农民工犯罪人性格倾向统计图

从上图可以看出，在农民工犯罪中，犯罪人性格正常所占的比例为38%。性格内向的人数所占的比例为3%，性格暴躁人数所占的比例为12%，一根筋的人数所占的比例为8%，好赌所占的比例6%，性格阴暗所占的比例为8%，人品有问题的比例为6%，性格老实所占的比例为14%，其他性格类型的人数所占的比例为5%。从犯罪人性格的倾向来看，大多数犯罪人性格存在缺陷，人身危险性较大，容易犯罪。犯罪人性格正常的人数所占的比例比性格有缺陷的犯罪人所占的比例少。

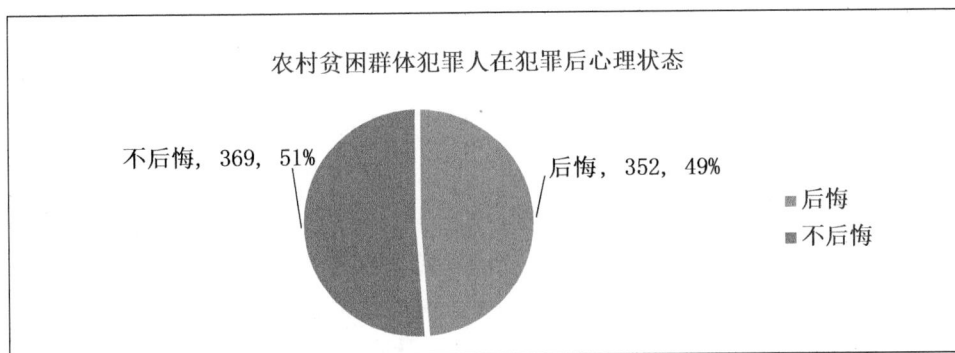

图31　农村贫困群体犯罪人在犯罪后心理状态

从上图可以看出，在农村贫困群体犯罪中，犯罪人在犯罪后表示后悔的人数所占的比例为49%，表示不后悔的人数所占的比例为51%。

二、社会性弱势群体犯罪的行为特征

社会性弱势群体犯罪的行为特征主要表现在两个方面，一是以抢劫和盗窃为主，二是经济损失较大。

（一）社会性弱势群体犯罪的行为手段：以抢劫和盗窃为主

在社会性弱势群体犯罪中，农民工犯罪涉及的类型较多包括抢劫、盗窃、吸毒贩毒、故意伤害、故意杀人，其中抢劫犯罪、盗窃犯罪最为严重，走私贩毒也不能忽视。城市贫困群体犯罪主要表现在抢劫和盗窃两个方面。据笔者的调查，在2014年、2015年、2016年中城市贫困群体犯罪主要以财产型犯罪为主，其中盗窃罪和抢劫罪所占的比例很高，在这三年中稳居前三，聚众斗殴所占的比例不亚于盗窃罪和抢劫罪。在2014年，抢劫罪所占的比例最高，盗窃罪其次，聚众斗殴所占的比例为第三；在 2015 年，盗窃罪所占的比例最高，聚众斗殴所占的比例其次，抢劫罪所占的比例排第三；在 2016 年，盗窃罪所占的比例最高，抢劫罪其次，聚众斗殴所占的比例为第三。在农村贫困群体犯罪中，以侵犯财产型犯罪居多，抢劫、盗窃、诈骗犯罪的人数为 435 人，所占比例高达 60.1%。犯罪类型以抢劫、盗窃居多，盗窃犯罪比例高达 25.7%，抢劫犯罪比例高达 26.7%。在社会性弱势群体犯罪中，犯罪人以抢劫、盗窃的行为手段为主。

社会性弱势群体因为自身和社会的原因，没有足够的经济基础、能力和社会资源，在这场经济发展的大潮中慢慢被淘汰。农民工到了城里，他们干最累的活，却吃不好，住不好，与城里人相比，由于他们的文化程度不高，所以工资较低，工作条件差，就业机会少，升迁的机会更少，没有住房保障，没有医疗保障，不被城里人认同，等等。在某种程度上，他们处于相对弱势的地位。近年来，无数的农民工用辛勤的劳动和汗水，为城市的发展做出了巨大的贡献。尽管如此，他们依然贫困，依然付出多于回报，依然被轻视，依然经常拿不到应得的工资。他们中的一些人开始感到社会不公，产生心理失衡，进而产生挫折、失望、怨恨、愤怒，最后走上犯罪的道路。[1]有学者研究后指出，我国的城市化进程加速进行，社会流动空前频繁，大量的农村剩余劳动力纷纷涌向城市，形成了一个庞大的社会边缘群体，流动人口犯罪问题突出。也有学者研究了北京市流动人口犯罪情况，1996 年外来人口作案数共 5 644 起，占全年立案的 52.6%，1997 年上升为 53.9%，1998 年以来维持 62%，2002 年流动人口占北京市犯罪总量的 62.5%，2003 年流动人口占北京市犯罪总量的 62.1%。[2]其犯罪多以侵财型为主，如盗窃、抢夺、抢劫、诈骗等，有单人作案，也有团伙作案。据报道，2009 年 8 月，江苏高邮发生一起团伙盗窃案，犯罪人都为安徽农村人，在城市打工，年龄从 18 到 26 岁不等，最高学历高中，最低小学三年级。被告人黄某、张某以非法占有为目的，秘密窃取他人摩托车，其中，被告人黄某盗窃数额巨大，达 58 000 余元，被告人张某盗窃数额特别巨大，达 63 000 余元，其行为均已构成盗窃罪，且

---

〔1〕 参见包路芳："城市适应与流动人口犯罪——北京犯罪问题的 80 年对比研究"，载《中国农业大学学报（社会科学版）》2007 年第 4 期。

〔2〕 参见颜九红：《为了弱者的正义——和谐社会构筑中刑事政策的价值取向》，中国检察出版社 2009 年版，第 270 页。

属共同犯罪。[1]进城务工的云南大理市凤仪镇农民工杨某，在2011年6月至9月间，以洱海公园找人搞绿化工作为由，先后将进城务工的段某（65岁）、赵某（73岁）、杨某（55岁）三名农村妇女骗至洱海公园后山凉亭僻静处，采用暴力威胁的方法，抢走了三人身上的现金290元、琥珀手链一串、黄金耳环一对。三起抢劫行为均发生在白天，社会影响比较恶劣。杨某以非法占有为目的，使用暴力威胁，侵占他人财物，每次行为均已独立构成抢劫，抢劫罪名成立，依法判处有期徒刑10年，并处罚金3 000元。[2]

（二）社会性弱势群体犯罪的行为后果：损失较大

在社会性弱势群体犯罪中，犯罪人造成的经济损失较大。在农民工犯罪中，农民工犯罪对财产的破坏大，所占比例高达65.8%，数额在20万元以上的比例为7.4%，数额在1万元以上20万元以下的高达30.8%。在城市贫困群体犯罪中，犯罪主体包括下岗工人、收入较少的群体等，他们中多数人都通过合法劳动、合法收入解决自己的温饱问题，但还有一部分人好吃懒做、但又想赚大钱，只有通过非法的手段发家致富，往往会涉及诈骗、抢劫、盗窃犯罪，犯罪造成的经济严重。还有的因嫉妒心强，别人的生意、事业比自己好，存在报复心理。[3]"南京汤山投毒案"很好地说明这一问题，陈某对自己附近的饭馆生意特别火爆而产生嫉恨，暗地决定要报复。于是到菜市场买了一包老鼠药，悄悄潜入附近的饭馆，将老鼠药投放在饭馆的食物中，造成40多人死亡，300多人被毒伤，造成的损失无法估量。在农村贫困群体犯罪中，犯罪人所造成的损失也很严重，例如农村贫困群体中违法犯罪行为使当地农村社会治安混乱，村民财产权利得不到保障，王某是典型的贫困户，把自己二爹果园里养的鸡和鸭被抢走，桃树被砍断200余棵。近几年，在农村发生的农民的牛、狗、羊等财产被偷和抢的新闻不断，这类事件反映的是犯罪嫌疑人因图财而犯罪的；还有一类新闻就是砍农民的树木，这些犯罪嫌疑人的目的让人难以揣测。总之社会性弱势群体犯罪所造成的损失严重，有的无法估算。

---

〔1〕　参见"新生代农民工犯罪调查：涉性案件占相当比例"，载《扬子日报》2011年11月8日。

〔2〕　参见"农民工抢劫案在劳务市场公审"，载《春城晚报》2012年2月20日。

〔3〕　参见赵秉志、杜邈："论弱势群体的刑法保护——由孙志刚案引发的思考"，载《中州学刊》2005年第5期。

三、社会性弱势群体犯罪的目的和动机特征

社会性弱势群体犯罪涉及农民工犯罪、城市贫困群体犯罪、农村贫困群体犯罪。对收集的资料进行统计分析来看，农民工犯罪的诱因和动机多种多样，有的农民工因为自己的合法权益遭到侵害，对公权力部门不满，进而报复社会；有的农民工因自己的工资被拖欠，伤害或杀害企业老板；还有的农民工因经济问题和情感问题引发犯罪。城市贫困群体犯罪目的有多种，有的犯罪人为了钱财；有的对社会不满，出于报复社会；还有的为了性满足等，在多种目的中，为了钱财犯罪占的比例很高，且还有上升的趋势。从 2014 年至 2016 年，在城市贫困群体犯罪中，以钱财为目的的犯罪分别占到 63.6%、65.3% 及 67.7%，以钱财为目的的犯罪是主要类型，在访谈中，犯罪人谈到自己犯罪的原因包括生活有困难、生活能解决温饱问题但还想过好些、筹集赚钱资本、看到别人的生活很幸福眼红等原因而实施犯罪，在这些原因中，生活困难导致犯罪的比重最大。在城市贫困群体中有一部分城市贫困群体，因自己的住房被拆迁，获得的赔款很少，上访无路，对社会及生活失去信心，最终犯罪，这种类型的犯罪也占一定的比例。在农村贫困群体犯罪中，大多数犯罪人为了钱财而犯罪，有的是为了维权，自己的土地或房屋被征收，赔款不合理，上访无门，为了报复而犯罪。这些犯罪人犯罪目的和动机有单一的因素，也有多方面的因素，但主要是经济问题所导致犯罪。

近年来，伴随经济发展而出现的一些不和谐现象，一些人滋生了很多不满的情绪。当这些不满情绪通过正常的途径得不到疏解，长期积聚时，可能会发展成为仇视社会、报复政府、伤害无辜群众的泄愤型犯罪。比如，农民工拿不到自己的血汗钱因过激行为演变为犯罪，在农村征地过程中农民的利益得不到保证而引发血案，在城市建设中拆迁户的利益受损而矛盾激化，下岗职工再就业困难重重引发犯罪，对政府官员腐败现象不满引发犯罪，对环境污染不满引发犯罪，在升学、求职等过程中受到不公正待遇而犯罪，在司法诉讼环节认为受到不公正审判、权利得不到及时救济而引发犯罪等，这样的案例太多了。2003 年 1 月，浙江大学农学系的周某参加了浙江省嘉兴市秀洲区人民政府公务员招录考试，顺利通过笔试和面试后，于 2003 年 4 月参加了体检。体检结果为"小三阳"，没有被录取，遂对录用工作的公正性产生怀疑，并迁怒于负责招录工作的经办人干某，起意进行报复，决定"用自己的

方式"来解决问题。周某购买了菜刀和水果刀,用水果刀将干某刺成重伤,并在激愤中将干某同办公室的张某刺死。2003 年 9 月,浙江省嘉兴市中级人民法院一审以故意杀人罪判处周某死刑,剥夺政治权利终身。一审判决后,周某不服,向浙江省高级人民法院提出上诉。浙江省高级人民法院驳回周某的上诉,维持一审判决。2004 年 3 月,周某在浙江省嘉兴市被执行死刑。[1]一个年轻的受过高等教育的鲜活生命因为一时泄愤而就这样没有了。周某的案件警示我们,在公务员招录过程中或者是各种各样的就业招聘中多一些公开与平等,少一些歧视和暗箱操作,或许类似的悲剧就不会发生。发生在2005 年 9 月的河南省农民艾某驾驶抢来的出租汽车,在北京恶意冲撞人群,致 2 人死亡、7 人受伤的案件,其是以危险方法危害公共安全案件也是报复性的犯罪案件。[2]艾某来自河南农村,进京打工,最初做买卖废品工作,后成为铲车司机,每个月能赚到 3 000 多元,但后来其所在厂停产,艾某应得到的工资未能及时发放。他没有找到新的工作,情绪变得极坏,开始蓄谋报复社会。2010 年 3 月,发生在福建省南平市某实验小学门口的 8 死 5 伤惨案震惊全国,死伤的都是小学生。[3]郑某生活在城市中的底层,家庭经济条件、居住条件都很差,失业伴随着失恋,开始心理扭曲,仇视社会。我们虽然完全有理由仇恨这种行为,但是,我们是否应该反躬自问,我们这个社会对待他们是否尽到了应尽的责任?如果对他们多些公平与关爱,也许悲剧就不会发生。类似的案件近年来呈现出多发的趋势,这些犯罪分子当然是有罪的,但我们在指责、惩罚他们的同时,也应当思考,如果社会能关心关注这部分处在社会底层的弱势群体的利益,以及当他们利益受损时及时救济,避免和减少因农村征地、农民工工资按时发放、促进下岗工人再就业、及时解决城市拆迁等过程中产生的矛盾,那么,这部分人可能就不会通过类似报复社会的过激行为来试图证明和保护自己了。

四、社会性弱势群体犯罪人以判重刑为主

农民工犯罪被判处刑罚有两个特点:第一,被判处有期徒刑的比例高,

---

〔1〕 "反乙肝歧视:不仅仅是 1.2 亿人的胜利",载《南方周末》2004 年 8 月 5 日。
〔2〕 "艾绪强昨被判两个死罪",载《北京青年报》2006 年 5 月 11 日。
〔3〕 "南平发生特大凶杀案:男子持刀学校门口行凶小学生 8 死 5 伤",载《东南快报》2010 年
3 月 24 日。

且短期徒刑比例高；第二，重刑比例高。被判处有期徒刑的人数为 121 人，占 31.3%，比例最高。在判处的有期徒刑中，3 年以下有 42 人，占总人数的 10.8%，3~5 年有 26 人，占总人数的 6.7%，5~10 年有 21 人，占总人数的 5.4%，10 年以上的人数为 32 人，占总人数的 8.2%。再者，判重刑的比例较高。被判死刑（死缓）和无期徒刑的比例占 27.8%，这说明对农民工犯罪严打的方式和判重刑的不可忽视。从城市贫困群体犯罪人被判刑的情况来看，城市贫困群体犯罪人被判刑有两个特点：第一，重刑比例高；第二，被判处有期徒刑的比例高。在城市贫困群体犯罪中，对犯罪人判处有期徒刑的人数为 166 人，所占的比例为 36%；被判处无期徒刑的人数为 58 人，所占比例为 12.6%；被判死刑包括死缓有 22 人，所占比例为 5.1%。在农村贫困群体犯罪中，犯罪人也是被判重刑为主，被判处有期徒刑的人数所占的比例为 28%，无期徒刑所占的比例为 11.7%，死刑（死缓）所占的比例为 5%，可见在农村贫困群体犯罪中，犯罪人被判重刑为主。

本章小结

本章讨论社会性弱势群体犯罪现象，从研究农民工犯罪、城市贫困群体犯罪、农村贫困群体犯罪现象着手。农民工犯罪形式多样，特别是抢劫、偷盗犯罪最为突出。农民工犯罪数量变化不大，犯罪率比社会总人口的平均犯罪率要低，犯罪主体呈低龄化、受教育程度低，普遍素质不高，且共同犯罪的比例较高。城市贫困群体犯罪，犯罪呈上升趋势，犯罪前无职业或职业不稳定在城市贫困犯罪群体中最为突出，犯罪目的主要是为了钱。农村贫困群体犯罪，犯罪主体的文化素质不高，几乎都是自然犯，18~35 岁的人群是主要的犯罪主体。对农民工、城市贫困群体、农村贫困群体犯罪样本进行分析和提炼，目的是获取社会性弱势群体犯罪的共性特征和规律。社会性弱势群体犯罪呈现出犯罪人的年龄呈低龄化的趋势、文化程度不高，在犯罪前没有工作或以临时工和散工为主，性格存在缺陷，犯罪后不后悔占的比例较高。社会性弱势群体犯罪的行为特征主要表现在两个方面，一是以抢劫和盗窃为主，二是经济损失较大。社会性弱势群体犯罪的目的和动机特征，有的因为自己的合法权益遭到侵害，对公权力部门不满，进而报复社会，有的因自己的工资被拖欠，伤害或杀害企业老板，还有的因经济问题和情感问题引发犯罪。社会性弱势群体犯罪犯罪人以判重刑为主。对社会性弱势群体犯罪现象的共性特征和规律进行研究是我们剖析社会性弱势群体犯罪的原因、探寻社会性弱势群体犯罪治理对策的依据。

第三章

社会性弱势群体犯罪原因剖析

　　罪因理论的基本价值体现在犯罪原因与犯罪对策的关系上。犯罪原因产生于社会深层次关系和社会矛盾，社会关系与矛盾处在不断变迁的过程之中，寻找犯罪原因必须适应社会发展与社会变化。[1]犯罪对策与罪因变化永远处于一种动态的发展的进程，表现在犯罪对策的深度和广度不及犯罪原因的深度和广度，犯罪对策的变化速度跟不上犯罪原因的变化速度。犯罪原因与犯罪对策存在时空差距，寻找犯罪原因的努力即是在缩小两者的差距，差距越小则控制犯罪的功效越大。[2]社会性弱势群体犯罪在犯罪主体的构成上、犯罪行为方式、犯罪目的与动机、对犯罪人判刑等方面有着显著的特点。社会性弱势群体犯罪若治理不好，最容易上升为跨地区的共同行为，我们在治理此类犯罪时，要分析产生其原因，做到"具体问题具体分析"，针对其特点进行治理。因此，本章拟对农民工犯罪、城市贫困群体犯罪、农村贫困群体犯罪的罪因进行剖析，探究社会性弱势群体犯罪的共性原因，以便有针对性地寻求社会性弱势群体犯罪的治理对策。

第一节　社会性弱势群体犯罪的个性原因

　　社会性弱势群体包括农民工、城市贫困群体、农村贫困群体等，只有分别剖析出每个群体犯罪的原因，才能探究社会性弱势群体犯罪的共性原因，

---

　　[1]　参见吴宗宪：《西方犯罪学》，法律出版社 1999 年版，第 116 页。
　　[2]　参见郭建安：《美国犯罪学的几个基本问题》，中国人民公安大学出版社 1992 年版，第 81 页。

以便更好地有针对性地寻求治理对策。

一、农民工犯罪原因

导致农民工犯罪的因素是多方面的，既有宏观的原因，也有微观的原因，下面主要从利益表达机制不健全、经济因素、教育背景因素、社会支持系统因素以及政策性因素等方面进行分析。

（一）利益表达机制不健全

农民工犯罪之所以形势较为严峻，自身利益表达的能力不强，主要由于：一方面，农民工维护自身的利益意识缺乏。虽然中国的封建制度已经被摧毁了几千年，但强大的封建意识形态仍然存在于农民工中，这对农民工利益的表达有着深远的影响。[1]他们缺乏较强的主体意识、参与意识、独立意识，利益表达意识也不强。另一方面，农民工的文化素质普遍较低，自身素质不高，法律知识较为薄弱，当利益受损时，他们很难有意识地、清晰地表达他们的利益。

农民工利益表达渠道不畅通。在当前利益表达的机制框架内，农民工的利益表达渠道很少。目前，农民工主要利用的是信访，但这一表达渠道存在诸多问题。当农民以书面形式和电话的形式向当地有关部门反映时，在一般情况下得不到较好的反馈，有的甚至是石沉大海，遇到的问题不能被解决。农民工的利益诉求无从表达，许多重要的利益不能被表达，一些合理的意见、要求和建议不能及时有效向政府反映，其利益表达渠道严重受阻。[2]当农民工的利益不能很好地表达时，他们只有蛮干，引起国家、社会的高度重视，他们的行为可能有些过激，会引起犯罪。

---

〔1〕　参见徐玲惠："当前社会弱势群体问题概述"，载《学术界》2006 年第 4 期。

〔2〕　参见吴晓晴、梁巨龙："和谐视野下弱势群体问题分析——以利益表达为视角"，载《广西社会主义学院学报》2009 年第 1 期。

（二）经济因素

1. 调研发现，经济收入少是农民工犯罪的一个重要因素

表 6　农民工犯罪人犯罪前月平均收入情况表

收入水平	人数	所占比例
500 元以下	26	6.7%
500~900 元	32	8.3%
900~1200 元	118	30.6%
1200~1500 元	72	18.6%
1500~1800 元	36	9.3%
1800~3000 元	44	11.4%
3000~4000 元	33	8.5%
4000 元以上	25	6.5%

从上表可以看出，犯罪农民工普遍在经济上处于较低水平，中高收入比例少。月平均收入在 4 000 元以上人数所占的比例为 6.5%。月平均收入在 1 200元以下的人数所占的比例为 45.6%。由于农民工基本上是外来人口，在城市打工与生活，生活成本很高，在农民工中近 30% 人口的生存状态令人堪忧，这表明他们在城市中生存的难度和地位的弱势，为了生存增加了他们犯罪的可能性。

2. 针对农民工犯罪的调查显示，农民工犯罪受经济因素的影响很大

对收集的资料进行统计与分析时，农民工犯罪的诱因和动机多种多样，其原因之一是经济问题。有的农民工因为自己的合法权益遭到侵害，对公权力部门不满，进而报复社会，有的农民工因自己的工资被拖欠，伤害或杀害企业老板，还有的农民工因经济问题和情感问题引发犯罪。[1]根据归类分析，农民工犯罪发生的诱因及特征如下表所示：

---

〔1〕参见李长健、陈占江："新生代民工犯罪的社会成因及其控制"，载《内蒙古社会科学（汉文版）》2005 年第 6 期。

表7　农民工犯罪发生的诱因调查表

诱因类型	人数	比例
上访无果	15	3.8%
情感纠纷	25	6.4%
对公权力部门不满	20	5.1%
经济纠纷	180	46.6%
与他人发生纠纷	18	4.6%
家庭纠纷	22	5.6%
疾病	21	5.4%
生意竞争	56	14%
失业及其他原因	29	8.5%

从上表得知，诱发农民工犯罪经济因素所占的比例最高，几乎占所有因素的一半。经济因素涉及"家中有病人缺钱""老板不给薪水""收入不能保障基本生存""子女读书需交学费和生活费"，这些原因是导致农民工犯罪的主要原因。生意竞争也是导致农民工犯罪的重要因素，所占比例为14%。当农民工的合法权益被破坏，导致农民工上访，上访无果诱发犯罪的比例为3.8%。农民工对公权力不满，进而报复，诱发犯罪的比例为5.1%。因家庭纠纷、与他人发生纠纷使农民工犯罪的人数占到10.2%。因情感纠纷导致犯罪的比例为6.4%。因疾病、失业及其他原因造成农民工犯罪的人数所占的比例高达13.9%，总之，导致农民工犯罪的诱因较多，经济因素、信访无果及对公权力不满也是不可忽视的因素。

（三）文化程度对犯罪的影响

1. 文化水平低下，使农民工群体处于弱势地位，从而增加其生存的难度和犯罪的可能性

通过研究发现，教育程度对犯罪的影响较大，一是大专和本科及以上犯罪的人数很少，相对来说，文化程度越高，其犯罪率较低。文化程度越低，其犯罪率较高。二是小学、初中的文化程度的农民工人数最多，超过50%，犯罪率较高。三是在犯罪类型方面，农民工犯罪主要集中在抢劫、强奸犯罪，初中、小学、文盲犯罪的比例明显高于高中、大专以上犯罪的比例。农民工

犯罪与其受教育程度相关，受教育程度较高，其犯罪率越低。反之，受教育程度越低，其犯罪率相对较高。

表8 文化程度与犯罪类型犯罪的关系表

类型/学历	文盲	小学	初中	高中	大专	本科
杀人	3	9	8	4	1	1
伤害	4	8	7	5	3	0
涉毒	3	10	14	3	4	1
绑架	2	6	7	2	1	0
强奸	1	3	4	1	0	0
诈骗	3	7	10	7	2	0
拐卖	2	5	4	5	2	0
非法经营	1	3	4	1	0	0
敲诈勒索	3	5	6	1	1	0
盗窃	15	26	27	18	9	2
抢劫	13	19	25	12	7	1
交通肇事	2	3	4	2	1	0
其他	4	4	2	2	1	0
合计	56	108	122	63	32	5

2. 农民工在文化水平的影响下，法律意识淡薄是导致其犯罪的一个重要因素

我国农民工大多来自经济欠发达地区，他们很少接受系统的文化教育，对法律知识的了解更是少之又少，传统的农村小农思想和家族对农民工的影响深远，对现行法律的认识不深刻，对法律的认识产生了混乱和冲突。农民工犯罪的形势较为严峻，其原因之一就是文化水平低，法律意识淡薄。

首先，农民工普遍缺乏基本的法律知识。我国农民工的文化教育水平在全国范围内基本上算是处于较低水平，对问题的认识水平不高，意识状态也较差，又缺乏接受教育的主观能动性，所以农民工的法律知识和法律意识都非常薄弱。在现实中拥有法律知识的多少与维护自身相关利益是捆绑在一起

的，农民工由于缺乏基本的法律知识，当他们的合法权益被侵害时，他们不知道用法律来捍卫，有的农民工为此还走上了犯罪的道路。

其次，农民工的法律观念比较薄弱。法律观念是人们在特定情况下对法律制度、法律规范、法律活动等一种主观认识和经验的一种体验。尽管它是一种理性认识，但往往还是处于内心想法的状态，还没有经过系统化内化形式，主要是一个公民法律意识的体现。目前由于法律意识的缺乏，大多数农民工在遇到问题需要解决时，他们就开始"找关系和熟人"，不走正常的法律程序。另外，许多农民工无法区分违法和犯罪两种情况。大多数农民工普遍将两者情况混为一谈，这也影响了他们的日常行为。此外，许多农民工不重视或忽视法律的作用，尤其忽视了法律在社会主义经济建设中的重要作用，往往将社会主义伦理和法律规范混为一谈，从而无法明确社会主义法律与伦理的边界及作用。[1]

再次，农民工缺乏法律信仰。法律信仰是公民主体对法律的尊重，是产生强烈的法律意识后对法律敬畏的思想变化过程，同时也是主体和对象间由于信仰和敬畏法律而转换的双向作用过程，一般情况下，他们不太相信法律，缺乏法律信仰。只有当公民主体产生强烈法律意识后，人们才会形成相应的法律信仰。

最后，农民工缺乏必要的法律能力。一是农民工守法的能力不高。除了缺乏法律知识本身，农民工在"边缘城市"生活了很长的时间，由于他们不能真正融入城市生活，对工作和生活不可避免地产生悲观、失望、沮丧的情绪，长此以往会演化成潜在的非法的动机的存在，当这种动机扩张到极限时，甚至会违法犯罪，危害社会。二是农民工的使用法律的能力还不够。农民工不善于通过法律手段解决问题，但在日常生活中也缺乏这种能力。此外，农民工保护法律的能力也很薄弱。

鉴于上述农民工的法律意识状况，导致许多犯罪问题发生，如针对农民工抢劫在押犯的调研发现，在 386 份问卷调查中提到"当初抢劫前，是否知道这种行为是犯罪，要被判刑的"。回答"知道，但不知道抢劫会判较重的刑罚"的人数为 131 人，所占的比例为 34%，这说明犯罪人不懂法或者对法律一知半解的人数不在少数。在农民工犯罪中，还有一部分人表示自己一时冲

---

〔1〕　参见李林："法治社会与弱势群体的人权保障"，载《前线》2001 年第 5 期。

动，碍于"哥们义气"与别人一起干的。他们三五成群、拉帮结派，在犯罪中借助团伙的力量互相壮胆，以减轻自己的恐惧心理，对于自己的行为是否触犯法律，是否会造成什么后果等缺乏考虑或者说根本没有考虑过。法律意识淡薄是农民工犯罪的主要原因，在发生问题时，不知道自己行为的严重性，没有认识到自己的行为具有严重社会危害性。总体来讲农民工在文化水平的影响下，法律意识淡薄是导致其犯罪的一个重要因素。

3. 由于文化水平较低，农民工权利意识、自我保护能力处于初级阶段，非理性行为导致犯罪明显

由于农民工的教育文化水平较低和法律意识淡薄，一方面农民工发生违法犯罪的可能性增加；另一方面当农民工的合法权益受到损害时，他们不知道如何维护自己的权利。在调查中发现，个别农民工在这方面缺乏理性的认知和判断，不知如何采用正确的方式来捍卫自己的权利，最终走上犯罪的道路。

在实地调查中，我们发现在服刑人员中其权利意识不强。在监服刑犯人接受系统的教育所占的比例小。参与被调查的人员中，学习过法律知识或接受过培训的人员仅占8%，有38人进行过学习，有45人零星地接触过一些法律知识，有超过70人没有学习过或者不重视法律知识的学习。参与调查的服刑人员对相关的问题的回答也能体现这一点，"你是否知道你在监狱服刑，法律除了具有强制功能而外，还对你的权利具有保护作用？"有一部分人回答"感觉到法律具有保护作用"，其人数约占35%，有一部分人选择"没有感觉到法律具有保护作用"，其比例约占30%，回答"不清楚"的人的比例为26%左右，10%左右的没有选择或回答。此外，对问题"你在服刑前，在社会上当自己的合法权利被侵害时，你第一反应如何解决？"，针对这一问题的回答，选择通过法律途径解决的人数约占48%，选择自己解决的人数约占20%，选择默默忍受的方式的人数约占20%，12%左右的人数选择"以牙还牙、以眼还眼"的方式解决。虽然这项调查不是100%准确，但被法院判刑前，这些在押服刑人员是农民工身份的人员所占的比例较高，这在一定程度上能被说明问题。从在押服刑人员行为的一般规律来看，认知是基础，思维是前提，判断是关键。当自己的利益被侵害时，由于行为人在认知上的缺陷，或不思考，或思考是不正确的，或者是判断失误，甚至是缺乏思考的状态，那么就会大大增加失控发生犯罪行为的可能性，基于农民工普遍的教育水平

低和法律意识的缺乏，导致非理性过激行为发生，大大增加犯罪的可能性。所以，如何有针对性地对农民工进行管理，一方面为农民工创造有利的生活和工作环境；另一方面为农民工维护自己的合法权益提供可行的制度保障是一个崭新的课题。

（四）社会支持系统的缺失

1. 家庭背景分析

在绝大多数农民工的罪犯家庭背景中，他们父母的教育水平或经济收入、社会地位都处于弱势的状态，这对其接受教育、就业机会、寻求违法犯罪风险等都会产生相当大的影响。

表 9　农民工罪犯父母文化程度统计表

文化程度	父亲人数	所占比例	母亲人数	所占比例
文盲	63	16.3%	72	18.6%
小学	146	37.8%	155	40%
初中	108	28%	123	32%
高中	50	12.9%	27	7%
大专	13	3.4%	7	1.8%
本科及以上	6	1.6%	2	0.6%

表 10　农民工罪犯父母工作统计表

工作种类	父亲人数	所占比例	母亲人数	所占比例
务工	126	32.6%	112	29%
农民	118	30.6%	127	32.9%
渔、牧民	23	6%	18	4.7%
自由职业者	15	3.9%	16	4.1%
企业人员	13	3.4%	17	4.4%
公务员	8	2.1%	9	2.3%
事业单位人员	9	2.3%	10	2.6%
农村失地人员	14	3.6%	15	3.9%

续表

工作种类	父亲人数	所占比例	母亲人数	所占比例
无工作人员	17	4.4%	20	5.2%
城市散工	35	9.1%	33	8.5%
其他	8	2%	9	2.4%

2. 社会关系分析

随着社会的发展，犯罪形势较之过去似乎更受社会公众的关注。农民工犯罪的一个重要甚至是关键因素为交友不当，受不良关系的影响。在对监狱服刑人员的调查中，笔者设计了一个问题"什么因素对你犯罪影响最大"，有35.1%的服刑人员认为他们犯罪的原因就是交友不当，受一些不良关系的影响。一是一些农民工初到一个陌生的城市，往往人生地不熟，只有投靠老乡、投靠亲朋好友，投靠他们后在许多方面要受别人的制约，例如经济上不宽裕要向亲朋好友借，吃住等都要依靠他们，所以农民工受老乡、亲朋好友的影响非常大，最后在不得已的情形之下走上犯罪的道路。二是农民工本身缺乏分辨能力，一般受过的教育很少，在工作经验和社会经验等方面都处于弱势，这就更加使其依赖投奔的亲友或一起居住或工作的朋友。三是近年来农民工群体有向年轻化发展的趋势，较少的社会阅历使其对自己的行为缺少足够的判断力和控制力，行为盲目性较大。这些情况导致农民工自发的聚集在一起。在农民工犯罪中，结伙、团伙化犯罪的比例增大，犯罪节奏加快且连续作案。两人以上共同作案的占到60%，个人单独作案的占到40%。在农民工犯罪中，大多数是以团伙的形式犯罪。他们拉帮结派，相互协作。从结伙的情形来看，主要有两种方式：其一，同一家族的成员，例如堂兄、堂弟，以及同乡一起作案；其二，外来人员与本地人员勾结，同伙作案。

从调研的情况来看，在农民工犯罪中，共同犯罪的情况突出，这是由农民工在社会中的弱势地位所决定的。

表 11　农民工犯罪类型与是否为共同犯罪统计表

类型\ 形式	单独犯罪		共同犯罪	
	人数	所占比例	人数	所占比例
杀人	8	2%	12	3.1%
伤害	17	4.4%	23	6%
涉毒	12	3.1%	17	4.4%
绑架	5	1.3%	9	2.3%
强奸	3	0.8%	7	1.8%
诈骗	6	1.6%	12	3.1%
拐卖	5	1.3%	14	3.6%
非法经营	7	1.8%	11	2.8%
敲诈勒索	6	1.3%	17	4.4%
盗窃	32	8.3%	41	10.6%
抢劫	48	12.4%	52	13.5%
交通肇事	5	1.3%	12	3.1%
其他	2	0.5%	3	0.8%
合计	156	40%	230	60%

在农民工犯罪中，抢劫罪、盗窃罪是主要的犯罪类型，共同犯罪的比例远远高于单独犯罪，可见不良关系对犯罪的影响较大。

3. 组织弱势分析

农民的组织弱势主要是指农民工在城市得不到社会组织的有效保护、自身也缺乏组织性意识。在现代社会，绝大多数人都是依靠组织生存和发展的，组织对于组织中的个体来讲，具有非常重要的意义和作用。我国的农民工在进入城市之前，在农村有着自己的组织，自己的意愿可以通过组织而逐级反映上去。但是到了城市之后，面对新的环境和状况，他们大都感到迷茫，甚至无所适从。一方面，农民工是外来人，不属于真正意义上的城里人，很难融入社区组织中去，他们还根本不信任城市社区组织。另一方面，城市里的个别组织把他们排斥在外边，仅凭农民工自身的力量很难建立起维护自己合法权益的组织，组织化程度低。同时，他们在进入城市后，自己再无法从家乡的组织获得帮助。农民工在遇到困难时，往往不能得到及时有效的帮助。在调研中，对农民工犯罪人设计这样的问题，"你在犯罪前是否经常处于无业状态"，回答"是"的人数占 35% 左右，进一步询问，你依靠什么生活，有回答依靠亲属帮助，有回答依靠朋友，有回答依靠失业救济，还有回答通过其他途径。从以上的回答可以看出，在犯罪前没有稳定收入的农民工的数量比较大，所占的比例较高，依靠政府和有关组织进行救济的农民工的数量很少，即使救济也不能从根本上解决问题。政府和组织在这方面还有许多工作需要完善。

农民工的弱势地位没有相关组织的帮助，这反映了其在社会群体中话语权的缺失。这是农民工群体弱势的一个显著的特征。他们的工资被拖欠或者克扣、超负荷劳动、缺乏安全保障、缺乏劳动技能培训，这是造成农民工违法犯罪较为突出的一个重要原因。话语权的缺失使农民工的声音无法反映出来，其所遭受到不公平的待遇和自己的合法权益被侵害得不到救济，积怨成疾，在特殊的条件下，非常容易发生以自救为目的或动机的报复性行为。这样的例子在农民工中很多。

组织弱势对于犯罪具有重要影响。在话语权丧失、有效组织保障不足等情况下，外出务工的农民面对非常复杂的社会环境，必然处于危险系数很高的状态。例如农民工求职，由于公共信息渠道不是很畅通，依靠公众信息渠道获得就业信息很少，通过其他途径，容易上当受骗，在此种情形下组织发挥不了作用，容易导致农民工走向极端，引发犯罪。在农民工的犯罪问题中，无论是犯罪发生的原因和犯罪发生的类型，都与其天然的组织弱势有关。农民工的人数多，力量大，其生活方式一样，有共同的境遇，价值目标一样。这个群体在其成员的合法权益得不到保护的情况下，不得不依靠自身的力量建立自我保护机制的集体，这种集体内部紧密，这些是疏离于主流社会之外的亚社会群体。如果对农民工这样一个特殊巨大的社会群体给予制度上的安排和政策上进行导向和倾斜，面对处于复杂的社会形势及种种不确定性，包括违法犯罪在内的各种风险无疑是令人担忧的。社会关系网络广泛，朋友较多的流动人口在城市容易获得成功。对于大多数流动的农民工来说，需要接触机会，最主要的是职业问题。在 386 份样本中，犯罪人为初中文化水平人数所占的比例为 31.6%，小学文化水平人数所占比例为 27.9%，初中文化水平和小学文化水平人数所占的比例为 59.5%。这个数据说明在竞争激烈的大城市中，农民工的文化素质决定了他们找工作的含金量，这些犯罪人以小学、初中文化为主，他们多数只能找含金量低、报酬低的工作，这些工作的临时性很强，农民工随时都面临着失业的危险。他们通过职业机会建立起来的业务关系相当短暂而且相当脆弱，给农民工提供的帮助也非常有限。对于农民工来讲，其自身的人力资本的低竞争力使其在城市生存受到威胁，而地域的转变也意味着提供生存保障的原有社会支持网络断裂，而新的社会支持网又无法在短时间内形成。在"求生存"的驱动下，当通过合法途径无法获得生存资源时，只有采用非法手段成了农民工的首选。[1]

综上所述，农民工犯罪有一个突出的特点是在犯罪组织形势上趋于团伙化。

（五）城乡二元社会政策的影响

我国农民工犯罪问题必须以历史的观点和发展的观点来进行分析。我国农民工现象是一种特定的历史现象，与其他国家相比具有特殊性。在世界上工业化国家的发展表明，工业化过程必然会导致城市化进程的加快，同时人口城镇化也被加快。农民非农业化和城市化的过程使城乡之间的严重对立加剧，给农民带来了巨大的变动。农民工是我国经济社会转型时期的特殊产物，农民工犯罪问题是在这种特定的历史背景下产生的，其弱势性与犯罪的关系及犯罪的特点所反映的弱势特征，既与这种特殊的历史条件密不可分，又与我国实行特定政策和我国特有的文化环境息息相关，在根本上源于我国特定历史时期所采取的特殊政策所形成的二元社会结构。在城乡二元社会下，农民工虽然生活和工作在城市，但他们还是被排斥在城镇居民所享受的各项社会保障制度之外，同时又与传统的农民工群体的隔阂日益加深，于是形成了一个崭新的边缘群体——农民工群体。

我国的农民工作为一个巨大的社会群体，是在从农村向城市进行大规模的人口迁移过程中形成的，城乡二元政策造成了农民工群体组织的弱势。他们的身份为农民，工作半农半工，甚至全工，城市里没有他们的组织，家乡没有对他们进行支持，形成了没有人管、没有住房、没有保障的特殊群体。这个特殊群体数量巨大，且在一个较长的时间内存在，对农民工群体的政策如何，这对我国经济及社会的发展必将产生重大而深远的影响。任何问题都

---

〔1〕　黄淑瑶："从社会支持网角度看流动人口犯罪"，载《北京社会科学》2007年第2期。

要一分为二地看，我国在城市化的进程将农民城市化、城镇化有利于我国社会的经济发展和社会进步，又会带来包括社会治安在内的各种综合问题，影响到社会的稳定。换一个角度，如果在这个历史进程中，若不能很好地处理农民工群体的生存发展和社会融合问题，很可能会使这个群体游离于社会之外，并导致这个群体中潜在的各种矛盾和隐患激化和诱发出来，会造成对社会秩序的冲击。由此可见，城乡二元社会政策的影响也容易导致农民工犯罪。农民工犯罪问题要求我们必须从根本上，在整个社会结构治理的高度和历史发展角度调整政策，进行积极引导。

（六）社会保障制度不足的影响

我国是一个福利制度不健全的国家，其问题主要表现在福利的覆盖面和水平两个方面。特别户籍制度影响了福利制度的健全，在我国公民教育、就业、医疗、福利、社会保障、住房等诸多保障性福利都受户籍制度的困扰，这些保障性的福利制度直接影响到一个人的生存和发展，对于社会性弱势群体而言，显得尤为重要，特别是在目前的阶段，进城的农民工很难享受到这些福利。我国的教育制度是"分级办学，属地管理"，没有城市户口的农民工子女不能享受与城市子女同等的教育条件。农民工主要包括传统的农民工和过渡的"新生代农民工"。而后者现已经成为当今社会的主要部分，占到了60%以上。农民工群体是社会流动性的主要群体，对他们而言解决好社会福利问题有利于社会的长期稳定和经济的长期发展。

到目前为止，许多农民的生活条件和社会保障形势仍然不乐观。因此农民工进城就业还是需要依靠政府提供平等的公共服务。农民工目前的社会现状主要体现在：第一，农民住房。目前，中国经济的快速发展和物价的持续上涨对农民工的生存产生了重要的影响。住房问题是城市居民的一大难题，尤其是农民工。农民工渴望融入城市，也是很容易融入城市化的群体。无论是传统的农民工还是新生代农民工都还没有被纳入城市住房保障体系。他们生活在城市中卫生环境较差的地方，因为他们的户籍在农村，无法享受城市居民享有的住房等福利。由于物价上涨，租住的城市房价一直在飙升，房地产团伙从商业炒房炒到廉租房，许多廉租房的租住都有户籍限制，这对于收入不稳定的农民工来说更是一种冲击。第二，农民工子女教育。当前的教育体制和教育资源配置也以户籍制度为基础，使得农民工子女与城市户籍子女享有平等的教育权利相当困难。尽管大多数农民工都是年轻人，大多未婚，但对子女的教育问题仍然不可避免。我国教育受户籍限制，特别是义务教育阶段。农民工的孩子在城里很难上学，而且学费也贵得离谱。不少城市都没有把农民工子女入学问题纳入区域发展规划中，资金无法得到有效保障，进入指定的公立学校仍需支付高额的"借读费"，给这些农民工增加了经济负担。第三，为农民工提供的医疗服务。农民工的就医难和看病贵问题依然突出。虽然在一些城市农民工参加了医疗保险，但由于限制，定点医院报销手续繁琐，报销的比例也不高。事实上，大多数农民工也享受不到相应的待遇。虽然我国目前的医疗保险覆盖范围很广，也伴随着医疗费用的大幅增加，但在农村流动人口中的医疗保险还存在许多障碍。究其原因在于医疗保险制度本身还不完善。第四，农民工的其他社会保险。社会保险是社会保障体系的核心，包括失业保险、工伤保险、医疗保险、养老保险和生育保险。从整体上看，农民工社会保险意识增强，他们一般都是年轻人，其中一些有技能，也有一定的文化，他们认真地工作可以享受城镇企业职工同样的社会保险待遇，合理的工资，工作时间是 8 小时，但这只是工人应有的基本权利。但农民工的工作是一个高风险、高危害性的行业。在农民工从事的工作和行业中，工伤事故非常多。传统的社会保险并不能满足他们的需要。更重要的是，其中一些政策只适用于城市居民，他们不属于此类群体。另外，新一代女性农民工缺乏生育保险。

综上所述，我国的农民工已经成为一个庞大的特定群体，其弱势地位对于犯罪具有基础性和决定性的影响，农民工从自己生长的农村到城市，其经济状况、就业竞争能力、社会对他们的扶持政策及社会保障等方面都相对处于弱势地位，又得不到政府和社会的针对性的支持和帮助，这不但会造成紧张的社会气氛，甚至会迫使其铤而走险。所以从社会层面消除紧张是有效预防和减少农民工犯罪的上上之策。

二、城市贫困群体犯罪原因

引起犯罪发生的原因，既不是单一的因素，又不是不分层次的多元性因素的简单集合，而是由多种犯罪因素有机组成的原因系统，是一个有序的结构，其构成因素呈若干层次或等级。这些层次或等级可以划分为犯罪的社会环境因素和个体因素。

（一）社会环境因素

从社会环境方面看，引起城市贫困群体犯罪的原因主要表现在以下方面：

1. 利益表达机制不健全

利益表达机制不健全是城市贫困群体犯罪的原因之一。目前城市贫困群体利益诉求制度化渠道主要有人民代表大会制度、信访制度、群众自治组织等，但由于城市贫困群体参与机制不健全，一套完整的、系统的配套制度没有被设计好，可操作性很差，缺乏相应的独立性，因而这些渠道仍然难以满足城市贫困群体的利益表达。当城市贫困群体的利益受损后，他们受到不公平对待，无法通过合理的、有效的和正常的方式来表达自己的利益。[1]

2. 经济利益为核心的文化与生活方式的影响

市场经济以经济效益的产生、流转为特征，由于社会主义市场经济与社会主义基本经济制度、基本政治制度和精神文明是一个有机的整体，如何正确解决社会主义市场经济与社会主义公有制相结合、与社会主义民主政治建设相结合、与社会主义思想道德建设相结合等复杂问题十分关键。由于我国正从传统的计划经济体制向社会主义市场经济体制转轨，相应的制度、法律、政策的完善需要一个较长的过程，各类经济活动主体也需要有一个适应的过程。由于市场有其自己的盲目性和局限性，若处理不当，其消极方面也会显现出来，如金钱崇拜、贫富分化、社会腐败、推崇畸形消费文化等。客观而言，在同样一个社会环境下，不是所有的人都会犯罪，即使在以金钱至上和物质生活突出的社会，也并非所有的人都会因金钱而犯罪，也并非所有犯罪人都是为了金钱，其原因之一可能是社会环境因素在对不同的人发生作用时，会产生不同影响。

表 12　金钱观对城市贫困群体犯罪的影响统计表

金钱观对自己犯罪的影响	所占比例
2014 年	52.6%
2015 年	61.2%
2016 年	58.7%

〔1〕 参见陈映芳："贫困群体利益表达渠道调查"，载《理论参考》2004 年第 11 期。

从上表得知，在城市贫困群体犯罪中，认为金钱观念对自己犯罪有影响，2014 年所占的比例为 52.6%，2015 年所占的比例为 61.2%，2016 年所占的比例为 58.7%。城市贫困群体对金钱的认同程度所占的比例高，可以从两个方面进行认识：一是对于城市贫困群体而言，金钱对物质生活的支配功能更为明显，因为经济的贫困，无论是生存还是发展，都会使城市贫困群体对金钱产生一种依赖，这种依赖是其他群体无法形成的。二是在崇尚金钱和以财产为社会生活主要调控杠杆的社会环境下，容易增强城市贫困群体对金钱社会属性的认同，与其他经济生活水平的群体相比，金钱往往更容易被城市贫困群体认为是影响其社会生活水平提高和社会地位改变的重要因素。在上述两个方面的作用下，会驱使一部分城市贫困群体产生"骤富脱贫"心理，最终走上犯罪道路。

3. 对社会不正之风效仿

如果一个人通过合法途径达到自己追求的目标有难度，就可能通过非正常渠道甚至是犯罪的方式实现预期的目标。对于城市贫困群体来讲，尽管物质财富的缺乏，会使其增强对物质财富的欲望，但是否使用犯罪手段来实现这一目标，城市贫困群体需要理性考虑。因为犯罪是需要付出沉重的代价，这是任何人都知晓的问题，对一个有犯罪意识的人进行考察，其犯意的形成无外乎是对外界社会环境的感知和评价。如犯罪人必然被判罪量刑，那么社会中是否会存在，或者存在多少通过违法犯罪获益的例子。若行为人在获取的信息中包含一定数量的违法案例，行为人就会模仿，或者为自身将要实施违法行为寻找借口，加速或推动违法或犯罪心理的形成。作为一种社会现象，社会不正之风的表现形式多样，如权钱交易、钱色交易、权色交易等。社会不正之风在一些领域蔓延，通过违法犯罪的方式获取的利益得到一些人认同，不仅侵害了国家和社会的公共利益，还对社会的主流文化形成冲击。

4. 贫富差距的影响

随着社会和经济的发展，贫富差距成为城市贫困群体犯罪的原因之一，贫富差距对犯罪的影响分为三个层次。

第一层次是对社会不满而产生的抱怨，降低其参与社会建设的主动性和积极性。著名的美国心理学家、行为学家弗雷德里克·赫茨伯格的"双因素"激励理论提到，"保健因素"的作用可以对人们不满和负面情绪进行阻止，保持工作现状。缺乏"保健因素"在很大程度上忽略了"激励因素"的进一步作用。从理论上讲，市场经济应该给每个人平等的竞争、交流和发展的机会，但现实并非如此。由于社会资源分配不均，导致富人越富，穷人越穷，两极分化现象严重。富人似乎拥有更多的社会资源，无论利益诉求还是利益表达渠道，都具有优势；穷人则相对缺乏社会资源。在缺乏足够的利益诉求及利益表达的渠道情况下，城市贫困群体因此会表现出强烈的社会剥夺感、焦虑感、自卑感、失落感等，从而加强其社会敏感度和针对性。"保健因素"缺失，"激励因素"功能被破坏，社会建设积极性降低，阻碍了经济社会的发展。

第二层次是"对富人的仇恨心理"被加剧，导致道德混乱和犯罪率上升。"仇富心态"是一种由贫富差距拉大而引起的心理失衡。中国人民大学毛寿龙教授指出，中国目前所谓的对财富的仇恨，并不是对富人的真正仇恨，而是对社会分配不公的仇恨。如果贫富之间存在不合理的差距，首先会造成城市贫困群体的消极性，那么贫富差距可能会进一步扩大，进而激发不同阶级的矛盾和冲突，造成社会的动荡。胡联合研究组在《贫富差距对违法犯罪活动影响的实证分析》一文中，分别就治安和盗窃等多发性侵财案件、违法犯罪活动的发生率与基尼系数之间的关系进行了统计分析，得出他们的相关系数是 0.963、0.93、0.81。违法犯罪活动与基尼系数呈正比的关系。[1]基尼系数越高，违法犯罪活动越多，犯罪率和治安案件发案率就越高。

第三层次是信任危机加剧。不合理的贫富差距现象可能导致城市贫民群体的相对剥夺感加剧。城市贫困群体的利益在得不到有效保障的情况下，容易与社会和政府产生敌对情绪，这将削弱社会整合能力和社会资源动员能力，从而会产生信任危机。

5. 社会支持网络的缺失

社会支持网络的缺失也是城市贫困群体犯罪产生的原因，社会支持网络的缺失包括正式社会支持网络的缺失与非正式社会支持网络的缺失。

（1）正式社会支持网络的缺失

首先，失业或就业不足。近年来，虽然我国城镇居民收入来源和构成呈现多元化趋势，但就业收入仍是城镇居民收入的主要部分。根据我国城镇居民家庭收支调查提供的数据，目前我国城市收入的主要来源有四个方面：就业收入、财产性收入（利息、股息等）、转移收入（养老、价格补贴、财政收

---

〔1〕 参见卢嘉瑞等：《中国现阶段收入分配差距问题研究》，人民出版社 2003 年版，第 112 页。

入等）和其他收入。其中，就业收入是城市居民收入的主要部分，占城镇居民收入的 80% 左右。因此，在很大程度上是否存在就业收入以及收入的高低决定了城镇居民的收入水平和生活水平，同理，家庭就业收入主要取决于家庭的就业情况。我国城市贫困居民主要是破产企业的职工以及下岗工人。然而在长期计划经济体制下的工人、企业和政府之间存在特殊的利益关系，使工人对政府、社会和企业有很强的依赖性。目前，在我国城市中的困难职工约占到职工总数的 10%，其中有 800 多万人处于贫困线以下。与此同时由于经济结构的调整，存在大量的隐性失业工人，由于失业救助力度不够，大量下岗职工处于贫困状态。也就是说，中国城市贫困的主体是贫困职工，这主要是由于失业和就业不足，社会支持力度缺乏造成的。

其次，社会保障体系不健全。当前我国社会保障制度的设计存在一些问题，一是覆盖面过窄，许多工人和居民并不在社会保障网络范围中，传统的城镇社会救助对象主要是"三无"人员和其他特殊困难群体，这部分人在城市人口中所占的比例相当小。而新实施的失业保险主要针对国有企业职工，部分集体、三资和民营企业职工不能享受这种待遇。二是社会保障水平过低，这里主要是指社会救济标准和困难津贴标准，不能保障贫困居民的基本需求，很多被救济的对象实际上无法维持最低生活水平。三是社会保障社会化程度低，传统的社会保障制度还没有完全被改变，不同的单位、部门和企业对社会保障的负担都有所不同。四是社会保障资金来源单一，普通的社会救济仅仅依靠政府财政拨款，职工的困难津贴主要来自职工福利费用和国家的贷款，而社会融资、筹资、个人捐赠等渠道都没有发挥作用。正因为当前社会保障制度的种种弊端，一方面在不同程度上增加了城市居民陷入贫困的可能性，另一方面也干扰了社会保障制度作用的发挥。与此同时，社会保障制度的某些方面的改革与其他改革并不匹配，不但不能使低收入家庭的收入增加，相反增加了他们的负担。[1]

（2）非正式社会支持网络的缺失

第一，缺乏家庭支持。在当代中国社会，家庭仍然是获得社会支持的最基本的社会单位，由于下岗失业等社会原因导致的贫困，往往会导致家庭关

---

〔1〕 参见曾湘泉、郑功成主编：《收入分配与社会保障》，中国劳动社会保障出版社 2002 年版，第 118 页。

系的破裂。若没有家庭的支持，贫困问题会变得更加糟糕，形成了相互因果关系的恶性循环。此外，从社会政策的角度来看，一些"半边户"家庭往往被忽视。所谓的"半边户"家庭是指家庭成员中既有城市户口又有农村户口的家庭。这样的家庭往往是一个人在城市里工作，但他也负担着家庭其他成员的生活，负担非常沉重，家庭关系又不稳定。然而由于户籍制度的限制，这些家庭无法获得最低生活保障，因此他们更容易陷入贫困。

第二，缺乏家族支持。所谓家族支持是指家庭支持的扩大，父母和兄弟姐妹对这些贫困家庭的支持。家族支持在当代社会也是一个相当重要的社会支持网络。家族支持的原则是纯道义的。家族社会支持网络对于贫困家庭来讲是非常重要的，但是这种支持正在被贫困侵蚀，最终崩溃，最终迫使他们为了摆脱贫困不择手段，走上犯罪道路。

第三，缺乏社会交往。由邻居、朋友、同事以及其他社会关系组成的社会支持，这种支持基本上是利他的。这种社会支持不是建立在血缘关系的基础上，相反，它是建立在积极的感情之中。由于我国社会是一个"熟人"社会和"关系"社会，个人的社会网络是一个非常重要的社会资源，城市贫困居民在社会网络的支持下，可以获得物质和精神的帮助，但更多的是提供或介绍工作机会等。然而由于个人或社会的原因，一些人丢掉了工作还失去这些社会资源，这部分人将不可避免地陷入贫困，同时也增加了他们犯罪的风险。

（二）个体因素

1. 犯罪人经济收入不稳定，犯罪前合法经济收入与生活消费逆差值高

经济收入是在经济生活状况角度研究贫困犯罪的一个指标，经济收入不稳定，表明行为人可能因此而缺乏正常的经济保障，增加以非法方式获取经济保障的可能性。在城市贫困群体的犯罪中，犯罪人的经济收入具有不稳定性的特点。经济收入可以作为影响城市贫困群体犯罪的一个考察因素，但经济收入的多少不能完全表达一个人的贫困程度，可以作为分析影响城市贫困群体犯罪的一个因素。在调查中，2014 年城市贫困群体犯罪人在犯罪前的消费平均每月为 1 634 元，而实际收入平均每月为 1 080 元，消费高出实际收入 554 元。2015 年城市贫困群体犯罪人在犯罪前的消费平均每月为 1 746 元，而实际收入平均每月为 1 157 元，消费高出实际收入 589 元。2016 年城市贫困群体犯罪人在犯罪前的消费平均每月为 1 778 元，而实际收入平均每月为 1 184 元，消费高出实际收入 594 元。通过上述分析可以看出，收入与消费的高

逆差值是影响城市贫困群体犯罪的一个重要因素。

表 13　城市贫困群体犯罪人犯罪前的收入与消费比较表

经济状况	2014 年		2015 年		2016 年	
	收入	消费	收入	消费	收入	消费
贫困	1 080	1 634	1 157	1 746	1 184	1 778

2. 自我贫困感突出

自我贫困感是行为人对自身贫困程度的主观认同程度，自我贫困感程度越高，行为人为自己群体以非法方式获取经济利益制造合理借口的可能性越大。调查显示，城市贫困群体犯罪人的自我贫困感表现较为突出，有两项指标可以说明此问题：第一，犯罪人员对犯罪前收入与支出对比的认识；第二，犯罪人员对犯罪前自身经济状况的主观认识。

（1）城市贫困群体犯罪人认为自己的收入低，不够自己花销

城市贫困群体中的犯罪人在犯罪前的收入与支出相比，感觉到自己很富裕、手头比较有钱、收入和支出持平、不够用、两者的差距很大，这代表了行为人在犯罪前的收入与支出相比较的五种不同感觉。据调查，2014 年、2015 年、2016 年在城市贫困群体犯罪中，犯罪人认为在犯罪前的收入与支出相比感觉"差得远"的人数所占的比例分别为 26.7%、25%、27.9%。就城市贫困群体中对收入与支出不同状况的认识而言，所占比重最大的是认为自己的收入与支出相比不够用的，在 2014 年、2015 年、2016 年这三年所占的比重分别为 46.3%、47.6%、45.4%。

表 14　城市贫困群体中的犯罪人在犯罪前的收入与支出主观认识表

经济状况	在犯罪前的收入与支出相比					
	不够用			差得远		
	2014 年	2015 年	2016 年	2014 年	2015 年	2016 年
贫困	46.3%	47.6%	45.4%	26.7%	25%	27.9%

（2）城市贫困群体犯罪人认为自身个人经济困难程度较高

很富裕、比较富裕、一般、有困难、很困难表示个人经济生活状况的不

同等级。城市贫困群体中的犯罪人在犯罪前的收入与支出相比，感觉到自己很困难的人数较多，所占的比例较高，据调查在 2014 年、2015 年、2016 年这三年所占的比重分别为 28.3%、29.1%、27.5%。在城市贫困群体犯罪人之内，所占比例最大的是认为自己个人经济生活有困难的，在上述三个调查年度所占的比例分别是 41.8%、43.3%、42.6%。

表 15　城市贫困群体中的犯罪人对自己生活状况认识表

经济状况	城市贫困群体中的犯罪人认为自己生活状况如何					
	有困难			很困难		
	2014 年	2015 年	2016 年	2014 年	2015 年	2016 年
贫困	41.8%	43.3%	42.6%	28.3%	29.1%	27.5%

（3）崇尚金钱与物质享乐的观念增强与积极道德意识的退化

在调查中，对犯罪人提问"犯罪前你认为应该怎样做人，你对生活持有什么样的态度"，对这一问题的回答，主张"吃喝玩乐"在 2014 年、2015 年、2016 年这三个年度中所占的比例是最高的，分别为 60.1%、61.4%、63.7%。"吃喝玩乐""别人快乐就是自己最大的幸福""以强凌弱""只顾自己不顾别人"代表了四种不同价值观取向，对"吃喝玩乐"的认同度高，表明了崇尚金钱与物质享受的价值观在城市贫困群体犯罪人的心理结构中占主导地位，这是支配其实施各种财产犯罪的重要内在动因。

表 16　城市贫困群体犯罪人的价值观

经济状况	你认为应该做怎样的人											
	2014 年				2015 年				2016 年			
	吃喝玩乐	别人快乐就是自己最大的幸福	以强凌弱	只顾自己不顾别人	吃喝玩乐	别人快乐就是自己最大的幸福	以强凌弱	只顾自己不顾别人	吃喝玩乐	只顾自己不顾别人	以强凌弱	只顾自己不顾别人
贫困	60.1%	17.2%	13.7%	9%	61.4%	18.5%	14.3%	5.8%	63.7%	16.8%	15.7%	3.8%

3. 明确的犯罪意识趋于增强，明知故犯心理突出

犯罪前对什么是犯罪的知晓程度是衡量行为人犯罪意识明确与否的一个指标。据调查，在 2014 年、2015 年、2016 年，城市贫困群体犯罪人的犯罪意识呈现出一个增强的变化趋势。在城市贫困群体犯罪人中，犯罪前知道什么是犯罪行为的人数在三年所占的比例分别为 42.2%、45.3%、58.7%。犯罪前知道什么是犯罪，但概念较为模糊的人数在三年所占的比例分别是 35.4%、46.8%、32.5%。犯罪前不知道什么是犯罪的人数所占的比例分别为 22.4%、7.9%、8.8%。从以上的数字可以看出，犯罪前知道什么是犯罪，但概念较为模糊在城市贫困群体犯罪人中所占的比例由升到降的变化趋势。犯罪前不知道什么是犯罪的人数所占的比例基本上呈下降的趋势。在犯罪前，知道什么是犯罪的人数呈上升的趋势。

表 17　城市贫困群体犯罪人的犯罪意识表

经济状况	你知道什么是犯罪吗								
	2014 年			2015 年			2016 年		
	知道	知道但模糊	不知道	知道	知道但模糊	不知道	知道	知道但模糊	不知道
贫困	42.2%	35.4%	22.4%	45.3%	46.8%	7.9%	58.7%	32.5%	8.8%

4. 犯罪具有侥幸心理

对城市贫困群体犯罪人进行调查，对问题"犯罪前是否想到被抓"，对这项指标回答"认为不会被抓"的人数所占的比例较高。在 2014 年、2015 年、2016 年分别为 50.2%、51.3%、51.8%，2015 年比 2014 年高出 1.1 个百分点，2016 年比 2014 年高出 1.6 个百分点。认为"可能被抓问题不大"的人数在 2014 年、2015 年、2016 年所占的比例分别为 3.5%、2.9%、1.6%，对这一问题回答的人数呈下降的趋势。"不会被抓""可能被抓问题不大"分别代表了犯罪人两种不同的心理，前者反映的犯罪侥幸心理强度要高于后者。上述犯罪调查结果表明，城市犯罪贫困群体在犯罪前大约半数以上具有犯罪侥幸心理，且程度较高。

表18　城市犯罪贫困群体的犯罪侥幸心理表

经济状况	你犯罪前是否会想到被抓								
	2014 年			2015 年			2016 年		
	认为不会被抓	可能被抓问题不大	若被抓但划算	认为不会被抓	可能被抓问题不大	若被抓但划算	认为不会被抓	可能被抓问题不大	若被抓但划算
贫困	50.2%	3.5%	46.3%	51.3%	2.9%	45.8%	51.8%	1.6%	46.6%

综上所述，城市贫困群体犯罪的原因分为社会环境原因和个体原因。在社会环境因素方面表现为市场经济社会以经济利益为核心的文化与生活方式的影响；社会不正之风的效仿；贫富差距的影响及社会支持网络的缺失。在个体因素方面，表现为经济收入不稳定；犯罪前合法经济收入与生活消费逆差值较高；较高程度的自我贫困感突出；崇尚金钱与物质享乐的观念流行与积极道德意识的退化；明确的犯罪意识趋于增强，明知故犯的心理突出；具有犯罪侥幸心理。城市贫困群体犯罪问题关系到社会的安定和谐，是我们治理的重点，需要通过分析犯罪产生的原因，积极探索解决的办法。

三、农村贫困群体犯罪原因

通过相关因素分析发现，利益表达机制的缺失是农村贫困群体犯罪的原因之一；收入不稳定、生活困难是农村贫困群体部分成员犯罪的经济根源；城乡巨大的反差导致的相对剥夺感是农村贫困群体部分成员犯罪的刺激原因；因受教育不足而导致其认知水平低下，自控能力弱、法律意识薄弱是农村贫困群体部分成员犯罪的主观因素；交友不当导致其犯罪也是造成农村贫困群体犯罪的原因之一。

（一）利益表达机制的缺失

国家信访局原局长周占顺曾在接受新华社《半月谈》杂志采访时指出，信访问题的 4 个 80%，严重影响了社会的发展。80%的投诉是在改革和发展过程中反映出来的问题；80%以上是合理的且有一些实际困难和需要解决的问题；其中 80%以上可以通过各级党委和政府的努力来解决；80%以上都应在基层解决的问题且基层有能力解决。由于群众反映问题的渠道和解决问题的方式不畅通，使"都应在基层解决且基层有能力解决的问题"还没有得到及时、认真的解决，造成了大量的信访问题产生。对广大利益受损的群众来说，他们已经投入了大量的物力、财力和精力，这不仅是一个沉重的负担，而且也影响着他们正常的生产和生活。

在这些问题上，矛盾的焦点是农村贫困人口的合法利益得不到满足和保障。如果利益表达渠道畅通，解决利益冲突的措施有效，就不会加剧这些矛盾和冲突的激化。然而，一些干部甚至滥用权力谋取私利，贪污腐败，损害农村贫困群体的利益。农村的贫困群体自然会对干部产生怨恨，导致干群关系紧张。农村贫困群体不能通过正常有效的渠道和方式来表达利益诉求，只能通过非理性手段来表达，从而加剧社会矛盾，影响社会和谐。清华大学孙立平教授指出，和谐社会绝不是一个没有利益冲突的社会，而是一个有能力解决利益冲突的社会，从而实现利益的平衡。如果不解决利益表达机制的问题，就会严重挫伤农村贫困群体参与建设小康社会的积极性，从而影响小康社会的建设进程。站在另外一种角度来说，若农村贫困群体的利益表达机制不健全，利益表达渠道不畅通，他们通常会选择非理性的手段来维护自己的合法权益，最终会导致农村贫困群体走上犯罪的道路。

（二）收入不稳定、生活困难是农村贫困群体部分成员犯罪的经济根源

本次关于农村贫困群体犯罪人收入状况调查的 721 份有效的问卷中，[1]犯罪人在被捕前月收入不足 700 元的有 372 人，所占比例为 51.6%，700～799元的有 218 人，所占比例为 30.2%，800～1 000 元的人数为 131 人，所占比例为 18.1%。这 721 人中，其中有稳定收入的只占到 1/3，没有稳定收入要占总人数的 2/3。毋庸置疑，收入来源和收入稳定是影响经济生活的重要因素，在农村贫困群体犯罪中，犯罪人普遍存在收入不稳定的状况。

表 19　农村贫困群体犯罪人月收入状况表

每月收入	人数	所占比例
不足 700 元	372	51.6%
700～799 元	218	30.2%

---

〔1〕　对农村贫困群体的犯罪调查，共发放问卷 740 份，回收后没有填写的问卷有 6 份，无效问卷 13 份，有效问卷为 721 份。

续表

每月收入	人数	所占比例
800~1 000 元	131	18.1%

农村贫困群体的犯罪大多是为谋取生存而进行的财产犯罪。当个人面临贫困及赤贫时，他（她）就可能失去生存能力，当无法通过合法途径满足其经济地位和消费水平时，他（她）就会实施强暴力犯罪、偷窃犯罪、欺诈犯罪。这或许是农村贫困群体部分成员为求生存或维护权益的最后选择。因此，从这个意义上说，收入不稳定，生活困难是农村贫困群体犯罪人犯罪的经济根源。

（三）贫富差距、城乡差距引致相对剥夺感的产生是农村贫困群体部分成员犯罪的刺激因素

我国著名社会学家李强教授通过运用"推拉理论"，研究影响中国农民流动的推拉因素时得出结论：属于农村"推"的因素有三个，即农村收入水平低，农村缺乏发展机会、农村经济落后；属于城市"拉"的因素有两个，即城市水平收入高和城市人口外出见世面。核心问题是经济收入的驱动力驱使大量农民外出。

我国历来是一个"不患寡而患不均"的国家，"等贵贱、均贫富"是中国人向往的社会形态。新中国成立后，全国人民生活在贫富差距较小的社会中，平均主义在较长一段时间内不仅是一种社会理想，而且也是一种社会现实。因此，群众对贫富差距的心理承受能力相对较弱，自改革开放以来，我国的贫富差距越来越大，贫富分化日益明显，一些人会产生不公平感，从而产生严重的相对剥夺感。

著名的美国心理学家亚当斯在早期的时候就研究和分析了人们的公平心理需求，他认为在大多数情况下人们更容易受到相对剥夺感的影响。自己的劳动报酬与他人相比，如果比较结果被认为是合理的，会让人达到心理平衡，反之则会让人产生不公正、不公平的感觉和心理失衡的现象。人们一旦心理失衡，怨恨也会产生，导致人们意志消沉。如果整个社会存在普遍的心理失衡，社会动荡随时都可能发生，这就是相对剥夺理论。我们常常将相对剥夺理论用来分析贫富差距的社会问题，人们普遍认为如果社会不平等，就会导致贫富差距过大，这将是对社会公平和正义的挑战，甚至可能导致社会动荡。

冯必扬教授认为人们有一种比较和攀比心理。在客观条件发生变化之前，人们都处于一个相对平衡的状态。然而一旦客观条件发生变化，人际关系的平衡就会被打破，一些人通过自身的努力让自己的条件得到改善，若改善的速度超越他人，其他人就会不服气。随之，这一部分人会有一种挫败感，这种感觉会导致反抗社会的行为。在调查中，有 80 人认为"城乡之间无差别"，106 人认为"城乡差别不大"，462 人认为"城乡差别很大"，73 人没有明确的答案。这说明贫富差距、城乡差距引致相对剥夺感的产生是刺激农村贫困群体成员犯罪的因素。

表 20　犯罪人对城乡差别的感受表

意见	人数	比例
城乡无差别	80	11.1%
城乡差别不大	106	14.7%
城乡差别很大	462	64.1%
没有明确给出答案	73	10.1%

（四）社会保障不足

改革开放前，我国农村社会保障制度采用集体保障与家庭保障相结合的形式，即以集体保障为主，家庭保障为辅。对于一些老人、残疾人和没有工作的人、无助的孤儿，其"五保"工作由集体组织实施，即保吃、保穿、保住、保医、保葬靠集体完成。改革开放以后，在农村开始实施家庭承包责任制，以农村家庭为基本单位，以土地为基础，农村的保障制度发生了变化，以集体保障制度为主体的形式逐渐被以家庭保障为主体的形式所代替，农村社会的保障制度主要是以家庭保障为主。到了 20 世纪 90 年代中期，由于政府的大力推行，农村社会保障体系迅速发展，取得了一些成绩，但现代社会保障制度尚未在农村建立起来，传统的社会保障模式在农村仍占主角。首先，传统的养儿防老、靠人不如靠己的传统思想还未被清除。在我国农村地区，家庭支持作为人民生活保障的第一道防线，还是家庭成员的遭受意外后基本生活的依靠。对于一个人来说，解决其生育、衰老、疾病、死亡、受伤、残疾等问题，主要是依靠家庭。人到老年，还是依靠他们的子女生活。其次，由于受传统观念和经济的影响，现代社会保障制度在农村还不能被完全建立。

最后，农村社会保障管理混乱，也打击了农村贫困群体的积极性，如保障经费被挪用，没有明确的管理部门等，都不同程度地影响了现代社会保障制度在农村的建立。随着经济社会的发展，传统的以家庭和土地为中心的新型农村保障制度受到了前所未有的冲击，使保障功能弱化，无法满足农村经济社会发展的需要。

我国长期的养老传统是由子女负担，"养儿防老""儿多力量大""多子多福"是传统养老模式的集中体现。然而，随着我国计划生育政策的实施，农村独生子女家庭逐渐增多，传统养儿防老的养老模式逐渐退出历史舞台，增加了孩子的家庭负担，目前单个家庭规模正在萎缩。过去多个孩子分担老年人养老责任的方式将一去不返，养老的负担不断加重，农村家庭承担风险的能力逐渐被削弱。我国现代正在加速经济和社会的转型，城镇化、城市化率不断提高，传统养老模式的功能逐渐被淡化。同时，大量农村青壮年劳动力转移到城市，这在客观上加剧农村贫困群体的出现，而农村贫困群体的很大一部分缺乏必要的生活保障，这成为一个突出的社会问题。正因如此，农村社会保障制度的缺失也是农村贫困群体犯罪的原因之一。

（五）因受教育的不足而导致的认知水平低、自制能力弱、法律意识淡薄是农村贫困群体部分成员犯罪的主观因素

一个人受教育程度不仅影响其认知水平、职业选择，而且与其思维方法、行为方式、法律意识等方面有着密切的联系。

表 21　农村贫困群体犯罪的犯罪人文化程度统计表

文化程度	人数	所占比例
文盲	95	13.2%
小学	292	40.5%
初中	232	32.2%
高中（含中职）	85	11.8%
大专及大专以上	17	2.3%

从上表可知，在农村贫困群体犯罪中，犯罪人的文化程度较低，高中以下文化所占的比例高，占85.9%，其中小学文化占40.5%，文盲占13.2%。

著名心理学家皮亚杰的"发生认识论"认为，主体在认识过程中具有能

动性，已有的知识结构在认识活动中起着不可替代的过滤调整作用。一个人面对着大量的积极和消极信息，怎么选择才是关键，这与个人的知识结构和心理品质有关。一般来讲，具有健康人格的人倾向于选择积极的信息（例如家庭和睦、社会安定、诚实劳动、守法有益等），具有人格缺陷和不良心理品质的人倾向于选择消极的信息（例如不满愤懑、投机取巧、犯罪机会、手段选择等），而消极信息被吸收，经过思维加工后，容易生成犯罪心理的积淀。这正是农村贫困群体部分成员犯罪心理的形成机制。

表 22　犯罪前有没想过可能出现的刑罚后果统计表

类别	人数	所占比例
没有想过后果	385	53.4%
想过，没有想到会处理这么重	108	15%
想过，与处理结果差不多	130	18%
想过，比此次处理还严重	98	13.6%

据上表，犯罪人在犯罪前"没有想过后果"的人数为 385 人，所占的比例为 53.4%，"想过，没有想到会处理这么重"的人数为 108 人，所占比例为 15%。"想过，与处理结果差不多"的人数为 130 人，所占比例为 18%。"想过，比此次处理还严重"的人数为 98 人，所占比例为 13.6%。这说明犯罪人的法律意识淡薄、认知水平低是导致犯罪的一个因素。

知道法律的内容或者拥有一定的法律知识，并把这一切内化为个体行为动因体系中的一个决策因素，则意味着个体具有一定的法律意识。具备一定的法律意识不仅是一个公民必需的修养，也是个人社会化的要求。缺乏这种素养不仅意味着个体作为社会人是有缺陷的，而且不利于个体进行正常的社会活动。农村贫困群体部分成员较低的文化素质导致法律意识的缺失，而法律意识的缺失正是引发其犯罪的一个重要因素。

不能很好地完成九年制义务教育的学习，正常的社会化过程中断，教育的断层影响其人格的塑造，行为的规范认知水平低下，自控能力减弱，法律意识缺失。受制于这些主观因素，走上犯罪道路也就不足为奇了。

（六）交友不当是农村贫困群体部分成员犯罪的人际因素

社会心理学研究表明：渴望合群，害怕孤独即群体性是人的本能之一。

每个人都有归属的需要，加入一个群体使个体感到自己有所归属，而不再是一个孤立的人，并产生对归属群体的责任感和向心力。此外，恐惧也导致了结群行为的倾向增强，结群可以降低恐惧。人们加入群体的另一个重要原因是对安全的需要。在人们面对恐惧情景而个人力量不足以应对威胁时，人们会寻求群体的帮助。

表 23　交友目的表

选项	人数	所占比例
交流感情的需要	102	14.1%
多个熟人多条路	322	44.7%
获得各种信息	135	18.7%
没有明确目的	112	15.5%
寻求合作伙伴	50	6.9%

此表显示，受访者与我们每个普通人一样，认为"多个熟人多条路"，其所占比例为44.7%，交友也是"交流情感的需要"，其所占比例为14.1%，这说明人的本质属性是社会属性，作为一个社会的人，结群是为了安全、找寻归属、交流情感、获取资源。农村贫困群体中难免会有一些人与他人交往会受不良的因素干扰，受坏朋友的影响，会产生犯罪动机并实施犯罪。

综上所述，利益表达机制的缺失是农村贫困群体犯罪的原因之一；收入不稳定、生活困难是农村贫困群体部分成员犯罪的经济根源；城乡巨大的反差导致的相对剥夺感是农村贫困群体部分成员犯罪的刺激原因；因受教育不足而导致其认知水平低下、自控能力弱、法律意识薄弱是农村贫困群体部分成员犯罪的主观因素；交友不当导致其犯罪也是造成农村贫困群体犯罪的原因之一。只有准确地找到农村贫困群体的犯罪原因，才能找出其相对应的治理措施。

第二节　社会性弱势群体犯罪的共性原因

引起犯罪发生的原因，既不是单一的因素，又不是不分层次的多元性因素的简单集合，而是由多种犯罪因素有机组成的原因系统，是一个有序的结构，其构成因素呈若干层次或等级。这些层次或等级可以划分为犯罪的社会因素、心理因素、生理因素以及自然环境因素等因素层次。[1]同时，它还是一个动态结构。不同的时期、不同的范围和不同的犯罪人，犯罪原因系统的内容和结构也各不相同，这体现了它的复杂性和多样性。一类是决定犯罪发生和变化的因素系统，即诱发、促成和影响犯罪及其过程的因素，包括社会因素、心理因素、生理因素、自然环境因素以及文化因素等；另一类是影响犯罪存在和变化的因素，即促使犯罪产生和发展的各种因素，是犯罪变化的第二位原因，它们本身并不产生犯罪，但却对犯罪的产生起促进、加强、保证和提供便利等作用。前文分别探究了农民工犯罪、城市贫困群体犯罪、农村贫困群体犯罪的原因，不同群体犯罪都有各自的原因，即个性原因，但农民工、城市贫困群体、农村贫困群体在社会中都处于弱势地位，所处的境况都十分相似，其犯罪的原因具有共性，表现在宏观原因和微观原因两个方面。

一、社会性弱势群体犯罪的宏观原因

社会性弱势群体犯罪的宏观原因包括社会转型时期社会矛盾加剧，社会性弱势群体的利益表达机制不健全，发泄途径不畅通，产生仇恨心理，相关法律不健全；经济发展不平衡，造成社会性弱势群体结构性失业；社会分配不合理，贫富差距过大，城乡二元结构的存在。

（一）社会转型时期社会矛盾加剧，社会性弱势群体的利益表达机制不健全，发泄途径不畅通，产生仇恨心理

社会转型是由传统的社会发展模式向现代社会发展模式转变的历史过程。当前，我国社会进入了一个新的加速转型时期，社会转型的速度、广度、深度和难度都是前所未有的。在加速转型过程中，快速的社会分化和社会流动性使社会结构复杂化、多样化、许多潜在的社会冲突不断受到刺激，呈现出新的特征。其最突出的是社会性弱势群体的利益表达机制不完善，导致其犯罪。

1. 社会性弱势群体在利益表达机制认识上的误区及能力有限

对于所有社会成员而言都应有利益表达意识，在公共政策制定中，每个社会成员都有向政策制定者表达自己利益的想法与诉求的愿望。在社会关系

---

〔1〕　参见许章润主编：《犯罪学》，法律出版社2007年版，第132页。

结构中，受传统的政治文化因素的影响，我国社会性弱势群体对利益表达机制关心不够，对政治漠不关心，在政策的制定中处于消极被动的状态。他们好像觉得制定政策事不关己，由于社会性弱势群体的利益表达意识薄弱及文化水平较低，导致他们不能主动将自己的想法及需求通过利益表达渠道表达出来，这就影响了对政策制定的全盘考虑及政策输入的有效运行，最终导致社会性弱势群体的利益受损。由于社会性弱势群体在利益表达上的能力也有限，因为他们所受的教育有限，文化水平普遍不高，即使有利益表达的机会，他们也不知道该通过怎样的渠道去表达，有的人甚至不知道向谁表达，这就为利益表达渠道不通畅奠定了基础，为犯罪埋下了种子。

2. 社会性弱势群体的利益表达渠道不畅通

利益表达是指各种社会阶层，通过一定的渠道和手段，向各级政府、执政党和社会组织表达自己利益的诉求，以使公共政策的制定得到影响。利益表达的机制是允许社会成员通过正常合法的渠道表达自己利益诉求的制度。信息输入政策系统的关键是利益表达渠道畅通，若利益表达渠道受阻，公共政策的制定就无法完全代表社会性弱势群体的意志。目前，我国社会性弱势群体的利益表达渠道正面临着这样的困境。

我国正处于社会转型时期，社会性强势群体占据着许多社会资源，处于有利的社会地位，在多方面具有话语权。而社会性弱势群体在社会中所处的地位较为弱势，占据的社会资源有限，在社会中处于边缘化的地位，表达受阻，表达渠道不畅通。

社会性弱势群体的利益表达渠道不畅通，他们的物质生活又相对贫乏，有的连最基本的生活保障都没有，其精神生活同样贫乏，生活圈子不大，对社会与生活失去了信心，发泄路径受阻，逐渐发展到仇恨社会，因一点小事而引发出报复社会的倾向，最终走上犯罪的深渊。更甚者会引起群体冲突事件，[1]例如2008年贵州瓮安事件、甘肃陇南事件、云南孟连暴力冲突事件。[2]

（二）经济发展不平衡，结构性失业，城乡二元结构体制的影响

经济发展不平衡，结构性失业也是导致社会性弱势群体犯罪的原因之一，

---

〔1〕　参见李永宪、陈晋胜："关于群体性事件的理性思考"，载《晋阳学刊》2004年第1期。

〔2〕　参见陈新玲："新时期群体性事件的分析"，载《政府法制》2007年第8期。

只有找准犯罪原因，才能准确制定治理措施。

1. 经济发展不平衡

经济发展不平衡主要表现在城乡经济发展不平衡和地区经济发展不平衡两个方面。城乡经济发展不平衡包括：一是城乡经济结构发展不平衡。我国实行的是工业优先的发展战略，在以工业为中心的发展战略下，农业和农村处于辅助地位，这样就造成城乡经济结构发展不合理，农民辛辛苦苦种出来的粮食始终卖不出好价钱，在一定程度上导致贫困，从而引发犯罪。二是城乡居民收入差距大。据有关资料显示，在1957年，我国城镇居民与农村居民的收入之比为3.23：1，到了改革开放之后，我国农民的收入虽然迅速提高，但城镇居民的收入与农村居民的收入之比进一步扩大，在2007年，两者之比为3.32：1；在2009年，两者之比为3.33：1，城镇居民与农村居民的收入差距进一步增大，农民的收入不及城镇居民的收入，其生活质量完全不能相比，使农民逐渐丧失务农的积极性，要么进城务工，要么选择其他方式赚钱养家糊口，在这些生存形式中，有的靠合法途径赚钱，有的用非法手段谋生，最终走上犯罪道路。[1]就地区经济发展不平衡而言，存在东部地区与中部地区、西部地区之间的差异，省城与县城之间的差异。地区之间的经济发展不平衡，但就从居民的收入方面就可以看出，发达地区的居民收入与欠发达地区居民的收入差距有逐渐拉大的趋势，这个收入差距不仅仅是几千元，在2000年两者的收入相差15 975.3元，再看城市下岗职工及贫困群体，他们的收入与前者相比，差距更大，这些城市贫困群体有的连最基本的生活保障都不能解决，他们要生活，他们要穿衣，他们要看病，他们要养老，他们还要住房，当通过合法手段不能解决问题时，这些城市贫困群体只有通过非法手段来谋求生路，最终走上犯罪道路。从农村居民的人均收入来看，从2000年的4 222.21元提高到2009年的9 477.5元，但与城镇居民的人均收入差距还在不断扩大。这些农民工、农村贫困群体与城市贫困群体面临同样的问题，都是由于经济问题，收入不高，引发贫困，都需要解决生存和发展问题，若选择不法手段，最终将走上犯罪的道路。[2]

---

〔1〕　参见吴江：“运用财政措施调节城乡居民的收入差距”，复旦大学2006年硕士学位论文。

〔2〕　参见李晶、郭立文：“中国人类发展的区域差距和空间格局分析”，载《统计与决策》2013年第23期。

由于地区经济发展不平衡导致城乡之间的差距越拉越大，导致城市的流动人口大量增加，他们在城市面临着生存、失业、子女入学等问题，从而成为社会性弱势群体，由于经济问题导致的贫困，促使他们不择手段地去赚钱，最终走上犯罪道路。

2. 结构性失业

我国正处于社会转型时期，结构性失业也是引发社会性弱势群体犯罪的一个重要原因。结构性失业是由于经济产业的变动，使劳动力市场的结构特征与社会对劳动力的需求不相吻合。即市场上的劳动力所具有的劳动技能与实际需要的劳动力不匹配，现有的劳动力不适应社会发展的需要，"英雄无用武之地"而导致的失业。[1]例如，由于技术发生重大变化，一部分劳动力缺乏新技术，不适应新工作的需要，而被解聘，导致失业，这也是弱势群体犯罪的原因之一。

随着改革开放的不断深入，有些部门压缩规模，而有的部门发展速度较快，需要扩大规模，必须招收新员工，对员工的性别、年龄及户籍都作出了特别的规定，这种状况也会造成结构性失业的产生，于是出现用工单位与工人之间存在矛盾，一方面有工作没人干，另一方面有工人没有工作可干。[2]这种矛盾经常出现，具体表现为：第一，社会性弱势群体技能素质偏低，在市场就业的竞争能力偏弱。从农村来到城市的农民工及下岗人员、城市贫困群体，他们的劳动技能低下，或者根本没有技能，寻找工作的难度特别大，即使经过培训，还是不能从根本上解决社会性弱势群体就业的问题，这些社会性弱势群体很难适应社会的发展，为了生存，他们可能会去偷盗、抢劫及诈骗，最终走上犯罪道路。[3]第二，技术进步及知识经济的发展导致社会性弱势群体失业，沦落为犯罪人。随着科技的不断进步，对劳动力的要求提高，新技术、新产业的就业人数急剧增长，对不具有新技术的劳动力必然要进行淘汰，这就要求包括社会性弱势群体在内的劳动力必须充电，否则面临被淘汰的危险。

---

〔1〕 参见严燕飞："结构性失业的概念界定及类型研究"，载《山东教育学院学报》2003年第5期。

〔2〕 参见李培林、张翼、赵延东：《就业与制度变迁——两个特殊群体的求职过程》，浙江人民出版社2000年版，第56页。

〔3〕 参见成学真、王超："我国结构性失业的现状、原因及对策"，载《经济纵横》2005年第5期。

3. 城乡二元结构体制的影响

城乡二元结构是我国经济社会发展的一个严重障碍，主要表现在城乡居民户籍制度障碍、资源分配制度的不公以及其他问题。城乡二元结构已成为我国经济社会发展的严重障碍，似乎已成为共识。由于城乡二元结构的问题得不到解决，不仅会导致城乡社会分化，甚至连城市自身的发展也会失去支撑和依靠。城乡二元体制是以二元户籍制度为核心，以粮食供给制度、就业制度、住宅制度、人才制度、生育制度、社会福利保障制度、教育制度、公共事业投入制度为依托而形成的一种体制。[1]新中国成立以后，优先发展工业，农业支持工业的大环境下，城乡二元结构体制就是在适应这种需要的形势之下诞生的。随着社会的发展，城乡二元结构体制不再适应社会发展的需要，严重阻碍了农村居民的发展，其影响表现在以下几个方面：

（1）城乡二元结构体制限制了农村人口向城市的正常流动。由于城乡二元结构体制的存在，减少了农村劳动力向非农产业及城市转移的机会，特别是城乡二元结构体制中的户籍制度，由于户籍制度的限制，造成了农民工、农村贫困群体显得相当弱势，例如农民工的劳动条件差、工资待遇低、工伤事故多发、拖欠农民工工资现象严重，农民工维权难、其子女上学难。目前虽然已取消农业户口，打破了农业与非农业的界限，试图从根本上改变农民的身份与地位，但由于受城乡二元结构体制的影响，现在短时间解决农民身份问题还有一定的难度。彻底打破原先的户籍制度政策，可能面临着农村劳动力涌入城市的问题，而目前的社会保障制度暂时还无法满足需要，给城市管理及社会稳定将带来沉重的压力。由于城乡二元结构体制的存在，导致农民工及农村贫困群体的权利和需求不能得到满足，给农民工及农村贫困群体犯罪埋下"祸根"。

（2）城乡二元结构体制导致农村发展更加缓慢，增加农民负担。我国在实现工业化的过程中，农业支持工业，农村支持城市的思路，这实际上是对农民利益的剥夺，削弱了农业经济发展的自我能力。国家将资金、政策等向城市倾斜，向工业倾斜，以有限的财政收入为城市居民提供了较好的福利，使他们在教育、医疗、住房、就业、养老等方面有保障，而农村地区缺乏政策与资金的支持，这些农村贫困群体要生活、要吃饭，他们不能与城市居民

---

〔1〕 参见周晓红主编：《中国社会与中国研究》，社会科学文献出版社2004年版，第115~117页。

享受同等待遇，就会产生嫉妒、甚至是仇恨心理。当他们获得合法利益的渠道受阻时，他们可能通过非法渠道去获取利益，例如抢劫、盗窃、诈骗等。[1]

（三）社会性弱势群体的机会梗阻

机会是指社会成员获得某种社会资源的可能性，机会对于任何人来讲，非常重要，有机会就可能占据资源，此处所讲的资源包括经济资源、文化资源等，机会决定着社会的公平程度，对于个体来讲，机会包括教育、就业、医疗、生活保障等机会，习近平同志在十九大报告中指出现阶段我国社会的主要矛盾是人民日益增长的美好生活需要和不平衡不充分的发展之间的矛盾。美好生活是指学有所教、劳有所得、病有所医、老有所养、住有所居。这五个方面为一般社会成员所不能缺少的，优势群体占有优质的社会资源，具有充分的话语权，当然具有较好的机会，对于社会性弱势群体而言，由于处于被边缘化的地位，在教育、就业、医疗、养老、住房这五方面享有的机会与强势群体不平等。

第一，教育机会。在现代社会，教育是一个人获得好的职业或职业发展的基础条件，对于一个人来讲，教育是一个人发展的基础条件，社会性弱势群体在教育机会上的不平等，主要表现在入学机会、教育过程、教育结果上。在入学方面，西部地区与东部、中部地区的差别较大，西部地区远远落后于东部、中部地区。农村和城市的差别也很大，农民工的子女、城市贫困群体的子女、农村贫困群体的子女就入学问题和在当地参加高考的问题被炒得热火朝天，到目前为止该问题还是没有得到实质性的解决，在高等教育入学问题上差别很大。在教育过程中，社会性弱势群体受到的不平等待遇更加明显，就对教育的投入来讲，东部、中部地区政府对教育的投入是西部地区的好多倍，投入不同，必然会带来师资和教学条件的不同，享受的教育资源也不一样。社会性弱势群体的子女享受的教育资源与强势群体的子女所享受的教育资源是不能比较的。在教育结果上，单从就业方面基本上可以看出两者之间的差距，据调查家庭背景较好的子女就业普遍较好，工种及工作条件比社会性弱势群体的子女要好，社会性弱势群体的子女很难顺利就业，甚至毕业就失业。

---

[1] 参见刘爱娣、伍玉林："农民弱势群体成因及对策研究"，载《世纪桥》2004年第2期。

第二，就业机会。社会性弱势群体享受的教育程度及质量远远比不上强势群体，因此在就业的起点上就输给强势群体，社会性弱势群体很难跨过一些条件优越、薪酬较高的工作岗位的门槛。在现实中，一些较好的用人单位在招聘高校毕业生的时候只到重点院校去招聘，一般本科院校根本不过问，很多社会性弱势群体的子女连一个施展自己才华的最基本的公平的舞台都没有，在就业的第一步就输给强势群体的子女。在待遇上社会性弱势群体与强势群体的差别很大，仅仅一个月的收入，强势群体是弱势群体的好多倍，最低收入一般都是社会性弱势群体。社会性弱势群体还面临着被拖欠工资、压低工资、克扣工资等现象，社会性弱势群体因讨要工资而跳楼自杀的事例曾发生过，因讨要工资而杀死老板帮手造成犯罪的事例也不少。社会性弱势群体在工作中时常受到欺负、殴打、体罚，甚至拘禁，还有更极端的老板把工人关进猪笼里，不准上厕所等，还有的被签"生死合同"，造成灾难多发、工伤多发、职业病多发。社会性弱势群体在就业上所遭受到不平等的待遇，会使他们感觉到被社会冷落，看不到希望，他们有可能憎恨社会、报复社会，从而走上犯罪道路。

第三，医疗机会。近几年，尽管国家对医疗保障投入的力度很大，下了大力气。但从总体上看，城乡医疗保险的覆盖率还不高，特别是相当一部分弱势群体未能享受医疗保障，与全面建设小康社会、人人享有基本医疗保障的目标还有很大的差距。部分城市贫困群体缺乏相应的医疗保障制度，特别是一些下岗职工的参保率仍然不高。个别城市困难企业职工的参保率更低。城市农民工及其他流动人口的医疗保障问题越来越突出，由于多种原因，进城农民工尚未被完全纳入城镇医疗保障体系之中。相当一部分农村居民无基本医疗保障，国家近几年加大了农村合作医疗的推进力度，但由于多方面的原因，一直未能从根本上解决农民的医疗保障问题。目前，我国医疗保障制度尚处于起步阶段，各地均进行了一些有益的探索。但从总体情况看并不理想，主要表现在缺乏资金来源渠道，制约了对弱势群体的有效支持与及时帮助。

第四，养老机会。谈到养老问题主要涉及农村留守老人，很多人生活特别简朴艰难，居住环境差；或承担着繁重的体力劳动；或担负着抚养、教育孙辈的重任；甚至遭遇排斥，闲暇时无处可去。因为我国城乡二元制结构的长期存在，农村和城市经济发展不均衡，再加上农村 20 世纪 80 年代的农村体制改革释放出大量的农村劳动力，导致大批农村青壮年甚至中老年人口大量涌入城市务工，而使传统的农村养老形式发生改变。留守老人的养老问题和心理问题像留守儿童一样受到广泛关注。最能为老人接受的养老方式便是家庭养老，但因为年轻人进城务工，家庭养老几乎成为奢望。在广大农村经常看到年迈的老人拉扯着年幼的孩子孤独生活，他们的身体和心理都承受巨大压力，城市贫困群体也一样。不管是农村的老年人，还是城市贫困群体中的老年人在养老上面临这样的问题，经济供给不足，生活照料欠缺，精神慰藉缺失，权益保障堪忧，距离老有所养还很远。

第五，住房机会。社会性弱势群体由于弱势地位，从收入来看其是不具备在房地产市场上进行正常的住房购买能力，并且也很少有能力在将来的日子里用自己收入改变住房条件。他们在社会的政治、经济、生活各项领域里都处于弱势群体，他们相对于强势群体而言没受到社会的公正对待。而这一现实不可避免地使他们的心理承受能力更加脆弱，成为社会结构的薄弱地带。随着社会矛盾的加剧，弱势群体的经济压力和心理负荷，在一定程度上加剧了矛盾，影响其生存，社会风险也会随之扩大。

（四）社会保障制度不完善、不健全，收入分配政策不合理导致贫富差距过大

我国社会保障制度不完善、不健全，收入分配政策的不合理导致社会的贫富差距过大，也是造成社会性弱势群体犯罪的原因之一，因此加强我国社会的保障制度建设，调整分配政策。

1. 社会保障制度不完善、不健全，导致社会性弱势群体犯罪

一个社会的保障制度是否健全关系到一个社会的稳定与否，因此社会保障制度是一个社会的"安全网""调节器"。改革开放以来，我国社会的保障制度建设取得了长足的发展，城镇和农村的社会保障体系覆盖面积不断扩大，保障水平不断提高，国家加大了对社会保障的支持力度。但目前我国的社会保障制度还不完善、不健全。

第一，社会保障基金统筹层次不高，管理效率不高，极为分散。目前我国社会保险费用的统筹层次相对较低，虽然国家再三强调和要求各地尽快实现省级统筹社会保险费用。但从实际情况来看，大部分地区以市为单位进行统筹，甚至有的地方是县级为单位进行统筹，我国这种参差不齐的社会保险费用统筹现状就决定了社会保障体系的运行模式，经济条件稍微好点的地方，

社会保障资金较为充足，经济条件不好的地方，其保障资金收缴的难度较大，且我国社会保障制度还未覆盖全体公民。其次，我国社会保障项目的管理效率不高，由多个部门分散管理，造成管理局面较为混乱，"政出多门""乱口子当家"，这不但增加了管理的成本，造成了社会保障工作效率低下。农村的社会保障极低，看病、养老是农民工及农村贫困群体的两座大山，在一些贫困地方，农民患病不就医，因为药费较贵，好多人遇到病就拖，他们的社会保障依然面临着问题。

第二，城乡间、地区间的社会保障制度不统一，社会保障制度基础不稳固，其公平性需要加强。目前我国社会的保障制度在一些环节上还不完善，主要是城乡二元结构体制对农村居民的排斥。国家在农村社会保障制度的建设方面，主要采取的是二元结构的思想，其社会保障制度主要是为城镇居民设计。我国绝大多数都是农民，除了在一些经济发达的农村地区，自己建立了社会保障制度以外，大多数农民没有享受社会保障，多数农民被遗忘和边缘化，所以我国的社会保障制度在城乡间、地区间不统一。[1]目前，政府对于社会保障制度的建设还处于探索阶段，对社会保障的法律地位认识深度不够，在实践中社会保障制度的实施还会受到政府的干预，导致社会保障制度的基础不稳固。在城镇及农村，都还存在"养儿防老"的思想，在农村一些人的参保意识不强，参保短期现象严重，甚至退保的多，财政支持力度不大，实施社会保障制度后，我国贫富间的差距愈演愈大，其公平性不够。

我国社会保障体制的不健全，严重制约着社会保障制度对社会性弱势群体发挥作用，使社会性弱势群体的安全感大打折扣，从深层次意义上说，社会保障制度的健全与否是导致社会性弱势群体犯罪的一个原因。

2. 分配政策不合理导致贫富差距过大也是社会性弱势群体犯罪的原因之一

收入分配对社会性弱势群体有着非常重要的影响，其主要表现如下：

第一，分配政策不合理导致贫富差距过大。我国自改革开放以来，所有制结构出现多样化的趋势，不再是单一制的形式。我国推行了"以按劳分配为主体，多种分配方式并存"的分配制度，打破了自新中国成立后的"大锅

---

〔1〕 参见张春霞："对我国建立农村最低生活保障制度的某些思考"，载《牡丹江师范学院学报（哲学社会科学版）》2005 年第 6 期。

饭"形式，经济出现了腾飞。但这种分配制度的配套法律制度不健全，促使贫富差距在行业间、区域间、社会群体间拉大，导致我国社会利益分化加剧，主要有以下几个方面：由于法制不健全，个别人钻空子获得巨额财产；少数人采用非法手段，偷税漏税、权力寻租、非法经营、投机倒把，瞬间积累巨额的财富；一些垄断企业、一些阶层利用公权力获得垄断地位，赚取高利润，获得惊人的财富，这些企业和阶层没有为国家做出任何贡献，这是社会分配原则的严重扭曲；[1]农民工和城镇贫困群体的合法权益得不到保障，强拆强卖，乱向社会性弱势群体摊牌，拖欠工资现象十分猖獗，还有就是社会性弱势群体的劳动性收入被压低，这些不合理的分配制度造成社会性弱势群体犯罪。[2]

第二，税收调节制度的缺失。合理的税收制度可以起到调节贫富分化、扶助社会性弱势群体的作用。[3]征收高额个人所得税，对缩小贫富差距具有重要作用，有力地抑制了贫富分化，当前我国税收调节机制存在的问题有以下几个方面：首先，税种不全，目前我国还没有设置遗产税、赠予税，各种乱收费和各种不合理的税收而导致社会性弱势群体税负沉重。[4]其次，税制不够合理。以个人所得税为例，随着个人收入的上升，我国个人所得税收入快速上升，征收的起点不合理，绝大多数的中收入者需要缴纳个人所得税，但在税收的过程中，缺乏有效的监督，从而导致偷税、漏税的现象严重。最后，征收、征管不力，逃税现象严重。我国个人信息体系很不完善，无法获取个人收入的整体情况，这给偷税、逃税以可乘之机。[5]偷税、漏税，造成国家税收流失，这种严重的税收流失现象，一方面使一部分财富流失；另一方面，使强势阶层财富急剧扩大，加大了贫富之间的差距。

综上所述，社会性弱势群体犯罪是由于个别不公平的现象造成的，他们的权利被忽视，他们想通过合法、合情、合理的手段去实现自己的目标，维护自己的权利。但通过合法、合情、合理的手段去实现自己的目标是何等的

---

[1] 参见张道根：《中国收入分配制度变迁》，江苏人民出版社1999年版，第30页。

[2] 参见胡静波、李立："我国垄断行业收入分配存在的问题与对策"，载《经济纵横》2002年第11期。

[3] 参见高淑琼："解说中国收入分配调节的五大难题"，载《中共云南省委党校学报》2003年第6期。

[4] 参见许凯："新时代版'均贫富'"，载《经济展望》2005年第10期。

[5] 参见吴忠民："中国现阶段贫富差距扩大问题分析"，载《科学社会主义》2001年第4期。

难。当社会性弱势群体不能通过正常的途径实现自己的目标时，有的人可能通过违法犯罪的手段去实现，有的人可能安于现状，将这个梦永远做下去，还有的人可能用合法的非常规手段去实现自己的目标和梦想。若用代偿理论来解释，如下图所示：

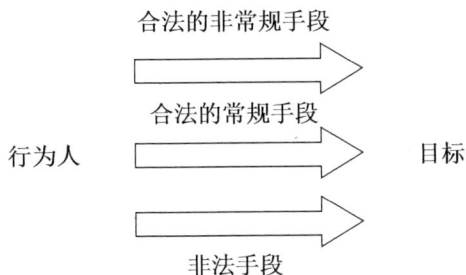

合法的非常规手段

合法的常规手段

行为人　　　　　　　　　　　　　　　　　目标

非法手段

合法的常规手段是社会性弱势群体成员实现其所追求目标的主流通道，承担着广大社会性弱势群体成员脱贫过上体面生活的使命。一旦这一主流通道受阻，行为人便会寻求另外两条非主流渠道：合法的非常规手段和非法手段。合法的非常规手段主要指行为人付出更多以实现自己的目标。非法手段则是指盗窃、抢劫、诈骗等违法犯罪手段。对于社会性弱势群体来说，由于他们的能力有限，难以通过其合法的常规手段去实现自己的目标，结果部分社会性弱势群体便会求助于合法非常规手段或非法手段去实现自己的目标，最终导致其犯罪。

二、社会性弱势群体犯罪的微观原因

从犯罪学的视角去研究犯罪的原因，有宏观原因，也有微观的原因。社会性弱势群体犯罪的微观原因即犯罪人直观表现出来的犯罪规律及特点，是制定社会性弱势群体犯罪治理措施的依据，社会性弱势群体犯罪的微观原因包括犯罪人的人格缺陷、承受能力差、个人能力不足等。

1. 人格缺陷

人格是指人与社会环境对人的影响而产生的一种独特的行为模式、思维模式和情感反应特征，也是区分一个人与另一个人的特征之一。在心理学中，人格一词常被用来表达个性的概念。在我国的心理学百科全书中就有人格是个性的说法。在心理学中，人格是探索个体和个体差异的领域。人格通常包括两部分：性格和气质。人格是一个人稳定个性的心理特征，表现在人对现实的态度和相应的行为模式，从本质、性格、气质等方面表现出人的性格特征。气质是指人的心理活动和行为模式的特点，给性格光泽。同样是热爱劳动的人，可是气质不同的人表现就不同：有的人表现为动作迅速，但粗糙一些，这可能是"胆汁质"的人；有的人很细致，但动作缓慢，可能是"黏液质"的人。气质和性格这样构成了人格。犯罪人格主要是指个体在社会化过程中形成的自私、冷酷、残暴、缺乏道德和法纪观念、行为冲动等具有反社会倾向的不良个性心理特征。犯罪人格是指具有严重反社会倾向的，能够导致犯罪行为产生的特定的身心组织，胡学相教授认为犯罪人格至少包括认识偏差、需要偏差等内容，犯罪人在认识上与社会的主流价值相左，对社会充满敌视和仇恨的态度，没有一点责任心。在犯罪人格构成中，需要偏差所占的位置很重要，它促使行为人实施犯罪，是犯罪人实施犯罪的动力因素。在社会中，一部分人由于受挫，感觉到人活着没有意思，没有出路，用杀人来发泄心理的积怨，这类人就是人格缺陷。

对社会性弱势群体犯罪中的犯罪人进行人格分析，40%左右的犯罪人的人格都有问题，他们中多数人性格偏激、孤僻、傲慢、脾气暴躁、心胸极为狭窄，正宗的"一根筋"。他们说话、做事与常人不一样，容易钻牛角尖，对这些人来讲，要么不出事，若出事，一般都干出的是惊天动地的大事。这些人对社会的适应能力特别差，通过正常的途径不能实现他的价值，通常采取极端行为去实现他们自己认为非常有意义的价值，这是一种被严重扭曲的人格缺陷行为模式。在社会性弱势群体犯罪中，还有一部分犯罪人情感反应强烈，与周围的人关系紧张，容易脱离群体生活，处理最简单的人际关系都成问题，与自己的父母沟通交流成问题，动辄要杀人。四川通江激情犯陈某就是一个很好的例子，陈某平常性格暴躁，谁的话都听不进去，喜欢赌博。其母亲经营一家餐馆，陈某三天两头参与赌博，没钱向母亲索要，母亲不给，陈某一怒之下，用铁铲将其母亲削成半个脑袋。陈某在常日里性格孤僻，少与人交往，酿成惨案，属于典型人格缺陷的例子。

其次，社会性弱势群体犯罪中的犯罪人人格缺陷表现在极端个人主义，"以牙还牙、以眼还眼"的报复观，是非分不清等。熊某让雇工王某、龙某来吃早饭。熊某喝了1斤白酒，7时许，他用凶器将王某和龙某砸死。约7时30分，熊某以清理废品为由，将同村妇女丁某骗至厨房将其锤杀。8时30分许，熊某以请吃早饭为由骗来雇工张某，将其锤杀。9 时 30 分许，熊某以清理废品为名请来妇女徐某，将其杀死在厨房。14 时许，熊某为掩盖罪行，将村民阖某杀害。次日凌晨零时许，熊某先后杀死女友朱某及其 2 岁的孙子。导致熊某杀人的因素有经济因素、情感因素等，最重要的因素就是性格偏激，他对社会的适应性不高，与哥哥、同学、其他朋友的关系都不好，说话、做事容易使他人生气，他杀人后一点都不后悔，这也是人格缺陷的典型例子。人格缺陷也是社会性弱势群体犯罪的一个典型例子。

2. 承受力差

我国社会正处于社会转型时期，在这种非常时期必然会出现新生事物、新的思想及新的行为方式。社会公众毕竟对传统的事物已经习惯，对新事物无法立刻接受，会产生抵触情绪，接受新事物、新思想、新的行为方式都会经历一个过程，难免会产生焦虑的心理。社会性弱势群体由于自身的地位和弱势情形，注定要比强势群体承受着更多的压力和担忧，社会的风险和矛盾更容易在其身上爆发，从而对社会稳定构成威胁。但我们也不能说，在具体的社会管理活动中，"平等对待"是没有错的。我们只能说，在公共政策和社会制度的安排中，有关部门没有特别考虑社会性弱势群体的心理承受能力，真正的社会正义尚未实现。在这方面，我们的公共政策安排是否有这样的意识，例如在我们决定禁止"老爷车"营运之前，是否应该考虑残疾人的生存状态？政府、社区以及公共政策的制定和实施是否应该向类似该案件中的弱势人群倾斜？换句话说，在我们的社会中是否有一股力量可以治愈弱势人群的无助和不快乐？我们是否真的考虑或者高估社会性弱势群体承受打击的能力？最后，仍然是对"社会正义"的呼唤。公平是不平等的，社会正义的关键是优先保护社会性弱势群体。

这些案件告诉我们，公共政策的制定及实施应该考虑到社会性弱势群体的心理承受能力。今天，这是一个非常重要的社会问题。缺乏必要的和充分的社会保障，忽视了社会性弱势群体的心理承受极限，很可能导致他们对社会的消极态度甚至报复，导致社会性弱势群体走上犯罪的道路，从而酿造出不应有的悲剧。

3. 个人能力不足

由于社会性弱势群体的文化水平、技术素质较低，使他们在竞争中处于弱势地位，大多数人在就业前缺乏培训，只能从事技能简单、待遇低下、环境恶劣、工资待遇非常低的工作，有时连吃一顿饱饭都成问题，这迫使他们犯罪。

综上所述，人格缺陷、承受能力低下、个人能力不足是社会性弱势群体犯罪的微观原因，只有找准其原因，根据原因探究其治理措施。

本章小结

引发犯罪的原因，既不是单一的因素，也不是不分层次的多元性因素的简单集合，而是由多种犯罪因素有机组成的原因系统，是一个有序的结构，其构成因素呈若干层次或等级。社会性弱势群体犯罪既有宏观原因也有微观原因。社会性弱势群体犯罪包括农民工犯罪、城市贫困群体犯罪、农村贫困群体犯罪。本章从分析农民工犯罪、城市贫困群体犯罪、农村贫困群体犯罪的个性原因，从而探究出社会性弱势群体犯罪的共性原因。农民工犯罪是由农民工利益表达机制不健全、文化程度低、社会支持系统的缺失、城乡二元社会政策的影响、社会保障制度不足等因素造成的；城市贫困群体犯罪受社会环境因素、个体因素影响；农村贫困群体犯罪是由利益表达机制的缺失、贫富差距过大、社会保障不足、文化程度不高等因素造成的。由农民工犯罪、城市贫困群体犯罪、农村贫困群体犯罪的个性原因，可以总结出社会性弱势群体犯罪的共性原因，主要包括：社会转型时期社会矛盾加剧，社会性弱势群体的利益表达机制的不健全，发泄途径不畅通，产生仇恨心理；经济发展不平衡，结构性失业，城乡二元结构体制的影响；社会保障制度不完善、不健全，收入分配政策不合理，贫富差距过大等因素。对社会性弱势群体犯罪的原因进行探究，旨在有针对性地寻求社会性弱势群体犯罪的治理对策。

第四章

社会性弱势群体犯罪治理理念与治理政策

　　理念是人类社会理想的、永恒的、精神性的信念、思想和原则。研究社会性弱势群体犯罪治理理念，对社会性弱势群体犯罪治理策略的选择，以及社会性弱势群体犯罪治理对策的探究等方面具有重大的指导性意义。社会性弱势群体犯罪在一定意义上是由于其权利得不到保障，导致其处于弱势地位引起的，所以对于社会性弱势群体犯罪治理要体现公平、人本主义、禁止歧视，倾斜保护及权利保障等理念。

　　犯罪问题与公共政策之间的关系非常密切。从犯罪原因、犯罪预防的角度来审视，公共政策对犯罪的影响巨大，公共政策的好与坏及其实施的效果、犯罪的规模与结构成正比，在现代社会更是如此。[1]当犯罪愈演愈烈，成为一个严重的社会问题时，政府就应该高度重视，并通过相应的政策来进行治理和调控，犯罪问题是影响公共政策的制定和实施因素之一，它反作用于公共政策。实际上，犯罪问题就是一个公共政策问题，从犯罪治理策略上来讲，好的公共政策问题就是好的犯罪治理对策。[2]从社会性弱势群体犯罪情形来看，在治理策略上以"严打"为主，固然"严打"政策有其合理性，但也有其不足，造成"严打"越烈，社会性弱势群体犯罪的情形越严重。在社会性弱势群体犯罪的治理政策上，应采取以"社会支持为主，'严打'为辅"的治理方式才是合理的选择。

---

〔1〕　参见许福生：《刑事政策学》，中国民主法制出版社 2006 年版，第 118 页。
〔2〕　参见许福生：《刑事政策学》，中国民主法制出版社 2006 年版，第 120 页。

第一节　社会性弱势群体犯罪治理理念

当前我国正处于社会转型时期，社会性弱势群体犯罪的形势严峻。社会转型时期社会矛盾加剧，社会性弱势群体的利益表达机制的不健全，发泄途径不畅通，产生仇恨心理；经济发展不平衡，结构性失业，城乡二元结构体制的影响；社会保障制度不完善、不健全，收入分配政策不合理，贫富差距过大等因素，导致社会性弱势群体犯罪。社会性弱势群体的权利得不到保障，使他们处于社会最底层，其地位非常弱势，对其犯罪治理要体现公平、人本主义、禁止歧视，倾斜保护及权利保障等精神。

一、公平理念

公平是一个历史的范畴。在历史发展的不同阶段上公平要求的具体内容是不尽相同的，但是构成公平观的基本方面即公平的基本含义是相同的。依据《现代汉语词典》，公平是指处理事情合情合理，不偏袒哪一方面。[1]我国学者张智辉认为公平就是必要、合理和平等。[2]

公平与正义、平等以及公正等概念相近，要准确把握公平的含义，需要正确认识它们之间的相互关系。公平在多数语境下是与正义共用的一个概念。"公平正义"在社会主义法治理念体系当中，居于基本价值取向地位。关于公平与正义的关系，有如下几种观点：（1）公平即为正义，二者含义相同。（2）公平是正义的下位概念。如我国台湾学者颜素霞认为公正、公平与平等是正义的三要素或三种表现形式。（3）公平与正义是相区别的概念。我国学者周雪峰认为，公平就其本质而言是指利益分配问题，强调的是不偏不倚；而正义本质上是善的，正义的目的是不伤害任何人。公平的不一定就是正义的，正义是比公平具有更高道德基础的价值原则。[3]公平与正义关系密切，公平是正义的前提和基础，正义是公平的要求和体现。二者多数情况下是重合的，但不能排除出现二分的情形，公平在社会制度中有时会产生并不正义

---

〔1〕　中国社会科学院语言研究所编辑室编：《现代汉语词典》，商务印书馆2014年版，第451页。
〔2〕　参见张智辉："论刑法的公平观"，载《法学家》1994年第1期。
〔3〕　参见周雪峰："社会主义法治理念的公平正义观"，载《武汉科技大学学报（社会科学版）》2010年第3期。

的结果，而不公平的社会制度有时也会产生正义的影响。

公平与公正虽词义相近，含义还是有所区别的。弗兰克纳认为，公正就是给予人们应得的奖赏或按其价值给予奖赏；公正就是平等待人，即把善恶平等地分配给人们的意思，也许惩罚的情形除外；公正就是按照人们的需要、能力或两者来对待人们。根据《牛津法律大辞典》的解释，公正是公平的一个方面，是法官和执法官所应有的品质。[1] 它意味着平等地对待争议的诉讼两造，不偏袒任何人，对所有的人平等和公正地适用法律。[2]

公平与平等含义亦有所区别。日本学者高坂健次在论及公平社会与平等社会时，将公平和平等组合，认为理想的社会形态应当是既平等又公平；按劳分配的社会次之，公平但不平等，此两种情形，社会能够容忍。平均主义的社会平等但不公平，居于第三层次；两极分化的社会既不公平也不平等，此两种情形，社会不能容忍。[3]

综上，公平是一个能与正义、平等及公正等相区别并且具有自身独特价值的概念，是指全体社会成员在利益矛盾和冲突中，经过合理权衡而实现的利益和责任适当分配的理想状态。

对社会性弱势群体犯罪治理需要体现公平理念。公平与法的关系是极为密切的。徐显明教授认为，利益、自由、秩序、效率作为社会价值之一部分，固然为社会发展所必需，但都不能作为社会的终极价值准则，它们最终都要受公平正义这一基准的评判和检验，它们中的任何一项都不具有超越社会公平正义价值的能力。[4] 可见，公平是法所追求的永恒价值目标。同时，法是实现公平的可靠保障。任何时期的法律都是以保障公平、促进公平的发展为最终目标的。一方面，法律将人类实践中积累的公平观念、公平准则制度化，从而使权利的公平分配、义务的公平负担有法可依、有章可循；另一方面，将法定的公平制度推及人类生活的各个领域，必然会促进公平的进步与发展。当出现冲突与纠纷时，法律又为公平地解决这些冲突与纠纷提供了应循的规

---

〔1〕　参见［英］戴维·M. 沃克：《牛津法律大辞典》，北京社会与科技发展研究所译，光明日报出版社 1989 年版，第 498 页。

〔2〕　参见［美］威廉·K. 弗兰克纳：《善的求索——道德哲学导论》，黄伟合等译，辽宁人民出版社 1987 年版，第 105 页。

〔3〕　参见［日］高坂健次、李为："从社会阶层看战后日本社会变动——当代社会结构变化分析的一种方法"，载《东南学术》2000 年第 2 期。

〔4〕　参见徐显明："公平正义：当代中国社会主义法治的价值追求"，载《法学家》2006 年第 5 期。

则，这就从法定形式上保证了公平的权威性。

二、人本主义理念

人本主义，在现代西方哲学中，通常与"科学主义"在相对立的意义上使用，泛指一种以人为出发点、以人为尺度和以人为目的的哲学思潮。拉蒙特的观点具有代表性："人本主义不外是这样一种主张，即认为人生只有一次，人们应当利用它进行创造性的工作和追求幸福，人的幸福本身就是对它自身的确证，而不必通过超自然的途径去寻求许可和支持。"[1]可见，人本主义的基本价值是以人为本，尊重人的尊严、价值和意义。

早在古希腊，普罗泰戈拉就提出了"人是万物的尺度"的观点，[2]亚里士多德更是提出了"人是理性的动物"这一哲学命题，认为人的本性在于理性。及至近代，随着资本主义生产方式的确立，社会贫富分化加剧，人本主义注入了同情弱者的内容，如亚当·斯密指出，这些人由于自己所处的特殊处境——有的非常幸福，有的则十分不幸；有的富裕而有权力，有的则贫穷而可怜——而显得与众不同。地位等级的区别、社会的安定和秩序，在很大程度上建立在我们对前一种人自然怀有的敬意的基础上。人类不幸的减轻和慰藉，完全建立在我们怜悯后一种人的基础上。[3]康德作为近代人本主义思想的集大成者，认为人是感性和理性的双重存在者，人的本质是自由，人本身就是目的，你须要这样行为，做到无论是你自己或别的什么人，你始终把人当成目的，总不把他只当做工具。[4]之后的费尔巴哈将人性与理性结合，实现了理性主义和人道主义的统一，如果旧哲学说，只有理性的东西才是真实和实在的东西，那么新哲学则说，只有人性的东西才是真实的，实在的东西，因为只有人性的东西才是有理性的东西，人乃是理性的尺度。[5]

现代西方人本主义强调个体的具体生存及其意义，注重个体内在体验，

〔1〕 ［美］科利斯·拉蒙特：《人道主义哲学》，贾高建等译，华夏出版社1990年版，第13页。

〔2〕 参见周辅成主编：《西方伦理学名著选集》（上卷），商务印书馆1996年版，第27页。

〔3〕 参见［英］亚当·斯密：《道德情操论》，蒋自强等译，商务印书馆1997年版，第282页。

〔4〕 参见［德］康德：《道德形而上学探本》，李秋零译著，商务印书馆1959年版，第43页。

〔5〕 参见［德］路德维希·费尔巴哈：《费尔巴哈哲学著作选集》（上卷），荣震华、李金山译，生活·读书·新知三联书店1959年版，第181页。

认为只有个体的人才是真实的，只有现实生活中认识活生生的具体个人，才能揭示人生的意义，提高人的价值和尊严。在现代人本主义看来，弱者同样具有人的本质，同样具有人类的共同需求和尊严，对社会性弱势群体的关爱，体现人类基本的价值取向和理想追求。[1]在现代西方人本主义的各个流派中，杜威的实用主义人本观具有代表性，他主张尊重人的人格和尊严，重视人对社会最根本的价值，社会必须为个人而存在，或个人必须遵循社会为他所设定的各种目的和生活方法，或者社会和个人是相关的、有机的、社会需要个人的效用和从属，同时需要为服务于个人而存在，没有强而有为的个人，构成社会的绳索扭结就没有东西可以牵缠得住。[2]

在我国古代的传统思想中，与西方人本主义相对应的是人贵论和仁爱思想。前者，如孔子提出："天生万物，唯人为贵。"[3]孟子则主张："民为贵，社稷次之，君为轻。"[4]后者，如孔子的"仁爱"思想、孟子的"仁政"思想以及墨子的"兼爱"思想等。这些思想虽有人本主义的萌芽，但由于以宗法等级制为基础，只注重人的整体价值而忽视人的个体价值，因为与西方人本主义有着极大的差别。对社会性弱势群体犯罪的治理需要体现人本主义理念。人本主义作为一种价值和方法论，在世界范围内对各种思潮的社会科学产生了深远的影响，法律也受其影响。从法律理论来看，法律调整社会关系，而社会关系的主体是人，所以法律必须以人为本。在当今世界所有国家法律的精神、原则和法律制度的构建都是基于人类的需要和幸福为出发点，都体现了人文精神和人本主义情怀，所以人本主义是现代法律的基本精神和价值蕴涵。[5]法律之所以对人们有意义，是因为它包含了人的价值和尊严。法律尊重和维护人的尊严和价值，而不是冷漠和剥夺。[6]根据李步云先生的观点，现代人本主义的科学内涵包括：人的价值高于一切；人是目的，不是手段；人是发展的主体；促进人的全面发展；倡导和展示人性；坚持人类独立；尊

---

〔1〕　参见余少祥：《弱者的权利——社会弱势群体保护的法理研究》，社会科学文献出版社2008年版，第233页。

〔2〕　参见［美〕杜威：《哲学的改造》，许崇清译，商务印书馆1958年版，第101页。

〔3〕　引自《列子·天瑞》。

〔4〕　引自《孟子·尽心下》。

〔5〕　参见李永升、陈荣飞："关于人本主义刑法观之探析"，载《江西公安专科学校学报》2009年第4期。

〔6〕　参见程燎原：《从法制到法治》（修订版），广西师范大学出版社2014年版，第202页。

重人类活动；权利优位于义务；权利是建立在权力和尊重以及保护人权的基础上的。他还提出了人本法律观：始终坚持"以人为本"的原则，认真落实"以人为本"的原则，是现代人权的保障和法律制度的基础，是实现社会公平和正义，建设社会主义法治国家是最基本的保证。[1]根据"以人为本"的科学内涵指导社会主义法治建设，可以概括为"法律的人本主义或人本法律观"。"人本主义"的理念应体现在对社会性弱势群体犯罪的治理中。

首先，要认识到人的价值高于一切。我们应该尊重社会性弱势群体中犯罪人的生命、自由和其他基本权利，尽量不使用或少使用刑罚，以避免对他们造成不必要的伤害。[2]正如陈兴良教授所指出的，刑法是一种不得已的恶，正确地使用它，无论是对个人还是对社会都有益。若不正确使用它，个人和社会都会受到影响。因此，必须对刑法可能扩大的使用和滥用要保持足够的警惕。不得已的恶只能不得已而用之，此乃用刑之道也。[3]

其次，人是目的，不是手段。社会性弱势群体犯罪具有复杂的原因体系，不能指望通过严厉的刑罚惩罚犯罪人来解决问题。不分对象、时间、地点、条件，都一概强调"严打"，不仅不科学，而且还不尊重社会性弱势群体中犯罪人的生命和自由。

最后，注重人权保障。摒弃视社会性弱势群体犯罪人为消极的司法客体的观念，实行处遇的人道化，置人的理性与尊严于重要地位。以上诸原则的实现，无疑要以社会性弱势群体犯罪人的非犯罪化、轻刑化、人道化作为方向，实现处罚的从宽。显然，这正是对社会性弱势群体犯罪治理人本主义的集中体现。

三、禁止歧视，倾斜保护理念

社会歧视是社会多种原因所致且是一种综合性的状态。社会歧视与社会的经济、政治、文化等的关系非常密切，其主要是由不平等的因素造成。对于社会性弱势群体来讲，它是被社会的经济、政治和文化体系全部或部分不接纳，被挡在"门外"。因此消除社会歧视是对社会性弱势群体权利保护功能

---

〔1〕 参见李步云："法的人本主义"，载《法学家》2010 年第 1 期。

〔2〕 参见聂隽："人本主义刑法观的意义"，载《安徽工业大学学报（社会科学版）》2004 年第 1 期。

〔3〕 参见陈兴良：《刑法的价值构造》，中国人民大学出版社 1998 年版，第 10 页。

的体现，是对社会性弱势群体提供社会支持，保障自由和平等的权利，为其全面发展提供物质、精神支持的客观要求。社会歧视主要是由经济、社会和文化因素造成的。要保护社会弱势群体的权益，消除经济、社会和文化因素的影响，支持社会性弱势群体，维护其自由和平等的权利，促进其全面发展。反对歧视原则要求我们认真对待每一个人的权利，要严肃认真地对待每一个人的权利和利益。保护社会性弱势群体的权益，保障其免于遭受偏见和歧视。我们应该特别强调为了保护社会性弱势群体的权利和利益，使其应该充分享受其权利和利益而不是完全被剥夺。因此对社会性弱势群体进行保护的时候我们必须要进行某些方面的限制，针对社会性弱势群体的特点有所侧重，在保护社会性弱势群体权利的同时也要尊重多数人的权利。只要社会性弱势群体应该享受的权利和利益得到充分保障，那么在一定意义上预防和遏制他们犯罪具有重要的意义。[1]

作为一种普遍的社会现象，社会性弱势群体犯罪问题的存在是不可避免的，在任何社会都会存在，只是在不同的社会时期，存在形式、规模和影响是不相同的。如何对待和治理社会性弱势群体犯罪，是衡量社会制度优越性的标准之一。只有给予社会性弱势群体特殊的制度与政策，形成全社会共同关心、关注社会性弱势群体的长期机制，为社会性弱势群体的发展提供各个方面的条件，并帮助社会性弱势群体逐渐走上共同富裕的道路，这是社会主义和谐社会与全面建成小康社会的本质要求。所以倾向于保护弱者是实现社会正义，保护自身权益，促进社会福祉的主要手段。因此对社会性弱势群体犯罪的治理，对社会性弱势群体权利保护的立法必须抛弃那种形式上平等的思想，追求社会性弱势群体在实质上享有的平等，采取各种措施来保护社会性弱势群体的权利。因此必须将倾斜保护原则在立法中要贯彻落实，对现实中不合理的制度和做法进行矫正，对于其减少和遏制犯罪也具有现实意义。

四、权利保障理念

我们经常在媒体看到新闻报道，许多有钱的老板恶意欠薪，故意拖欠农民工工资；农民因为未讨到工资而选择了跳楼；农民工因上访问题没有得到

---

[1] 参见余少祥：《弱者的权利——社会弱势群体保护的法理研究》，社会科学文献出版社2008年版，第218页。

妥善的处理与解决，采取自焚的方式与政府对抗；酒后驾车终结了许多无辜群众的生命；煤矿塌陷和矿工被掩埋的安全事故时常发生；黑心的制造商、销售商导致许多食品安全事故发生，威胁着人们的健康和生命。这些事件的当事人值得同情，他们的合法要求不能通过正常渠道解决，当他们的不满聚集到一定程度上就会演变成群体性事件，社会就会动荡不安。如果一个国家、一个社会出现了安全问题，人们的生活和健康受到威胁，人们吃、穿、住、行等问题得不到保障，根本没有幸福可言。目前，我们正处于全面建设小康社会的关键时期，和谐发展和安定团结的小康社会必然是充分保障人权的社会，保护社会性弱势群体的权利不被侵害是一个国家的文明程度的晴雨表，对社会性弱势群体权利的保障是一个国家不容推辞的责任与义务。在不同的时期或不同的国家，社会性弱势群体犯罪问题都始终存在，有些国家对社会性弱势群体权利保障工作做得好，有关法律制度及措施比较健全，相应地社会性弱势犯罪率也相对较低。

现阶段由于贫富差距日益扩大，社会性弱势群体犯罪已成为不容忽视的重要问题。目前社会性弱势群体的数量仍然很庞大。随着我国改革开放的不断深入，产业的调整，出现了大量的下岗职工；因就业形势紧张而未就业或失业的大学生；城市化进程加快导致大量失地生活贫困的农民；涌入城市而生活在城市最底层的农民工，一旦他们成为罪犯，他们可能会被社会抛弃，被亲戚和朋友疏远，很难再融入社会。对被害人而言，当他们被侵犯之后，最糟糕的是他们从物质到精神都会遭受严重的损害与创伤，连他们的亲友都会受到不同程度的影响，还要承担社会的舆论及媒体的曝光。社会性弱势群体经济上贫困，社会地位低下，生理与心理脆弱，精神上受歧视与践踏，法律权利上得不到公平、公正的对待，在社会制度及政策的制定上没有话语权，在社会赔偿上处于不利地位。

随着贫富差距的扩大，社会财富越来越集中在少数人手中。大量社会弱势群体的存在，加剧了社会的不稳定，容易引发社会动荡。大多数社会性弱势群体在物质生活上都很贫穷，有些人连温饱问题都未解决，精神生活也很贫乏，生活圈子狭窄，缺乏关爱，对社会、对生活失去信心，不满的情绪长期积累，可能会因为一点小事从而引发要报复社会的行为发生。现实中这样的案例不少，2009年6月，因有犯罪前科被家人、亲友抛弃的62岁张某在成都公交车上，故意点燃汽油，造成27人死亡，74人受伤的重大事故；2009

年6月，因不满公司要其带病加班的公交车司机李某，在广东惠州发泄不满情绪，独自驾驶公交车狂飙，造成4人死亡，27辆机动车受损；2009年11月，在挣不到钱、孩子要上学、妻子要离婚的一连串生活压力之下，呼和浩特的温某用刀夺6命，重伤1人。这些社会性弱势群体长期处于被人漠视的地位，经济窘迫，婚姻家庭不如意。他们生活压力过大，对社会失去信心，很容易走向极端、报复社会，他们当然要为无辜的生命负责，最终要受到法律的制裁。有学者指出，仇富情绪在一些人心目中蔓延开来，加之一些地方存在官商勾结的现象，人们往往把不满情绪更多地指向政府。所以，给社会性弱势群体建立一个不致绝望的生存底线，要使他们能有尊严、有希望地生活下去。[1]

综上所述，我国目前社会性弱势群体犯罪的形势严峻，从某种意义上说，之所以会产生这种状况，主要是因为社会性弱势群体的权利得到不保障，所以我们在治理社会性弱势群体犯罪必须要遵循公平、人本主义、禁止歧视、倾斜保护及权利保障等理念，加强对社会性弱势群体的保护，从而预防和减少其犯罪。

第二节　社会性弱势群体犯罪现有的治理政策

公共政策是公共权力机关经由政治过程所选择和制定的为解决公共问题、达成公共目标、以实现公共利益的方案，其目的是规范和指导有关机构、组织或个人的行动，其表达形式包括法律、行政法规或命令，国家领导人口头或书面的指示、政府规划等。公共政策作为一个权威的社会利益的分配，反映了社会的利益，决定了公共政策必须反映大多数人的利益，才能使其具有合法性。因此，许多学者将公共利益的实现作为公共政策的目标所在，认为公共利益是公共政策的价值取向和逻辑起点，是公共政策本质，是公共政策的出发点与归宿。对于公共政策应该与公共利益还是私人利益保持一致这个问题，绝大多数人将选择公共利益。从犯罪治理上看，公共政策就是指统治阶级、决策者及公权力部门在治理犯罪方面能够做什么，或者将要做什么，以达到预防、减少或遏制犯罪的目的。从这一含义来讲，刑事政策也属于公

---

[1]　参见胡联合、胡鞍钢："贫富差距是如何影响社会稳定的？"，载《江西社会科学》2007年第9期。

共政策的范畴。[1]对于公共政策与犯罪之间关系的发现与研究，主要来源于对犯罪原因认识的加深，以及对犯罪处以刑罚可以预防犯罪的认识，这归因于犯罪社会学派的崛起及对犯罪社会学的研究不断深入。意大利犯罪学家菲利和德国刑法学家李斯特对此的贡献很大，菲利提倡犯罪的三原因论，认为犯罪的原因有三，即人类学因素、物理的因素、政治及经济因素。他明确指出刑罚不是预防犯罪的"万能药"，刑罚制止犯罪的作用有限，犯罪行为的产生是由素质和环境所决定，与犯罪人的自由意志毫无关系。他从意思决定论的立场展开社会的责任论，将应受社会防卫处分的地位称为责任。菲利的上述思想若按今天的理解就包含着公共政策的内容。李斯特认识到刑事政策的限度，他提出"最好的社会政策就是刑事政策"的至理名言。第二次世界大战之后，法国著名法学家安塞尔建立起了一个崭新的刑事政策体系，对刑事政策的定义进行了修改，使之后逐渐成为主流，其新社会防卫论中也包含公共政策预防犯罪的思想。

上文分析社会性弱势群体犯罪的现状中已经明确交代，对社会性弱势群体犯罪中犯罪人以"严打"和判重刑为主。社会性弱势群体犯罪人社会危害性严重，对其必须严厉打击，对一些实施放火、爆炸等极端行为应依法予以严肃处理。从历史来看，任何一个社会都无法容忍极端的犯罪行为。社会性弱势群体犯罪导致被害人严重受伤、甚至致死的人数众多，对社会性弱势群体犯罪的实证考察可以看出，对于社会性弱势群体犯罪案件发生，对犯罪人采取实行"严打"及判重刑的处罚。因此，目前我国对于社会性弱势群体犯罪总体上还是采取以"严打"方式为主导的治理政策。

一、社会性弱势群体犯罪以"严打"为主导的治理政策

对于"严打"人们比较熟悉，并不陌生，从1983年党中央发动和开展"严打"以来，我国发动大大小小的"严打"斗争已经持续了30多年，有力打击了犯罪行为的发生，在一定程度上减少和遏制犯罪，社会治安形势得到改善，人们的安全指数得到提升。对于治理犯罪来讲，以"严打"为主导的治理政策有其存在的必要性。

在探究社会性弱势群体犯罪以"严打"为主导的治理政策时，有必要对

---

〔1〕 参见焦俊峰："犯罪控制中的治理理论"，载《国家检察学院学报》2010年第2期。

"严打"的内涵进行分析。从理论上看，对"严打"的内涵表述各不相同，有些学说认为"严打"是指依法从重从快打击严重危害治安的犯罪分子；也有学说认为"严打"是当代中国在走向法治的进程中，为了维护社会稳定而采取通过强化执法部门的职能来集中解决社会治安中突出问题的刑事政策。"严打"这一口号其实是依法从重从快严厉打击刑事犯罪活动的简称，从重从快是"严打"斗争的基本要求，依法是"严打"不可缺少的重要前提，否则片面甚至极端的从重从快的打击无异于暴行。"严打"的特征包括：第一，"严打"属于刑事政策的范畴，它是具体的刑事政策之一。第二，"严打"刑事政策的要求为从重从快，从重从快是实施"严打"政策的基本手段。第三，"严打"的对象是特定的，不是所有的犯罪行为都必须采取"严打"，主要针对严重危害治安的刑事犯罪。第四，"严打"刑事政策主要依据我国社会治安的具体情况及斗争的需要所采取的，其社会治安的严峻形势是制定"严打"刑事政策的主要依据。第五，"严打"刑事政策的发动主体为党和国家，司法机关是主要的执行主体。由此，可以认为"严打"的内涵是党和国家在社会治安形势较为严峻时，以打击某些严重刑事犯罪而制定的，其发动机关为党和国家，其执行主体为司法机关，以从重从快为基本要求的一项具体的刑事政策。

我国先后共经历了四次"严打"活动。1983 年首次提出"严打"这个概念，并进行第一次"严打"；1996 年进行了第二次"严打"；2000~2001 年进行了第三次"严打"，增加了网上追捕逃犯的行动，也被称为"新世纪严打"。第四次"严打"是 2010 年。[1]社会性弱势群体犯罪是我国社会转型时期犯罪形势较为严峻的类型之一。我国处于社会转型时期，社会矛盾加剧，社会性弱势群体的利益表达机制的不健全，发泄途径不畅通，产生仇恨心理；经济发展不平衡，结构性失业，城乡二元结构体制的影响；社会保障制度不完善、不健全，收入分配政策不合理，贫富差距过大等原因导致社会性弱势

---

[1] 2009 年初，时任中央综治办主任的陈冀平同志在全国综治办主任会议上指出，从目前的社会形势看，新的社会矛盾将不断产生，原有的一些社会矛盾也可能随之凸显，并呈现出经济领域的新矛盾与老矛盾、经济领域的矛盾与其他领域的矛盾相互影响、互相作用的局面。特别值得注意的是，社会心态日益复杂，一些人心理失衡，对社会的不满情绪潜滋暗长，个人极端事件可能增多。2010 年 5 月，中央维稳工作领导小组办公室发布了《关于加强个人极端暴力犯罪案件防范，切实维护社会稳定的通知》。时任总理的温家宝同志针对当时发生的多起针对儿童的袭击案件，在采访时表示，我们不但要加强治安措施，还要解决问题的深层次原因。

群体犯罪案件不断发生，其犯罪规模日益扩大，犯罪形势日趋严重，社会负面影响大，引起了社会、政府、理论界和实务界的高度重视与关注。为此，公安部指出我国正处于社会转型时期，社会、经济发展加快，社会治安出现了许多新情况、新问题，必须严厉打击严重影响群众安全感的恶性刑事案件。2010年，我国进行了为期7个月的"严打"活动，全国各级公安机关坚持"严打"方针，深入开展"严打"整治行动，依法严厉打击各类严重暴力犯罪活动，以及人民群众最痛恨的电信诈骗、财产犯罪、拐卖妇女儿童等犯罪活动，进一步加强社会全面管控，切实增强人民群众的安全感和满意度。2013年，公安部强调继续保持高压态势对严重危害社会的犯罪行为进行严厉打击，对实施个人极端暴力行为的犯罪分子都必须坚决依法严惩，要采取果断措施，坚决打击、决不手软，在全社会形成共同谴责极端暴力犯罪的舆论环境。对扬言实施放火、爆炸等极端暴力行为，以及编造、故意传播虚假恐怖信息，扰乱社会秩序的，要依法严肃处理。同时，各级警方要充分发动群众、积极依靠群众，实行群防群治。综上所述，我国一直重视对犯罪行为采取以"严打"为主导的治理手段，有其存在的必要性和合理性。

有学者把"严打"称为"非常时期的严打"，其特点为从重从快、集中打击等，这些特点字眼同时出现在官方的文件中，引起了许多学者对"严打"的边界和范围的担心，若把握不好，势必会导致更多的社会性弱势群体犯罪。刑事政策是社会对犯罪反应的集中体现，我国正处于社会转型时期，社会性弱势群体犯罪形势严峻，对其采取"严打"的刑事政策并不偶然和奇怪，具有一定的必要性和合理性。社会性弱势群体犯罪以"严打"为主导的治理政策，有其积极性的同时，其消极的一面也凸显出来。

二、社会性弱势群体犯罪"严打"政策的合理性

"严打"政策最大的弊端就是治标不治本，若一味采取"严打"高压政策，只能在短时间内能治理社会性弱势群体犯罪，但在犯罪人的心理会埋下更多仇恨社会的"种子"，以至于许多学者开始怀疑和否定"严打"的刑事政策在治理社会性弱势群体犯罪中的作用。从实际情况来看，"严打"的刑事政策在治理社会性弱势群体犯罪中的作用不可忽视，不能否定其存在的必要性和合理性。

（一）社会性弱势群体犯罪的预防难度大，要求"严打"

由第三章分析得知，社会性弱势群体犯罪的原因之一是社会性弱势群体的利益表达机制的不健全，发泄途径不畅通，对社会产生仇恨心理，最终犯罪。在社会性弱势群体犯罪中，犯罪人因自己的利益表达渠道受阻，不畅通，其怨恨集聚在心里，发展到对社会的仇恨，在遇到适当的条件和诱因，像炸弹一样爆炸，如对犯罪人在犯罪前实施预防，可见难度之大。最常见的做法就是在犯罪发生后，对犯罪人采取"严打"的政策，对犯罪人判处重刑，"杀鸡给猴看"似乎才能达到目的。其次，在第二章分析社会性弱势群体犯罪的现状时得知，社会性弱势群体犯罪中大多数犯罪人以前没有违法犯罪的经历，即使有违法犯罪的行为，其程度非常低，由此就决定了对社会性弱势群体犯罪的预防、对犯罪人的监控不可能像对累犯、惯犯那样进行重点和核心监控，掌握犯罪人的日常行踪，以便预防其犯罪，由此增加了社会性弱势群体犯罪预防的难度。最后，社会性弱势群体犯罪人在犯罪前很难被察觉具有犯罪的迹象，即使对其进行犯罪预防也很难找到突破点，所以在犯罪人犯罪行为发生前发现其犯罪意图，预防并制止犯罪行为的发生，在目前看来的难度较大。

（二）社会性弱势群体犯罪治本措施非常缓慢，也要求"严打"

我国正处于社会转型时期，各种形式的犯罪出现是社会转型时期的正常现象。要想从根本上解决犯罪问题，必须转变社会控制模式，重建社会秩序及社会矛盾被解决。转变社会的控制模式、重建社会秩序、解决社会矛盾是一个非常缓慢和复杂的过程。在社会转型过程中，由不能让犯罪行为自由发展，必须采取"严打"的形式来治理犯罪。就社会性弱势群体犯罪而言，在探寻治本的同时，为使社会和谐稳定及正常运转，必须对社会性弱势群体犯罪及时作出回应，只有通过"严打"的形式才能达到治理的目的。通过"严打"，在短时间压制社会性弱势群体犯罪，为从根本上治理社会性弱势群体犯罪争取时间。但不可忽视的是一味追求"严打"，而不考虑从根本上探寻治理社会性弱势群体犯罪的措施，不值得提倡。

三、社会性弱势群体犯罪"严打"政策的弊端

传统"严打"刑事政策在当时所处历史背景下是合理合时的，其作用是巨大的，但随着时间的推移、社会的变迁、政治经济文化治安等诸多因素的变化而显得不合时宜。我国处于社会转型时期，社会矛盾加剧，社会性弱势

群体的利益表达机制的不健全，发泄途径不畅通，产生仇恨心理；经济发展不平衡，结构性失业，城乡二元结构体制的影响；社会保障制度不完善、不健全，收入分配政策不合理，贫富差距过大等原因进而导致社会性弱势群体犯罪案件不断发生。我们对于社会性弱势群体犯罪倡导以"严打"为主导的治理政策的同时，要正视其弊端与不足。

（一）"严打"政策在社会性弱势群体犯罪行为人面前的弱化

基于第三章的分析，社会性弱势群体犯罪的原因包括我国处于社会转型时期，社会矛盾加剧，社会性弱势群体的利益表达机制的不健全，发泄途径不畅通，产生仇恨心理；经济发展不平衡，结构性失业，城乡二元结构体制的影响；社会保障制度不完善、不健全，收入分配政策不合理，贫富差距过大等原因导致社会性弱势群体犯罪案件不断发生。有些犯罪人对于"严打"、判处重刑毫无惧色，甚至有的犯罪人被判处死刑，在行刑前的态度坚决，对于犯罪行为没有悔改之意，一心求死来表达对社会的不满，对社会的仇恨，犯罪人通过爆炸、砍杀无辜的对象来报复社会，我们不得不考虑一个人面对死亡都毫不畏惧，毫无悔改之心，对"严打"政策，对被判处重刑没有任何意义。所以对社会性弱势群体犯罪，采取"严打"的治理政策，不是万全之策。虽然采取"严打"的刑事政策，在短时间内治理社会性弱势群体犯罪具有合理性，但从长远来看，不仅无法降低社会性弱势群体犯罪的发生，反而会增加更多的社会矛盾。

（二）"严打"政策会促使更多的社会性弱势群体犯罪产生

"严打"刑事政策的产生是在社会治安形势恶化到相当程度的必然选择，具有一定的历史合理性，但从根本上说它只是临时性的解决方案，不能从根本上解决问题。过度强调和依靠"严打"，就会忽视对影响社会治安深层次问题的关注和研究，比如为什么会出现"严打"的被动局面。"严打"的作用类似割掉已经长得很深的韭菜，现在我们只是割掉长在地上的茎叶，不去挖掉埋在地底下的根，时间一长韭菜的茎叶又长起来了。我们推行的"严打"政策也一样，当社会治安形势不好时就狠狠"打"一次，社会治安暂时得到缓解，等时间一长社会治安又恶化，所以这是一个恶性循环过程，当然解决不了根本问题。频繁地使用"严打"的手段，也破坏了罪刑相适应、法律面前人人平等一系列刑法的基本原则。一个罪犯不可能因此而认罪，而是在想自己的运气太差，"狱内损失狱外补"。

有学者指出对犯罪采取"严打"的政策与构建和谐社会的意义相反，背道而驰。对犯罪行为采取"严打"的刑事政策，不仅不会使犯罪减少和社会稳定，反而会产生更多的社会性弱势群体犯罪。在我国社会转型时，在许多不合理的制度共同作用下，促使社会紧张，促使人与人之间非常紧张。所以"严打"政策对于社会性弱势群体犯罪的治理，不但不会使犯罪率降低，反而会使更多的社会性弱势群体犯罪产生，最终的结果是"越压越不服，越维越不稳"。司法途径是寻求权利救济的最后保障，一旦社会民众对司法失去信任后，司法就失去了公信力，民众就会感觉到整个社会没有信任感，就会选择暴力或者犯罪的方式来发泄心中的怨恨。这也是每次"严打"之后会衍生更多的社会性弱势群体犯罪的原因之所在。所以，"严打"的治理政策只能暂时遏制和减少社会性弱势群体犯罪，不能从根本上解决问题，由于我国处于社会转型时期，社会矛盾加剧，依靠"严打"的刑事政策来减少和遏制社会性弱势群体犯罪，不仅不会达到治理的目的，反而会增加更多"仇恨"的种子，所以每次在经历"严打"之后，会产生更多的犯罪。

（三）"严打"的同时对社会支持的重视程度不够

由于我国处于社会转型时期，社会矛盾加剧，依靠"严打"的刑事政策来减少和遏制社会性弱势群体犯罪，不仅不会达到治理的目的，反而会适得其反。对于社会性弱势群体犯罪而言，"严打"政策虽然暂时能缓解高犯罪的形势和局面，却是以牺牲个人的权利和自由，甚至牺牲整个社会的经济繁荣和进步为代价来实现的。社会性弱势群体犯罪具有自己的独特性，不同于一般的刑事犯罪，它的产生有社会制度的原因，一方面要关心社会性弱势群体，缓解他们心中的积怨，使他们适应社会的转型；另一方面，要从社会制度着手，缓解社会转型时期的矛盾，健全社会性弱势群体的利益表达机制，畅通其发泄途径；加快经济发展，打破发展不平衡状态，增加就业岗位，破解城乡二元结构体制；完善和健全社会保障制度，调整收入分配政策，从社会和家庭方面给予社会性弱势群体更多的支持。

综上所述，"严打"的刑事政策在治理社会性弱势群体犯罪有积极的一面，又有消极的一面，我们必须站在社会现实的基础上，对"严打"的刑事政策进行调整，将其引入法治化的轨道，吸取其合理性，充分发挥社会支持政策的优势来弥补"严打"的刑事政策的短板。就社会性弱势群体犯罪的治理而言，在"严打"的同时，又要从根本上解决社会性弱势群体犯罪问题。

第三节　社会性弱势群体犯罪治理政策的选择

目前我国对社会性弱势群体犯罪采取以"严打"为主导的治理政策。"严打"的刑事政策在治理社会性弱势群体犯罪具有两面性，既有积极的一面，又有消极的一面。在实践中采取"严打"的刑事政策，不仅无法降低社会性弱势群体犯罪的发生，反而会增加更多的社会矛盾。"严打"刑事政策好似一副猛药，在给病人治病的同时又给病人留下后遗症。就社会性弱势群体犯罪治理而言，仅靠"严打"的刑事政策是不能解决问题的，要从根本上解决社会性弱势群体犯罪的问题，必须探究新的治理方式，应该选择以"社会支持政策为主，'严打'刑事政策为辅"的治理策略。[1]

一、社会支持政策的内涵

传统意义上的社会控制理论强调社会控制和自我控制对预防和降低犯罪的作用，忽略社会支持对犯罪的直接影响。卡伦是犯罪学领域社会支持理论的主要创始人。在 1994 年发表的题为"作为理解犯罪学的综合性概念的社会支持"一文中，卡伦首先探讨了社会支持的定义，然后介绍和讨论了有关社会支持的 14 个命题。[2]

卡伦对社会支持一词的定义是对社会学家林南的定义稍加修改的结果。林南将社会支持定义为由社区、社会网络以及可信任的他人所实际或想象中可能提供的物质和精神上的帮助。在该定义中，林南以及卡伦均强调如下几个方面：第一，社会支持包括实际的和期待的两个方面。前者是客观的，后者是主观的。第二，社会支持可以是物质的，也可以是精神的。两者可能单独地被提供，也可能同时被提供。第三，社会支持可以由不同的社会层次提供。这种层次按社会支持者与支持接受者的关系划分。可信任的他人如配偶、父母和子女是与支持接受者关系最近的一层，然后是社会网如同事，最后是社区如邻居等。层次越近，实际的或期待的支持，特别是精神上的支持越大，其作用越强。第四，社会支持可以分为正式的或非正式的。正式的社会支持

---

〔1〕　参见汪明亮："以一种积极的刑事政策预防弱势群体犯罪——基于西方社会支持理论的分析"，载《社会科学》2010 年第 6 期。

〔2〕　参见曹立群、任昕主编：《犯罪学》，中国人民大学出版社 2008 年版，第 62 页。

是由官方机构如司法系统所提供的，非正式的社会支持是由民间所提供。林南对社会支持研究集中在精神健康领域内，正式的或非正式的社会支持未得到他的特别关注。卡伦感兴趣的主要是社会与犯罪的关系。在犯罪预防和矫正领域，正式或非正式的社会支持的作用都非常明显。

在定义社会支持一词后，卡伦将社会支持阐述为下列命题：

1. 由于较少的社会支持，美国比其他工业化国家有更高的犯罪率；

2. 一个社区的社会支持越低，该社区的犯罪率就会越高；

3. 家庭支持越多，其他成员的犯罪可能性就越低；

4. 一个人得到社会网的支持越多，其犯罪的可能性就越低；

5. 社会支持降低犯罪压力的影响；

6. 在人的生命里程中，社会支持增加人们抵抗犯罪影响的可能性；

7. 社会支持缺乏感与卷入犯罪可能性成正比；

8. 提供社会支持降低提供者本人犯罪的可能性；

9. 当支持守法的力量超过支持犯罪的力量时，犯罪的可能性降低；

10. 社会支持是有效社会控制的前提条件；

11. 一个支持性的司法矫正系统有助于降低犯罪；

12. 社会支持导致更有效的警务；

13. 社会支持降低犯罪受害的可能性；

14. 社会支持减少犯罪受害者的心灵创伤。

在上述的14个命题及其详细讨论中，卡伦讨论了社会支持如何影响犯罪，这一点主要体现在命题5、6、9中。这些命题更多体现了社会支持对犯罪产生直接影响的思想。命题10体现了社会支持通过影响社会控制进而作用于犯罪思想。社会支持与社会控制的结合运用对于预防和降低犯罪远比单独运用社会控制更有效。命题1、2、11和12可运用到群体或社会层次，其他命题更多适用于个人层次。因此社会支持理论既适用于宏观层次，也适用于微观层次。对于犯罪人来讲，他们由于缺乏社会和家庭的支持，感觉不到温暖，而报复社会。若社会和家庭给予这些犯罪人充分的支持，这些纵火案、爆炸案就不会发生。由此可见，社会支持理论可以运用到宏观层面、微观层面，正好与社会性弱势群体犯罪的宏观、微观原因契合，因此社会支持政策是社会性弱势群体犯罪治理政策的第一选择。

二、社会支持政策的功能

根据卡伦在1994年发表的文章，社会支持政策在预防和降低犯罪中具有如下功能：

1. 社会支持具有缓冲器的功能。当一个人（无论是青少年还是成年人）感受到家庭或者社区的支持时，这种感受有助于减轻社会紧张和压力的负面影响，进而降低从事越轨和犯罪行为发生的可能。例如，当一个孩子感受父母对他强烈的关心和爱护时，他不会轻易地为学校中某次挫折而灰心丧气，更不会因此而加入学校和社会上不务正业的团伙。[1]

2. 社会支持可以培养人的利他观念或行为。社会支持理论认为，利人之心和行为是可以培养的，比如一个深受父母之爱的孩子可能会更多考虑自己的行为是否对得起父母及家庭；一个深受组织关爱的职员可能会更多地去考虑如何为组织做贡献，同样当一个人得到他人及社会的支持时，他也可能做一些有益于他人或者社会的好事。一个具有明显利他思想和行为的人会更少地从事犯罪行为。

3. 社会支持可以改变一个人行为方向。人的行为是可以改变的，当一个青少年因为不利环境而从事越轨行为或走上犯罪道路时，父母或其他社会支持者可以帮助该青少年认识错误，改邪归正；同样，当一个成年人走上犯罪道路时，家庭和社会的温暖也可以使他重新做人。

4. 社会支持是社会控制有效性前提条件。当单独使用时，社会控制对犯罪不一定起到作用，二者的结合使用可以使社会控制对犯罪产生强烈影响。当社会控制对犯罪起到作用时，社会支持可以提高或者增强社会控制的有效性。社会支持既可以通过社会控制对犯罪产生间接的作用，也可以与社会控制相互作用对犯罪产生影响。

5. 给予社会支持也可以减少犯罪的可能性。社会支持对犯罪的影响不仅体现在那些社会支持接受者身上，也体现在那些给予或者提供社会支持者身上。通过社会支持，一个人的利他观念得到增强；同时，提供社会支持者也受到社会的赞扬和尊重，为了维护这种社会的尊重，一个人更可能自觉增强

---

〔1〕 Cullen. et al, "Social Support and Social Reform: A Progressive Crime Control Agenda," *Crime andDelinquency*, 1999, pp. 188~207.

自控，远离犯罪环境，减少犯罪可能性。[1]

萨瓦雷男从国家福利高支持的角度出发，通过对不同国家杀人的犯罪情况进行研究，得出这样的结论，因经济发展不平衡导致杀人犯罪情况的发生，在那些高福利支持国家很少或者不存在。[2]研究发现在美国 39 个大城市中，因盗窃、强奸以及杀人等犯罪情况的发生都离不开贫困的因素，国家和社会的支持水平较低。从以上社会支持的功能分析，我们可以看出社会支持的多少与犯罪的发生成反比，支持越多，犯罪率越低，支持越少，犯罪率越高。当下我国正处于社会转型时期，社会性弱势群体犯罪频频发生，正是社会支持力度小所导致。所以在对社会性弱势群体犯罪的治理上，应该引进社会支持理论，坚持"社会支持为主，'严打'为辅"的治理策略。

三、社会支持政策选择的必要性

社会支持政策是一种新的社会管理或治理政策，不同于"严打"刑事政策，也不同于社会控制政策，社会支持政策是基于解决社会矛盾为主要目的，其标准为"宽严相济"的刑事政策。社会支持政策以多种方式进行支持，如经济、文化、慈善、救济和法律支持。一个社会若缺少社会支持，会导致社会的混乱和不稳定，犯罪率的发生较高。我国处于社会转型时期，社会矛盾加剧，社会性弱势群体的利益表达机制的不健全，发泄途径不畅通，产生仇恨心理；经济发展不平衡，结构性失业，城乡二元结构体制的影响；社会保障制度不完善、不健全，收入分配政策不合理导致贫富差距过大等原因，进而导致社会性弱势群体犯罪案件不断发生，从某种意义上讲就是社会支持不够充分。所以社会性弱势群体犯罪的治理选择社会支持政策是一种新的治理思路，是一种积极的犯罪治理政策。[3]

（一）社会性弱势群体犯罪的治理需要社会支持政策作为治理策略

犯罪的发生不外乎有两种情况：第一种情况，当社会成员想要的目标与社会提供的目标不匹配时，或者不能达到社会成员理想中的社会目标时，就

---

〔1〕　Cullen. et al, "Social Support and Social Reform: A Progressive Crime Control Agenda," *Crimeand-Delinquency*, 1999, pp. 188~207, pp. 528~559 .

〔2〕　Uberto Gatti, Richard E. , "Tremblay: Social Captial and Aggressive Behavior, " *Eur J Crime Policy Res*, Vol 13, 2007.

〔3〕　参见张旭、单勇：《犯罪学基本理论研究》，高等教育出版社 2010 年版，第 35 页。

会发生社会失范现象。第二种情况，对于社会成员来讲其机会不均等，或者社会成员的价值观与社会主流价值观相冲突的时候，如通过正常渠道去实现自己目标的渠道受阻时，各成员会千方百计地通过非正常渠道去实现自己的目标，在此种情形下会导致大量的犯罪产生。社会性弱势群体犯罪的产生离不开上述两种情况，特别是第二种情况是社会性弱势群体犯罪的直接动因，社会性弱势群体犯罪中的犯罪人具有较强的反社会心理，其地位较为弱势，他们急需社会支持，其状况如下：

1. 我国正处于社会转型时期，需要社会支持的人群较多。目前尽管国家在大力推行扶贫政策，每年都有大批人脱贫，但处于弱势群体的人依然很多。就社会性弱势群体而言主要有三类人，第一类人为农民工，第二类为城市贫困群体，第三类为农村贫困群体，国家每年扶贫力度虽然在不断增加，但这三类人中大多数人的收入不是很高，要达到真正脱贫的地步还有一段距离。从整个情况来看，社会上需要支持的人还很多。

2. 目前能够提供社会支持的人数在不断减少。随着社会的不断变迁，传统意义上的社会支持主体较之以往在不断减少。加之市场经济观念的因素，人与人之间不管做什么，都是以金钱为目的，较之在改革开放以前的社会，助人为乐等传统的社会风气不断减弱，亲人之间、朋友之间的关系日渐疏远，来自社会、家庭等的社会支持不断减少。相反我国正处于社会转型时期，许多群体不适应社会发展这一态势，跟不上时代的发展，最终成为社会性弱势群体，这就需要政府牵头建立一套较为完整的社会支持体制，但目前我国尚未建立适应社会发展且现代化的社会保障体系，政府对于社会保障体制的建设还处于探索与积累阶段，各级政府对于所承担的建设保障体系的社会责任和尊重社会保障制度的法律地位等问题还认识不够。[1]唯一可行的是，给予社会性弱势群体更多的社会支持，这也说明目前能够提供社会支持的人也在不断地减少。

3. 精神方面的社会支持也在不断地减少。前面已讨论过社会支持包括物质方面的支持与精神方面的支持。我国目前整个社会的精神支持还是较为匮乏，对于社会性弱势群体而言，缺乏社会的精神支持，其人格尊严很难保障。

---

〔1〕 参见吴碧英主编：《中国城镇经济弱势群体救助系统构建研究》，中国财政经济出版社2006年版，第6页。

再者，目前我们的社会很难给社会性弱势群体提供心理救助。从第二章分析得知，在社会性弱势群体犯罪中，很多犯罪人在犯罪前心理有问题，发泄途径不畅通；性格孤僻和偏激，情感障碍存在，他们很少或者几乎不被人关心，最终不得已而犯罪。

（二）由"严打"的刑事政策向"社会支持"政策的转变是社会性弱势群体犯罪治理的必然要求

首先，在犯罪治理主体的选择上，对社会性弱势群体犯罪的治理主要依靠政府为主，社会参与的力量不够，这种治理方式存在一些弊端，第一，滥用"严打"的治理模式，诱发社会性弱势群体犯罪不断增加；第二，短时间采取"严打"的刑事政策，不能满足全局性的预防工作的需要；第三，缺乏社会力量的参与，对权力的监督力量也不够，这激发了潜在犯罪分子的犯罪动机。其次，在治理机制的选择上，选择"严打"的治理政策，这种治理政策往往依靠政府的强行推动，使法律的权威在客观意义上被削弱，同时政府行为的法律依据也将受到质疑。只有将社会性弱势群体犯罪的防范置于整个社会监督之下，让社会力量参与，使社会性弱势群体犯罪得到预防与遏制。综上所述，"严打"的刑事政策已经不能满足社会性弱势群体犯罪治理的需要，力求探寻新的治理模式刻不容缓，从第三章的分析得知，社会性弱势群体犯罪在一定意义上是社会制度所造成，带有深刻的社会原因，必须考虑"社会支持"政策的治理模式。因此由"严打"的刑事政策向"社会支持"政策的转变是社会性弱势群体犯罪治理的必然要。

（三）社会支持政策可以化解社会性弱势群体潜在的犯罪人的心理矛盾及提供有效的排泄路径

引起怨恨心理的原因主要有以下几个方面：一是社会快速而持续变迁，竞争激烈和节奏加快，造成社会性弱势群体生活压力骤然增大，比方说日益严峻的就业形势，如果得不到社会支持和社会保障，他们可能会失去生活的从容状态，缺乏归属感，产生挫败感、无助感、焦虑感甚至绝望，从而诱发社会的怨恨心理。二是社会信任感和认同感缺乏。传统社会很大程度上依靠人情来维持社会的有序运行。社会性弱势群体处于社会较底层，他们社会的阶层认同感明显偏低，由于对社会保障程度的不满意和自身欲望的不节制与社会实际情况不相符，这也加速了社会性弱势群体怨恨心理的产生。三是社会阶层流动性差。此外，城镇化及大规模人群流动容易造成社会怨恨心理。

城乡差异、异乡文化等都容易造成心态失衡。社会支持政策可以化解社会性弱势群体的仇恨心理，社会性弱势群体的医疗、教育、住房、养老、就业等问题可以通过社会支持政策得到改善。从社会性弱势群体犯罪的原因可以得知，若他们最基本的物质生活条件改善了，温饱问题得以解决，其犯罪率会降低，这些社会性弱势群体的仇恨心理自然会被化解。

在我国社会转型时期，由于社会发展与经济发展的不平衡的原因，在我国社会中出现了一个在生活上受挫后就"没有信心、没有希望、没有规则意识、没有精神信仰"怨恨和复仇心理的"失意群体"。这个群体往往在经济上处于劣势，缺乏尊严和成就感；在社会生活中，大多数人都不满意，缺乏归属感和温暖感。他们中的一些人在长期缺乏满足感和身处压抑的状态下，又缺乏疏导，很容易走上极端，危害社会，最终走上犯罪道路。例如，发生在黑龙江海伦市养老院的纵火案，犯罪嫌疑人王某也被烧死在火灾现场。王某由于怀疑自己的200元钱被盗而大吵大闹，心结一直未解开，情绪失控，制造了这起重大人为放火刑事案件。以上案例说明社会性弱势群体的发泄路径受阻，容易走上犯罪道路。社会支持政策可以畅通社会性弱势群体的发泄途径，使支持者与被支持者朝多元化的方向发展，笔者认为从长远的角度考虑，在我国社会处于转型时期，社会支持政策可以化解社会矛盾，从根本上预防社会矛盾的激化，从而达到预防社会性弱势群体犯罪的目的。

（四）社会支持政策对于预防社会性弱势群体犯罪具有重要意义

要从根本上减少或遏制社会性弱势群体犯罪离不开社会支持政策。社会支持可以分为社会生活关系、工作关系、血缘关系这三方面的支持，社会性弱势群体犯罪的产生大多是社会支持链的断裂。从实证考察得知，在社会性弱势群体犯罪中，大多数犯罪人在犯罪前没有稳定的工作和和谐美满的家庭，以及政府、社会给予的社会支持不足。在缺乏社会支持的前提下，一个人感觉不到温暖，会产生绝望的情绪，他的心理应激反应机制、缓解精神状态的功能及适应社会的调节能力也会跟着不正常，甚至这些功能有可能丧失，其相应的外部力量削弱，无法减少或遏制犯罪。我们的政府、社会及家庭多给予社会性弱势群体一些支持，社会性弱势群体犯罪形势就不会如此严峻。因此，社会支持政策对于预防社会性弱势群体犯罪具有重要意义。

四、社会支持政策为主、"严打"为辅的治理政策的选择

如果对社会性弱势群体犯罪的治理采取"严打"的治理手段，在对犯罪人进行定罪量刑时基本上未考虑犯罪人的生活背景、犯罪人的生活经历及犯罪人的人生挫折。卡伦通过对社会支持政策中共 14 个命题的分析，讨论了社会支持政策对犯罪发生的影响，其中的第 10 个命题社会支持是有效社会控制的前提条件，它显示了社会支持政策如何影响社会控制政策以达到对犯罪的影响。从犯罪治理效果的角度来看，社会支持政策和社会控制政策结合使用，对预防和减少犯罪有重要意义，而不是单独适用社会控制政策对于治理犯罪的效果更好。[1] 所以对社会性弱势犯罪采用"严打"的治理政策，只能起到缓解的作用，治标不治本，不能从根本上遏制社会性弱势群体犯罪。

其次，在"严打"的刑事政策下，从历次实施的情况来看，每次应急"严打"都宣告成功，但这种成功只是限于案件的告破、犯罪分子被抓捕，对打击犯罪暂时起到较好的作用，但从长远来看，若不改变社会性弱势群体的生活状况及弱势地位，相反还会引发更多的社会矛盾和爆发更多的犯罪。从社会性弱势群体犯罪的情形来看，被害人及一些群众表现为对政府的治理能力和司法的公正性产生怀疑，导致犯罪人被谅解和同情的状况。在多数人眼里社会性弱势群体犯罪频频出现是政府的问题，是社会制度造成的。所以对社会性弱势群体犯罪仅用"严打"的政策达不到治理的目的。对社会性弱势群体犯罪的治理只有选择"社会支持政策为主、'严打'为辅"的治理策略才能从根本上达到治理犯罪的目的。

本章小结

社会性弱势群体犯罪是由于社会转型时期社会矛盾加剧，社会性弱势群体的利益表达机制的不健全，发泄途径不畅通，产生仇恨心理；经济发展不平衡，结构性失业，城乡二元结构体制的影响；社会保障制度不完善、不健全，收入分配政策不合理，贫富差距过大等因素，导致社会性弱势群体犯罪。在一定意义上说社会性弱势群体犯罪是由于社会制度造成的，其权利得不到

---

〔1〕 检察日报：http://newspaper.jcrb.com/html/2014-01/09/content_150254.htm，最后访问时间：2018 年 6 月 8 日。

保障，使他们处于社会最底层，其地位非常弱势，对其犯罪治理要体现公平、禁止歧视、倾斜保护及权利保障理念。就治理策略而言，对社会性弱势群体犯罪用"严打"的政策是达不到治理目的的。对社会性弱势群体犯罪的治理只有选择"以社会支持政策为主、'严打'为辅"的治理策略才能从根本上达到治理犯罪的目的。

第五章

社会性弱势群体犯罪的治理模式及路径[1]

无论是在理论界还是实务界，研究犯罪的目的是减少或预防犯罪。今天我们所谈及的治理犯罪也是如此，治理犯罪是对犯罪侵害的一种回应，虽然犯罪是一种不可避免的社会现象，不能被消灭，但在一定程度上可以通过治理将其控制在社会的容忍范围之内。要实现这一目标，离不开犯罪治理模式的选择。犯罪治理模式是指在一定时期内一个国家或一个地区以各自在该时期内所采取的刑事政策为指引，针对相关犯罪的治理理念、制度设计、治理方法等，由理论到实践、由主观到客观、由宏观到微观所形成的一套相对完整且稳定的模式，并将其运用到实践中，这种模式就是犯罪治理模式。目前治理犯罪的模式有控制模式、治理模式、混合模式等。不同国家、不同时代在不同刑事政策的指引下，所采用的治理模式不尽相同。即使是在相同刑事政策的指引下，不同国家采用的犯罪治理模式也不一定相同。[2]针对社会性弱势群体犯罪而言，在第四章我们已经讨论了应采取"社会支持政策为主，'严打'为辅"的犯罪治理政策，这就要求公众参与治理犯罪。所以本章是在"社会支持政策为主，'严打'为辅"的犯罪治理政策指引下，讨论目前社会性弱势群体犯罪治理模式的不足，提出"公众参与"的新治理模式及探究社会性弱势群体犯罪治理的具体路径。

---

〔1〕 借鉴师姐石艳芳博士的观点：社会性弱势群体犯罪前开展情景预防，让犯罪人的犯罪难度增加，犯罪风险提高；犯罪诱因减少，犯罪刺激降低；犯罪后对被害人进行救助措施的完善，对被害人或者被害人的家庭进行补偿等内容。

〔2〕 参见储槐植：《刑事一体化论要》，北京大学出版社2007年版，第166页。

第一节　社会性弱势群体犯罪的治理模式

在第二章社会性弱势群体犯罪的现状考察中也可以体现出，"打击为主，公众参与不足"的治理模式效果较差。本节其主要任务是分析社会性弱势群体犯罪现有治理模式存在一定的合理性，但同时也表现出许多弊端，根据治理的需要研究新的治理模式。

一、社会性弱势群体犯罪现有的治理模式

社会性弱势群体犯罪形势较为严重，预防的难度及社会危害性大，就目前采用的以"打击为主，公众参与不足"的治理模式存在许多弊端。

（一）少数主体"运动式"的犯罪治理模式

社会矛盾及纠纷激化到一定程度会产生犯罪，犯罪是社会不稳定、不和谐产生的原因。针对犯罪问题的解决，政府往往青睐于"严打"的模式，采取高压的政策控制犯罪行为，在短时间起到一定的作用。在"严打"刑事政策的指引下，各种犯罪治理模式便开始产生，以专项打击、集中打击、重点整治等"运动式"的治理模式有了表演的舞台，其作用越来越凸显，得到政府的大力推崇。[1]

在第四章已经讨论了社会性弱势群体犯罪现有的治理政策是以"严打为主"的刑事政策，采取该刑事政策就决定了社会性弱势犯罪治理模式为"运动式"的犯罪治理模式。2013 年公安部针对犯罪采取严厉打击的同时，要求群众积极参与犯罪的治理，做到群防群治，打防结合。但从实际情况来看，并未出台公众参与的具体模式和措施，这必然会导致少数主体参与犯罪的治理，社会公众还未真正参与到社会性弱势群体犯罪的治理中来。

（二）现有社会性弱势群体犯罪治理模式的不足

在犯罪的治理过程中，国家正式的治理资源与现实治理的需要相比而言，国家正式的治理资源还很匮乏，还不能满足现实治理的需要，为此需要通过一些制度的设计及创新，同时把一些有益的社会资源吸纳进来，达到维护社会和谐的目的，这才是完成社会治理合理的选择。对于犯罪治理的问题在一

---

〔1〕　参见储槐植：《刑事一体化论要》，北京大学出版社 2007 年版，第 82 页。

定程度上会涉及政治权力的博弈，从国家层面上来讲属于国家治理，需要国家权力的介入；从社会层面上来讲属于社会治理，需要社会公众来推动。无论从国家层面上的治理，还是社会层面上的治理，其目的都是为了社会和谐及安定团结，既需要国家权力的介入，又需要社会公众来推动，都有发挥作用的空间，通过协商机制进行合作，将双方资源进行整合，共同治理犯罪。

公众参与不足"运动式"的社会性弱势群体犯罪治理模式有其存在的价值，在一定程度上符合社会发展的趋势，也适合社会性弱势群体犯罪危害性大的特点。但随着2010~2013年国家采取严厉打击犯罪的政策之后，社会性弱势群体犯罪形势不但未得到治理，反而还有增长之势，这说明目前我国社会性弱势群体犯罪治理模式不适应社会性弱势群体犯罪治理的需要，还存在许多不足之处。

公众参与犯罪治理不能只像政策性的口号提提而已，需要更深层次的机制作为保障，若缺乏深层次的机制保障，治理模式就失去它存在的价值，参与犯罪治理的各主体之间应是伙伴关系，需要相互配合和支撑，而不是领导与被领导的关系。我们的政府在犯罪治理过程中应该承担的角色为设计者、协调者。所以公众参与犯罪治理的治理模式是大势所趋，但必须要一定的机制作为保障，这也依赖于政治体制改革和民主化进程。目前要培养社会民众参与的精神还存在一定的难度。随着社会不断向前发展，政府的角色也在发生转变，由本位型的角色逐渐向主导型的角色转变，社会民众的法律意识及法律观念也在不断增强，由政府本位型的犯罪治理模式逐渐向社会公众参与型的犯罪治理模式转变。所以政府对社会性弱势群体犯罪采取严厉打击的政策，采取高压的模式进行控制，对社会性弱势群体犯罪的治理是不利的，对社会性弱势群体犯罪采取重打轻防的做法值得反思。

二、社会性弱势群体犯罪治理模式的选择

新中国自成立以来，政府对犯罪尽管采取严格的控制模式，同时注重公众的参与，"依靠群众，相信群众，从群众中来，到群众中去"，这是我们党和政府的工作方法，这是一种非制度化的犯罪控制资源，其散见于各种社会组织中，对于犯罪的抑制起到了重要的作用。我国对犯罪采取"严打"政策的同时，也不能忽视公众参与对犯罪治理的作用。"严打"时期的公众参与与我们现在所谈及的公众参与有一定的差别，"严打"时期的公众参与是由政府主导的有限参与，我们现在所谈及的公众参与，就治理主体而言由单一的形式向多元化的形式转变，已成为大势所趋。就社会性弱势群体犯罪而言，其犯罪具有突发性及危害结果严重的特点，对其进行预防难度大，传统重打轻防的治理犯罪模式已不能适应社会性弱势群体犯罪治理的需要；再者，我国目前已存在公众参与犯罪治理的雏形，公众参与犯罪治理的效果较好。综上所述，社会性弱势群体犯罪治理选择公众参与的治理模式是有基础的，具有重要的现实意义。

（一）公众参与犯罪治理模式的历史基础

公众参与的犯罪治理模式尽管是最近几年才提出来，但是我国目前已存在公众参与犯罪治理的雏形。我国自 1983 年来进行的每一次"严打"活动，都强调"严打"活动都离不开人民群众的参与，对"严打"模式的评估是依据群众安全感来进行的，人民群众安全感的获得主要是依靠"严打"来获得。在当时所处的历史时期，"严打"受到了政府的青睐，得到社会的普遍认同，其民意基础相当深厚。"依靠群众，相信群众，从群众中来，到群众中去"，为了使走群众路线更加明显，让"严打"产生更广泛的社会效应，竟然出现公开性的"严打"形式，有些地方出现将罪犯游街示众，在人员多的地方开公捕公判大会，或者将判处死刑的罪犯公然处死，这些做法尽管令人反思，但对社会犯罪来讲无疑是一种威慑，又吸引了人民群众的参与，这也是公众参与治理犯罪模式的一种体现。

就犯罪学领域来看，公众参与犯罪治理包括两种情况，一种是靠自觉性的参与；另一种是靠动员性的参与。"严打"刑事政策指引下公众参与犯罪治理显然是靠动员性的参与，这种动员式的公众参与犯罪治理虽然显得有些过激，但为我国现在提倡公众参与犯罪治理模式提供了基础，少走弯路。目前在我国不少地区已经提出充分发挥和依靠社会各界力量参与犯罪治理，大力倡导群防群治，对检举揭发犯罪者给予奖励，该措施出台后产生了良好的社会效应，在一定程度上打击了犯罪分子的嚣张气焰。这些公众参与犯罪治理主要是靠政府主导，自觉参与犯罪治理的成分很少。正是这些早期公众参与犯罪治理的方式为我们今天倡导公众参与犯罪治理模式提供了良好的基础和有益的借鉴。

（二）公众参与犯罪治理模式的理论基础

公众参与犯罪治理模式的理论基础包括两种情况：一种是社会资本理论

和善治要求公众参与犯罪治理，另一种是"社会支持为主，'严打'为辅"的刑事政策要求公众参与犯罪治理。

1. 社会资本理论和善治要求公众参与犯罪治理

社会资本理论其内容重点强调公众如何参与形成个体与社会网络间的关系，对犯罪治理具有十分重要的指导意义。个体、社会及社会资本存在以下关系：第一，社会资本若呈下降趋势，这就说明社会与个人之间的关系呈松懈状态，犯罪行为容易发生；第二，加强个体与社会网络的纽带关系是控制犯罪的措施之一；第三，公众参与的水平或质量的高低与社会资本成正比，若公众参与不足就导致社会资本的投入相对减少，犯罪很容易发生，预防和治理犯罪的目的就很难实现。

社会中的每个公民都有权利参与到社会中的事务中去，这是宪法所规定的。治理犯罪常常会涉及他人权利的问题，社会公众在参与犯罪治理的过程中，经常会涉及合法性的问题，善治为公众参与犯罪治理过程中涉及合法性的问题提供了理论支撑。善治包含的内容如下：第一，善治体现了公民与政府间的关系，政府的治理需要依靠公众的支持，公众参与犯罪的治理也离不开政府的引导；第二，犯罪的产生是正常的社会现象，仅仅依靠任何单个力量是不可能治理犯罪问题，政府与社会公众必须通力合作，形成共同治理犯罪的理念、治理方式，在发挥政府引导作用的同时不能忽视社会公众的力量，注重政府与社会公众的通力合作。[1]

2. "社会支持政策为主、'严打'为辅"的治理政策要求公众参与犯罪治理

通常所说的社会支持，就是分为正式、非正式的形式给予被帮助者物质上、精神上的援助，使被帮助者感觉到温暖，从而影响被帮助者的行为，缓解其心理压力，达到预防犯罪之目的。社会支持的内容包括以下几个方面：第一，不同的群体组成了社会支持的网络，群体包括个人、组织、政府等，帮助的形式可以是正式的也可以是非正式的；第二，接受帮助的是社会性弱势群体，也可以是其他群体；第三，帮助的内容既可以是物质的，也可以是精神的；第四，支持的实施既可以缓解被支持者的心理压力，也可以影响被

---

〔1〕　参见俞可平主编：《治理与善治》，社会科学文献出版社2008年版，第8～11页。

支持者的行为。[1]

从上述内容可以得知，社会支持政策要求政府、社会、家庭及个人广泛的参与，若只提提而已，社会支持就失去了意义，若没有公众的参与，社会支持就成了"空中楼阁"，无从谈起。政府每次推行的严打政策都是以社会公众参与为基础，"社会支持政策为主、'严打'为辅"的社会性弱势群体犯罪治理政策要求社会公众参与其犯罪治理。

（三）公众参与犯罪的现实基础

公众参与犯罪的现实基础表现在两个方面：第一，遏制司法腐败的需要；第二，社会性弱势群体犯罪多元化的原因要求公众参与犯罪治理。

1. 遏制司法腐败的需要

我国正处于社会转型时期，犯罪出现新形势，呈现出智能化、群体化、作案手段隐蔽等特征，这给司法机关办案造成了难度，在人力、财力、物力等方面加大了支出，若仅依靠司法机关的力量来治理犯罪，其工作难度增加，治理成本会增高。在经济学中有一个非常著名的理论——"分散理论"强调，一个数量非常大的开支若分散到每个人手里，其数量非常小，显得微不足道。治理犯罪也是同样的道理，仅靠司法机关的力量很难完成任务，若社会公众参与进来，为司法机关增添力量，提供线索，这无疑会降低其治理成本，同时也可以发挥很好的监督作用，防止司法腐败。我国30多年来开展的综合治理政策表明，无论是在维护社会稳定，还是在犯罪治理中，都离不开社会公众的参与，离不开群防群治的社会力量，同样在遏制司法腐败的案件中也离不开社会公众的力量。孟德斯鸠在《论法的精神》中指出"一切不受权力约束的人都爱乱用权力"。若权力不受监督的话，很容易产生腐败。[2]

由第二章对社会性弱势群体犯罪现象的考察得知，社会性弱势群体犯罪动机与目的就是由于自己的合法权利得不到维护，寻求公权力部门的帮助，但公权力部门不能解决此类事情，社会性弱势群体因对公权力部门不满，上访无果，导致他们憎恨社会，社会性弱势群体会制造报复、泄愤事件。面对这一现象，在每个社会性弱势群体的心里对未来充满了不确定性，他们通过

---

〔1〕 参见汪明亮："以一种积极的刑事政策预防弱势群体犯罪——基于西方社会支持理论的分析"，载《社会科学》2010年第6期。

〔2〕 参见〔法〕孟德斯鸠：《论法的精神》，张雁深译，商务印书馆1963年版，第301页。

正规的渠道及手段去维护自己合法的权益的道路行不通，只有通过非正常渠道来极力维护，最终走上犯罪的道路。

2. 社会性弱势群体犯罪多元化的原因要求公众参与犯罪治理

第三章分析了社会性弱势群体犯罪的原因，社会性弱势群体犯罪是由多种原因造成的，只有正确分析社会性弱势群体犯罪的原因，才能探究其治理对策。从总的情况来看，社会性弱势群体犯罪的原因分为宏观原因、微观原因，这就要求公民参与社会性弱势群体犯罪的治理。

从微观层面来看，社会性弱势犯罪的因素之一是由犯罪人的人格缺陷造成的，公民参与是减少人格缺陷产生的重要因素。一个人的人格形成与其生活的社会环境具有很大关系，一个人的社会化过程，若学校、家庭、社会的公众的力量参与不足，其社会化程度很难完成。社会性弱势群体犯罪人，在犯罪前性格固执、遇到事情容易产生极端报复心理等人格缺陷，这些具有人格缺陷的犯罪人只有他的家人、朋友、老师等在平常的交往中才能发现，需要家庭、朋友、老师的支持与帮助，这也是社会支持政策内容的体现。[1]

公众参与犯罪治理可以弥补犯罪控制的弱化。一些社会性弱势群体犯罪人不是生来就具有犯罪的倾向，由于他们可能是单亲家庭，还有因为朋友间的感情出现矛盾等原因诱发犯罪。因此，提高公众参与社会性弱势群体的犯罪治理具有两方面的意义：第一，可以弥补控制手段，如亲情、友情等形式；第二，公民参与犯罪治理还可以加强犯罪的情景控制。这两方面的意义在一定程度上可以阻止"社会控制弱化"，从而减少社会性弱势群体犯罪的产生。

（四）公众参与社会性弱势群体犯罪治理模式的构想

公众参与社会性弱势群体犯罪治理模式不是指公民在政府主导下的有限参与，而是通过各种途径参与社会性弱势群体犯罪前与犯罪后的治理，同时包括社会治理措施。公众参与社会性弱势群体犯罪治理模式主要是通过提供社会支持来完成。

社会支持指的是由正式的或非正式的社会网络向特定对象提供的可以缓解个体心理压力，并能影响个体行为选择的物质上或精神上的给予。西方社

---

〔1〕　参见汪明亮："社会网络分析之犯罪学意义"，载《法律科学（西北政法大学学报）》2010年第6期。

会支持理论认为社会支持不仅对预防和降低犯罪能起到直接作用，而且还可以影响其他变量，如社会控制对预防和减少犯罪产生的间接影响。同时社会支持也可以是其他变量影响犯罪的前置条件。例如当社会支持较低时，社会压力更可能导致犯罪。

社会支持的接受者常常是社会性弱势群体，公众参与是为社会性弱势群体提供社会支持的重要途径。主要体现在两个方面：首先是群体支持。群体支持是由非政府团体或者组织主导的社会支持。在我国转型时期，群体支持主要包括：一是由工作单位提供的群体支持；二是由群众团体提供的群体支持；三是由海外组织提供的群体支持；四是由慈善组织提供的群体支持；五是由社区服务组织提供的群体支持。此外，各种新闻媒体组织、宗教组织、志愿者团体也在群体支持方面发挥着巨大作用。其次是个体支持。个体支持包含了以血缘关系、地缘关系、业务关系为基础的个人支持和以人道主义、博爱精神为基础的个人支持组成的综合性社会支持体系。

实践表明，当前公众参与社会支持还远远不够。一方面"单位制"的社会支持方式正在迅速瓦解，导致群体支持不足。另一方面业务关系、血缘关系日益淡漠和疏远，削弱了来自同事、同学及家庭的个体社会支持。社会支持缺乏已成为我国当前社会性弱势群体犯罪的重要因素，因此进一步发挥公众的力量，构建社会支持系统，为社会性弱势群体提供更多的社会支持是预防社会性弱势群体犯罪的重要途径。

第二节　社会性弱势群体犯罪的治理路径

社会性弱势群体犯罪是由于社会转型时期社会矛盾加剧，社会性弱势群体的利益表达机制的不健全，发泄途径不畅通，产生仇恨心理；经济发展不平衡，结构性失业，城乡二元结构体制的影响；社会保障制度不完善、不健全，收入分配政策不合理，贫富差距过大等因素，导致社会性弱势群体犯罪。在一定意义上说社会性弱势群体犯罪是由于社会制度造成的，其权利得不到保障，造成其犯罪，对其治理仅靠"严打"的手段是达不到治理的目的，所以"严打"的手段值得我们反思，必须选择社会性弱势群体犯罪合适的治理路径。治理社会性弱势群体犯罪，既要肯定"严打"政策的有效性，同时又要运用社会支持政策来弥补"严打"政策的不足，在社会性弱势群体犯罪的整个治理中根据其现象与规律，对社会性弱势群体犯罪治理路径分为罪前的预防、罪后的治理。

一、社会性弱势群体犯罪现有的治理路径

社会性弱势群体犯罪现有的治理路径为"重打轻防"，在短时间内能遏制社会性弱势群体犯罪，但随着时间的推移，这种方式不仅不能使社会性弱势群体犯罪从根本上得到遏制，反而其犯罪形势更加严峻，可见"重打轻防"的治理路径存在一些不足之处。

（一）社会性弱势群体犯罪"重打轻防"的治理路径

我国对犯罪治理采取"重打轻防"的手段是紧扣国情，且具有深刻的历史背景。"重打轻防"对于犯罪的治理曾起到重要的作用。随着社会不断发展，这种犯罪治理路径的弊端逐渐显现出来，"重打轻防"的治理路径在短时间内能遏制犯罪的严峻形势，但长时间使用这种手段，犯罪越打越严重。人们的认识也在不断提高，要治理犯罪仅凭"重打"只是挠皮肤之痒，但司法部门在长期的工作中已经习惯于"重打轻防"的治理路径，在短时间内无法彻底摆脱其困扰。

"重视严打"刑事政策及公众参与不足的犯罪治理模式就决定了我国对社会性弱势群体犯罪治理的路径为轻罪前的预防、重罪后的应对。

（二）"重打轻防"治理路径存在的弊端

长期以来特别是改革开放以来，"预防不是公安的主要职责，公安主要职责是打击犯罪"，这已是社会公众的普遍认为，就公安部门来讲也存在这样的一种认识。由于这种偏见的存在，在实际工作中过分强调专项打击活动，各种形式的专项打击活动从未间断，特别是在重要节日和敏感时期，公安部门都要进行"严打"专项行动。"严打"活动一波接一波，"严打"治理犯罪具有高效性的特点，其优点为可以在短时间内将犯罪的严峻形势控制下去，这就导致了我国对"严打"政策过于依赖，在日常的社会治理活动中忽视了对犯罪的预防，甚至被挤压、弱化，一方面要巩固"严打"政策的社会效果，相反导致一部分人就造成了即使犯罪也是遭受"严打"，未感受到预防带来的效果，与其这样还不如犯罪，这就造成"严打"之后犯罪不断产生，越打犯罪越严重，犯罪情况没有实质上的好转。

就社会性弱势群体犯罪治理而言，社会性弱势群体犯罪的危害性大，致

人重伤、死亡的人数较多，造成的经济损失严重，对其治理就应该采取"严打""重打"的路径。但有些社会性弱势群体犯罪人在犯罪时早已将生死置之度外，"严打""重打"的方式在其面前被弱化。我们应该清楚地认识到社会性弱势群体犯罪是我国社会转型时期出现的一种社会性现象，对其治理采取"严打""重打"的路径在短时间内具有良好的社会效应，对其进行长期预防不可忽视，对社会性弱势群体犯罪的治理是一个长期的过程，在短时间内不可能一蹴而就。综上所述，对社会性弱势群体犯罪的治理，仅仅采用简单的"严打""重打"方式是不能从本质上解决问题，即使收到一定的社会效果，也只是短时间取得的，"严打""重打"活动一结束，潜在的犯罪活动又开始，终点又回到起点，社会性弱势群体犯罪"重打轻防"的治理路径还存在许多弊端。

二、社会性弱势群体犯罪治理路径的选择

探索社会性弱势群体犯罪的治理路径具有重要的意义，社会性弱势群体犯罪治理路径分为罪前预防和罪后的治理。

（一）社会性弱势群体犯罪前的犯罪预防

情景预防、以社会支持为主的其他预防是治理社会性弱势群体犯罪前预防的主要路径，农民工、城市贫困群体、农村贫困群体是社会性弱势群体犯罪的犯罪主体，同时他们是社会中的弱势群体，所以在选择以社会支持为主的其他预防时，可以以他们作为主要支持预防对象。

1. 情景预防的治理路径

情景预防现在非常流行，在许多国家被倡导。情景预防的特点为实施难度不大，实用性及可行性非常强，在犯罪预防领域当中其影响较为强烈。1990 年联合国预防犯罪国际研讨会在莫斯科举行，在该研讨会上将情景预防犯罪理论推到一个新的高度，把它作为社会防卫治理对策。多数传统的犯罪学理论认为假定犯罪率与带有犯罪动机人数之间的关系非常密切，假定犯罪率的变化会引起带有犯罪动机人数的变化，若假定犯罪率稳定则不会引起带有犯罪动机人数的变化。但部分学者坚持自己的观点，他们认为可以用犯罪目标的可被侵害性来解释犯罪率的变化，同样缺少有能力的保卫者的变化也可以用来解释犯罪率的变化。

就社会性弱势群体犯罪治理而言，社会性弱势群体中的一些成员，他们

是社会中的失意群体同时也是具有犯罪动机的人，由于社会制度的原因，他们的权利很难得到保障，这些社会性弱势群体的利益表达途径受阻，他们感觉到社会不公平，就会憎恨他人，憎恨社会，只有通过犯罪的方式来报复他人，报复社会。他们会选择人口密集的地方进行作案，例如公共场所、学校、车站、政府门口。从这些案件的发生来看，行为人出于心中的憎恨，报复社会，他们都是处于边缘化、被冷落在社会地位中处于最底层，且经济非常窘迫。这些社会性弱势群体对生活失去了希望，对社会感到绝望，他们选择极端的方式制造骇人惊闻的案件来引起社会的重视。从社会性弱势群体犯罪的犯罪特征来看，他们感觉到世间太不公平，心中怨气十足，如有特殊情形，他们肯定会爆发。再结合情景预防的特点，对社会性弱势群体犯罪开展情景预防极具可能性。

我们研究犯罪不针对具体的个罪，而是针对类罪开展进行研究。类罪的集中对于开展罪前的情景预防非常有利。经过认真分析找到犯罪的特定方面，并进行细化明确；再者对发现的犯罪问题进行实地调查分析犯罪现状及其规律，探究其犯罪原因、治理犯罪的对策或者阻断犯罪发生中的链条，制定开展情景预防的方案，这是罪前开展情景预防的做法。其中有的社会性弱势群体犯罪人是心中不满，属于报复类型的犯罪人。在 20 世纪 80 年代中期，美国一名邮政工作人员由于工作压力特大，心中产生不满，一怒之下连杀 14 人，以解心头之恨。罪后此邮电所为了杜绝此类事件再次发生，便制定了一个详细的预防方案：改善邮电所工作人员的办公环境，加强安全防范措施，定期了解邮电工作人员的心理及生活上的困难，放假期间组织邮电工作人员进行集体户外活动，以减轻他们工作的压力。

从上段中的案例我们可以得知，将类罪特定化、具体化是我们开展罪前情景预防工作最基本的要求，否则就无法开展此项工作，因为针对一般的犯罪，很难做到有针对性地开展预防工作。社会性弱势群体犯罪类型非常集中，这为罪前开展情景预防工作创造了条件。对社会性弱势群体犯罪在罪前开展情景预防符合治理工作的需要，且非常必要和可行。对社会性弱势群体犯罪开展情景预防的具体路径如下：

犯罪发生的时间与地点不是一成不变的，而是在不断变化之中，这给犯罪的发生创造了很大的机会，从而就导致了犯罪预防的难度加大，犯罪的发生不是误打误撞的结果，而是犯罪人理性选择的产物。我们可以根据这一特点对犯罪进行情景预防，改变犯罪人实施犯罪行为的犯罪条件或者犯罪客观环境，使实施犯罪的成本提高，导致其犯罪收益降低，达到减少和预防犯罪的目的。目前产生了许多犯罪理论，在众多的犯罪理论中，预防措施的具体化、适用性、操作化是情景预防所具有的特点，其他犯罪理论不能与之相比。社会性弱势群体犯罪同样可以采用情景预防，发挥情景预防的作用达到治理犯罪之目的。开展情景预防的具体路径如下：

第一，使犯罪人的犯罪难度、犯罪风险被提高。在人类社会中犯罪类型众多，各个犯罪类型不尽相同，相应开展情景预防的路径也不相同。而情景的改变则对应的是实施犯罪行为的犯罪条件或者犯罪客观环境的改变。尽管一些情景因素相同，但在不同的犯罪类型中其表现并不完全相同。相较于一般刑事犯罪而言，社会性弱势群体犯罪的犯罪行为方式、犯罪后果、犯罪对象很不具有确定性，其随意性、突发性较强，使人很难预防。所以根据社会性弱势群体犯罪的特点与规律，研究导致社会性弱势群体犯罪的情景因素，分析这些情景因素究竟是如何影响社会性弱势群体犯罪，只有如此我们才能正确地开展社会性弱势群体犯罪的预防工作。

在日常的社会生活中，要想成为行为人犯罪涉猎的目标，必须要满足一定的标准，否则，就很难成为犯罪目标。社会性弱势群体犯罪也必须满足一定的标准才能构成犯罪，对其标准进行改造，使犯罪人的犯罪难度、犯罪风险被提高，不容易犯罪从而达到预防其犯罪的目的。这些社会性弱势群体出于心中的憎恨，报复社会，他们都是处于边缘化、被冷落在社会地位中最底层，且经济非常窘迫"失败者"。这些社会性弱势群体觉得自己活着已经没有什么意义，对生活失去了希望，对社会感到绝望，他们不得不选择极端的方式制造骇人惊闻的杀人事件来引起社会的重视。他们会选择人口密集的地方进行作案，例如公共场所、学校、车站、政府门口是犯罪人犯罪的场所。因此我们在通过下列措施进行犯罪情景预防：（1）在交通工具、交通设施内等地方，安装监控器、摄像头进行监控；（2）加强"天网工程"建设，加强自然监控，例如多安装路灯，多设计防卫空间；（3）对重点场所、公共安全场所加强管理，让犯罪人的犯罪风险被提高，例如敬老院、学校校园等人口密集的地方；（4）对爆炸物、刀具加强管理，提高民众的自我保护意识，让犯罪难度被提高。

第二，使犯罪诱因被减少，犯罪刺激被降低。社会性弱势群体犯罪的发生是由于有些犯罪人本身很脆弱，没有耐心，畏惧挫折，应对挫折与困难的能力不强，同时也缺乏将自己内心的不满、憎恨进行有效发泄与释放的能力。从此方面来看，对社会性弱势群体犯罪进行情景预防的路径如下：（1）张贴礼让标语，减少社会民众情绪性冲动，例如禁止说歧视性的语言，提示大家相互谦让，控制暴力；（2）在人多的场合或公共地方播放一些轻音乐，减少人群烦躁的心理；提高服务质量和服务水准，尽量减少人群排队的时间；设置柔和的灯光等；减少犯罪发生的可能；（3）规范媒体报道，使犯罪模仿被减少，媒体报道犯罪时尽量减少报道细节，防止被一些图谋不轨的人进行模仿；（4）关心"高危人群"，对那些所谓的"高危人群"要重点进行关心和关照，竭尽全力帮助他们，解决他们的困难，对于有作案嫌疑的人员，或者刑满释放有再次犯罪可能性的人员进行重点监控，防止他们犯罪。

2. 社会性弱势群体犯罪的社会政策治理路径

上文我们已经分析出社会性弱势群体犯罪的原因，为了预防社会性弱势群体犯罪，必须做好以下工作：

（1）健全社会性弱势群体利益表达机制，畅通其发泄路径，保障其平等权

社会性弱势群体犯罪的原因之一是社会性弱势群体的权利和利益受损，其利益表达机制不健全，发泄路径受阻。目前司法救济也是我国民众利益表达途径之一，司法救济针对社会性弱势群体而言，消耗的时间很长，成本非常高，社会性弱势群体只能叹为观止。从社会性弱势群体的角度来考虑，当自己的利益和权利受损时，想通过司法途径来解决，但经济成本与时间成本太高，自己消耗不起，只有放弃司法解决的途径，这也充分说明我国在司法方面解决矛盾还存在一些问题，使社会性弱势群体受到伤害，对寻求司法途径解决矛盾、维护自己的利益和权益丧失信心。当前我国正处于社会转型时期，整个社会处于"矛盾凸显期"，人们面临着许多压力，社会性弱势群体更是如此，他们的利益表达受阻，所以急需寻求压力发泄路径，缓解压力，预防社会性弱势群体犯罪的最有效的办法是建立健全联系服务群众和解决群众利益的长效机制。首先，建立健全联系社会性弱势群体制度。关心关爱社会性弱势群体，帮助他们解决生活中的困难问题，让他们感觉到温暖，变社会性弱势群体的"上访"为领导干部的"下访"，了解他们的心声和疾苦，帮助解决困难。其次，使民意表达制度得到健全。健全民意表达制度，特别是

社会性弱势群体，完善相关制度，让社会性弱势群体有说话、反映问题的地方，专门为社会性弱势群体建立反映问题、表达心声的平台，例如设置意见箱、热线电话、举报电话，利用电子政务等网络信息发表自己的意见。最后，使社会性弱势群体权益制度得到健全与维护。保护社会性弱势群体的权利，特别是征地拆迁中损害了社会性弱势群体的利益进行合理补偿，使社会性弱势群体的利益诉求表达渠道畅通，努力化解社会矛盾，妥善处理各种矛盾纠纷，维护社会性弱势群体的权利，从而减少和预防社会性弱势群体犯罪。

（2）打破经济发展不平衡及城乡二元体制结构的影响，鼓励社会性弱势群体就业，保障其生存权、劳动权

我国正处于社会转型时期，社会性弱势群体犯罪形势较为严峻，其原因之一为城乡分割的户籍制度的存在及社会性弱势群体结构性失业，导致其基本生存受到威胁。为了改变这种状况，必须完善现有户籍制度，制定户籍法，加强社会性弱势群体就业保障和劳动保护，维护其基本生存权。其具体路径如下：第一，制定户籍法，实行一元户籍制度。第二，完善户口登记制度，改变传统的户口登记制度，建立居住证制度。传统户口登记制度分为农业户口与非农业户口，主要采取以户籍地为主的户口登记制度，这种登记制度已经跟不上时代的需要，严重制约着我国社会和经济的发展。根据我国目前的国情，应该实行户口管理和人口管理相结合的办法，实行以"居住地人口管理模式"逐步取代以"户籍地管理的模式"，不再实行户籍人口和流动人口两种管理模式。防止对社会性弱势群体产生身份歧视，预防社会性弱势群体犯罪。针对社会性弱势群体而言推行扶持政策，是政府义不容辞的社会责任。在对社会性弱势群体的扶持中，政府通过官方扶持机构的设立、援助政策的制定、财政信贷资金的支持、社会扶持力量的参与等多种形式的开展，来帮助社会性弱势群体就业。在具体工作中，消除身份差别，加快制度改革，实现同工同酬，从而保障社会性弱势群体的生存权和劳动权，预防社会性弱势群体犯罪。

（3）调整社会结构，确保社会性弱势群体的机会公平，实现其受教育权、发展权

具体的举措涉及城乡结构、收入分配结构、就业结构和教育结构等方面。这些结构的调整对社会阶级结构的演变具有实质性的影响。就社会性弱势群体的机会来讲，机会主要包括教育、医疗、养老、住房等机会，正是由于社

会制度的不公平，造成社会性弱势群体在机会上受到梗阻，引发他们犯罪。为了使社会性弱势群体平等地享有机会，预防其犯罪，必须做好以下工作：就教育机会而言，要让社会性弱势群体接受教育，尤其使其子女接受教育，促进教育均衡发展，实现教育公平发展，这一问题得到全社会的广泛关注，其意义重大，在一定意义上说，还可以预防和遏制社会性弱势群体犯罪。政府要使社会性弱势群体子女接受义务教育得到保障，政府制定政策要体现宏观性，根据实际建立财政转移支付制度，让教育资金向落后地区、弱势地区倾斜，随之配套相应的法律、法规，使社会性弱势群体的子女接受义务教育得到保障。尽管我国的义务教育取得很大成就，使很多适龄儿童接受教育，国家对义务教育的投入力度应该进一步加大，经费投入重心有所改变，加大对落后地区、弱势地区的投入力度，将义务教育阶段的学杂等经费减免的力度加大。根据实际情况建立财政转移支付制度，缓解落后地区、偏远地区的财政压力，保证社会性弱势群体子女接受义务教育，并出台相关的法律法规，以保证义务教育的推行。就社会性弱势群体的养老、住房、医疗等机会而言，政府应该加大改革力度，制定和出台相关政策，确保社会性弱势群体的机会和权利平等，从而预防其犯罪。

（4）加强收入分配调节，完善社会保障体系，确保社会性弱势群体的社会保障权

加强收入分配调节，完善社会保障体系，确保社会性弱势群体的社会保障权，预防社会性弱势群体犯罪做好以下工作：首先，加强收入分配调节，逐步缩小贫富差距。目前建立公平竞争的收入分配秩序是社会公平保障的重要措施。使垄断行业被打破，解决行业之间收入差距之间的问题。行业之间的收入差距主要是垄断企业所导致，要采取各种方式打破垄断，实行政企分开，盈利性与非盈利性分开。对垄断行业的投融资体制进行改革，对投资主体实行多元化，主要依靠市场竞争的力量来完成优化结构。加强垄断行业的监管，严格实施反垄断法，成立专门的反垄断机构，对垄断行为加大处罚力度。规范权力运行，严厉打击权力寻租行为。要解决社会性弱势群体犯罪的问题，一定要规范权力运行，严厉打击权力寻租行为，依靠制度、依靠法律来规范公权者的权力行为。对官员行使权力的全过程必须要全程监督，要有法可依，有法必依，发生违规行为必须要严厉惩戒。加大对再分配环节的调节力度，注重税收调节手段，完善个人所得税制度，加强对个人收入的调节。

尽快征收遗产税、赠与税及财产税。征收这三种税是调节贫富分化较为合理的途径，对减小贫富差距具有重要的作用。征收社会保障税，社会保障税有利于筹集资金，以增强对社会性弱势群体的社会保障，从而预防和减少社会性弱势群体犯罪。其次，完善社会保障体系，确保社会性弱势群体的社会保障权。习近平同志在十九大报告中指出"加强社会保障体系建设。按照兜底线、织密网、建机制的要求，全面建成覆盖全民、城乡统筹、权责清晰、保障适度、可持续的多层次社会保障体系。"我国社会保障的投入不高；社会保障体系存在制度性缺陷，立法落后；社会保障对社会成员的覆盖范围小，还未完全覆盖到农村。因此应结合我国的实际情况，对我国新时期社会保险制度的改革，将城乡全体公民纳入社会保险的范围，尤其积极推进农村社会的保障工作，使社会性弱势群体学有所教、劳有所得、病有所医、老有所养、住有所居，从而预防和减少其犯罪。完善和健全社会保障制度，完善养老保险、失业保险、医疗保险制度。同时尽快建立城镇社会救助系统，应该借鉴国际经验，完善统一的社会救助体系信息网络平台，建立社会救助专项基金，对包括社会性弱势群体在内的贫困人员实行救助。为了减少社会性弱势群体犯罪，其对策之一就是重点推进农村社会保障制度建设，切实解决农民工及农村贫困群体的社会保障问题。建立城乡统一的社会保障制度，主要通过立法手段让社会保障制度覆盖农村，让农民真正得到保障；积极探索，进一步做好贫困农民基本生活保障工作，建立农村最低生活保障制度；加快推进农村新型合作医疗建设，逐步扩大农村新型合作医疗建设；逐步建立农村养老保险制度；解决进程农民工和失地农民工社会保障问题；同时明确政府对农民社会保障制度建设和基本账户筹资的责任，明确中央财政和地方财政在农村社会基金的出资比例，开征社会保障税，使社会基金获得稳定的来源。加强收入分配调节，完善社会保障体系，确保社会性弱势群体的社会保障权，从而预防社会性弱势群体犯罪。

综上所述，社会性弱势群体犯罪的社会政策治理路径包括：健全利益表达机制，畅通其排泄路径，保障其平等权；打破经济发展不平衡及城乡二元体制结构的影响，鼓励社会性弱势群体就业，保障其生存权、劳动权；调整社会结构，确保社会性弱势群体的机会公平，实现其受教育权、发展权；加强收入分配调节，完善社会保障体系，确保社会性弱势群体的社会保障权。通过这些路径的治理与完善，保障社会性弱势群体的基本权利，预防其犯罪。

（二）社会性弱势群体犯罪后的刑事法律对策

社会性弱势群体犯罪问题实质上是人权保障问题。社会性弱势群体犯罪形势如此之严重，在很大程度上是他们的权利得不到保障，是社会制度所造成的，对他们的关心与支持不够。我们要预防和减少社会性弱势群体犯罪，必须加强对社会性弱势群体权利的保障，使其充分享有平等权。对社会性弱势群体犯罪人的刑事应对路径为完善社会性弱势群体的刑事法律保护，其构想如下：

1. 刑事立法对策

社会性弱势群体的刑法保护在立法上的对策主要表现为对强迫劳动罪与拒不支付劳动报酬罪规定的完善；提高安全事故犯罪的法定刑；提高司法人员利用职权侵犯社会性弱势群体犯罪的法定刑；适当降低由社会性弱势群体实施财产型犯罪的法定刑。

（1）强迫劳动罪的完善

第一，《中华人民共和国刑法》（以下简称《刑法》）第 244 条第 2 款规定了对协助他人强迫劳动的行为制裁。在强迫他人劳动的犯罪中，多为团伙犯罪，因为其行为不能暴露在阳光下，不能光明正大地招工，就有一部分人用欺骗、引诱等方法专门为其招募、运送人员，对这些犯罪人要加大打击力度，从源头上治理强迫劳动的行为。可以从第 2 款分离出来，独立设置"协助强迫劳动罪"，并配备相应的刑罚。在实践中，协助强迫劳动行为经常发生，其属于强迫劳动犯罪的正常状态，对于保护劳动者的权益来说，进行独立设置具有一定的现实意义。实施强迫劳动的行为与协助行为的就是主犯与从犯的区分，其危害性大小不同，在刑罚的配置上要区分大小。退一步来说，即使不独立设置罪名，配置的刑罚也应比强迫劳动罪应受的刑罚低，类似"组织卖淫罪"与"协助组织卖淫罪"，协助组织者同样采取欺骗、引诱等方式寻找卖淫者，行为特征有独立性，所以将此行为单设，也能体现对协助者的打击。可对此进行借鉴。有学者也指出，从有利于体现区别对待和贯彻罪责刑相适应原则的角度考虑，对协助强迫劳动的行为与强迫劳动行为配置相同法定刑的做法确实值得商榷的。[1]其实，独立设置这个罪名也能充实我国强迫劳动刑法规制的体系。

第二，强迫劳动行为方式的犯罪增加了"或其他手段（方法）""等方法"，类似的表达可以使其进一步完善，说法更准确。即"以暴力、威胁、限制人身自由或其他方法（等方法）强迫他人劳动"，这种说法可以避免法律漏洞。因为只规定"暴力、威胁及限制人身自由"不能涵盖所有的强迫劳动行为，从刑法和其他法律对强迫劳动罪的规定来看，强迫劳动的方式多。国际社会反对强迫劳动实践表明，强迫劳动的行为方式非常广泛，最基本的包括契约劳动、抵债劳动、奴役劳动以及其他以惩罚为恐吓手段的被迫的或者非自愿的劳动。只有采用"或其他手段（方法）""等方法"的概括性规定，才可以将社会上所有可能强迫劳动犯罪的行为被刑法所涵盖，不会产生任何遗漏。

第三，对于"情节严重"的规定可以用列举的方法加以明确。例如强迫怀孕妇女、儿童、残疾人劳动的情形可属于情节严重，体现对包括社会性弱势群体的保护。我国《刑法》中，很多条文也是这样表述的，强奸罪有加重处罚的情形。强迫劳动罪也可以附加加重的情节。下列的情形可以视为情节严重：①强迫他人超长时间无偿劳动的；②强迫他人从事危险劳动的；③强迫劳动造成人员伤残或者死亡严重后果的；④强迫劳动以致发生重大责任事故或重大安全事故产生的等。情节如不进行列举性的明确规定，很容易增加法官的自由裁量权，有悖于罪刑法定原则。

第四，附加刑适用的完善。无论是单位还是个人，强迫他人劳动的目的是为了获得更大的经济效益，在刑法中虽然设置了罚金刑，但没有特定的操作标准，在使用该项规定时，不知怎样操作。例如可选择并处非法所得（收入）的1至5倍的罚金进行处罚，通过适用罚金刑来增加犯罪的经济成本，竭力避免犯罪人犯罪。此外有必要增设限制、禁止再营业的附加刑等形式，防止和遏制强迫劳动犯罪的发生。

社会财富是劳动创造的，劳动是光荣的事情，每个人都愿意用劳动来换取美好的生活，都有自由选择工作的权利，而强迫劳动是一种赤裸裸的剥削，

---

〔1〕 参见王志祥、韩雪："论《刑法修正案（八）》中的强迫劳动罪"，载《法治研究》2011年第8期。

是侵犯劳动权的违法犯罪行为。强迫劳动者从事不愿从事的劳动，而且迫使劳动者长时间从事高强度及高危险的劳动，克扣甚至不支付工作报酬，限制、剥夺劳动者的人身自由等，这些都是我们整个社会不愿看到并且坚决抵制的行为。强迫劳动不仅给劳动者带来身体的伤害，还给劳动者的精神造成严重的损害，给整个社会带来不安。因此从保护社会性弱势群体的角度出发，应完善刑法中强迫劳动罪的立法，从而保障社会性弱势群体的权利，减少和遏制社会性弱势群体犯罪。

（2）拒不支付劳动报酬罪的完善

笔者认为拒不支付劳动报酬罪在实践中的认定和今后的完善中应当思考以下问题。

第一，完善本罪的刑罚规定。拒绝支付劳动报酬罪的犯罪动机是追求利益。我们也看到有些企业老板或包工头并不是没有支付能力，而是想尽一切办法逃避支付，例如有些包工头见钱眼开，财迷心窍，当他们拿到工程款后，不给工人支付工资，相反还销声匿迹。当把这些包工头捉拿归案后，有些人仍不支付工人工资，为了钱有些人不惜坐牢。对于这种类型的犯罪，应该在经济上予以重罚，适用罚金刑，多的罚几万元。对于数额较少情形的，可以处罚应当支付劳动报酬数额的1倍~2倍的罚金。对于从事经济活动的个人或企事业单位来讲，支付劳动者的工资与报酬应当是最基本的道德和法律底线，对这类犯罪的治理，限制或者剥夺其经营能力无疑更具有威慑力。基于行为人犯了拒不支付劳动报酬罪，如果再从事这一职业或开展经营时，就有再犯同罪的危险，为了避免危险的发生，法院在判决其入狱并处罚金的情况下，考虑禁止该行为人在一定期限内从事这一职业或经营的资格，如刑满后1~5年的禁令。

第二，明确本罪的"恶意"的认定。对本罪"恶意"的认定与把握，也就是对"有能力支付而拒不支付"的认定与把握。此罪是在主观上表现为恶意，行为人将工人的工资据为己有，也是直接故意的体现。行为人本身有能力支付，而逃避、隐匿财产、转移财产等行为与借口拒绝支付，行为人具有非法占有的目的，侵吞劳动者的劳动报酬。承包人已经从企业获得了工程款，但为了将该工程款据为己有而携款逃跑。因此本罪必须要求行为人有支付能力，如果行为人在客观上真的不能支付劳动者的报酬，应该被排除在恶意之外。现在竞争很残酷，有的企业在激烈的市场竞争中可能会破产，个别公司可能是由于经营困难而无法支付劳动者的劳动报酬，类似这种情况就不能简单地认为雇佣者是恶意不支付劳动者工资的行为。此外，对于具有劳资争议的"拒不支付劳动报酬行为"也不能简单认定为"恶意"。劳动争议是劳动者与雇佣者因权利与义务发生的争议。争议是多方面的，有劳动条件、劳动环境、劳动安全、劳动工资等各个方面。工资方面的争议主要表现为工资多少、工资划分以及加班费的有无、多少上，在发生工资争议时，因为还不能达成一致，可能会拖欠劳动报酬。但也有可能是劳动者违约的情况下，雇佣者拒付劳动报酬，这种情况下，雇佣者就不是以恶意占有劳动者的劳动报酬为目的，可不认定为"恶意"。但当劳动争议解决后雇佣者应当支付，依然拒绝支付劳动报酬，就应当认定为恶意。

第三，需要明确"对有能力支付而不支付劳动报酬"的认定主体。根据司法解释，这些情况可以被认定为"有能力支付而拒不支付"：隐匿财产、恶意清偿、虚构债务、虚假破产、虚假倒闭或者以其他方法转移、处分财产的；逃跑、藏匿的；隐匿、销毁或者篡改账目、职工名册、工资支付记录、考勤记录等与劳动报酬相关的材料的；以其他方法逃避支付劳动报酬的。下一个最关键的问题是谁能提供雇主有能力支付而拒不支付工资的材料。针对工人来讲，工人不可能提供，因为工人根本接触不到这些材料，劳动者要证明用人单位转移资金以决绝支付报酬行为是非常困难的。针对欠薪的老板来讲，他们会故意不提供，或提供虚假材料。针对公安机关来讲，只有在公安机关立案后，根据相关程序才可进行调查，在没有立案前，公安机关不能进行调查和搜集证据。笔者认为只有赋予人力资源和社会保障部门一定的职权，对企业的资产状况进行调查核实，以便更好地确定行为人是否构成犯罪，是否将其转移到公安机关。大多数案件都是犯罪嫌疑人逃跑的事实，才能被认定为是犯罪。针对行为人"有能力支付而拒不支付"的情形很难调查取证，很难被认定。

第四，取消"经政府有关部门责令支付仍不支付"这个条件。"经政府有关部门责令支付仍不支付"是拒不支付劳动报酬罪的犯罪构成客观方面的条件之一，设置此条件的目的是给行为人提供一个改过自新的机会，旨在让劳动者的工资报酬被及时兑现。然而在实际应用中容易产生混淆与歧义，给司法应用带来了困惑。政府和有关部门的范围界定尚不清楚。根据司法解释，明确界定为人力资源和社会保障部门或其他相关的部门，但"其他相关的部门"的表述模糊，不准确。此外，又增加了责令支付仍不支付的除外条件，即有证据证明行为人不知道被责令支付或不及时支付劳动报酬的情形除外，这给行为人不支付劳动报酬又找了一个合适的借口。根据有些案例下达责令书的机关有劳动监察部门以及公安机关。若对"其他相关政府部门"的范围界定不清，对所开的责令书的效力就很难确定，同时对于责令书的送达也存在问题。如果必须经过政府有关部门责令不支付之后其犯罪才成立的话，这无疑对劳动者维护自己的权利又增添了难度。另外在拒不支付劳动报酬罪的犯罪构成上，"经政府有关部门责令支付仍不支付"是其构成客观方面之一，以限制本罪的成立，可能导致行政权力的不正当行使而与刑法的谦抑原则相悖，以压缩刑罚的适用范围的立法目的，引起行政干预司法之嫌，使犯罪嫌疑人免受刑事追究。在实践中有的行政机关出于地方保护主义，保护本地的企业，达到发展经济之目的，往往是睁一只眼闭一只眼，或者有的当地企业给政府传输好处与利益，使政府不作为，拒不责令企业支付劳动者的工资，到企业破产那天也不会收到政府的责令书，而劳动者只是"傻傻地等待"。这份关系到劳动者生命财产的责令书反而成为司法机关追究雇佣者刑事责任的绊脚石，这明显对司法独立起到负作用，让政府部门出面实施责令行为，显然会放纵很多此类犯罪行为的发生。

在实践中恶意欠薪行为引发了一些群体性事件，如劳动者通过群体性上访、围堵交通、冲击政府机关、爬塔讨薪、跳桥讨薪、跳楼讨薪等极端手段讨要工资，社会秩序被严重的扰乱，造成社会动荡不安。有的甚至造成劳动者或他人重伤、死亡的严重后果。因此拒不支付劳动报酬罪的设立符合社会发展的实际需要，加强对社会性弱势群体权利的保护，对于预防和减少其犯罪具有重要的意义。目前我国正处于全面建设小康社会时期，也是处于社会的过渡时期，社会上的一些不良行为迅速发展。拒不支付劳动报酬罪的设定既维护和保障了社会性弱势群体的利益，又使社会主义市场经济得到维护，但仅仅是立法还不够，最关键的是如何将立法落到实处。正好我国正处于社会发展的关键时期，恶意欠薪行为纷乱复杂，下一步应当对"主观恶意""政府有关部门责令""有能力支付而仍不支付"等犯罪构成要件要素进行进一步明确，为拒不支付劳动报酬行为构成犯罪进行合理而清晰的界定，以期在司法实践中真正落实，从而保障社会性弱势群体的权利，减少和遏制社会性弱势群体犯罪。

（3）提高安全事故犯罪的法定刑

近年来，与安全事故有关的犯罪频繁发生，严重危害了人民群众的生命安全，同时也给国家、集体和个人的财产造成重大损失。为此国家采取了许多措施，如关闭小煤矿，打击安全事故背后潜在的腐败，采取行政处罚及罚款等行政和法律手段等来维护人民群众的生命安全及财产安全，保护其权益和利益，特别是社会性弱势群体的利益，从而预防和减少其犯罪。

从刑罚的视角而言，刑法对于关于安全责任事故犯罪处罚的法定刑较轻，不足以产生强大的威慑力，很难发挥刑法的作用。如《刑法》第 135 条内容之一规定了大型群众性活动重大安全事故罪、第 138 条教育设施重大安全事故罪、第 139 条消防责任事故罪，第 139 条之一不报、谎报安全事故罪等安全事故责任刑罚最多判 7 年，在实际执行中可以减刑、假释或保外就医。若要加强安全事故犯罪的保护，可以参考第 134 条第 2 款强令违章冒险作业罪、第 137 条工程重大安全事故罪处罚，可以将这些罪名的法定刑增加到 10 年或 15 年，还应该规定安全责任事故的责任人不得再从事特定行业工作的资格刑。

（4）提高司法人员利用职权侵犯社会性弱势群体犯罪的法定刑

刑法中对社会性弱势群体权利和利益侵犯的法定刑规定得不够充分和详细，还存在完善的空间。现行刑法关于刑讯逼供罪、暴力取证罪的规定，行使国家公权力的司法工作人员是这两个罪的犯罪主体，犯罪对象相较于该罪的犯罪主体处于弱势地位。根据现行刑法规定，除了致人伤残、死亡转化为故意伤害罪、故意杀人罪外，如果刑讯逼供、暴力取证致使被害人重伤或者其他严重情节的，其法定最高刑为 3 年有期徒刑，这比普通过失致人死亡的最高法定刑还要低。这样的规定对于社会性弱势群体权利的保护是不利的。因此有必要增加这两种犯罪的量刑幅度，即行为人犯罪情节严重的，处 3 年以上 10 年以下有期徒刑。

（5）适当降低由社会性弱势群体实施财产型犯罪的法定刑

费尔巴哈曾经说过"刑事政策是国家打击犯罪的刑罚措施的总和，是立法国家的智慧"。李斯特曾经说过"贫穷是绝大多数部分犯罪的根源"。打击犯罪有必要弄清犯罪背后的原因，仅仅采用惩罚的手段是不能从根本上解决问题。

在实践中财产性犯罪的犯罪主体很大一部分是社会性弱势群体，社会性弱势群体实施财产犯罪是因为贫困所致，迫于生计的无奈，出于对社会性弱势群体权益的维护应当降低法定刑，我国刑法对财产型犯罪的规定要比德国和日本的刑法规定要高，例如盗窃罪在德国与日本最高刑是 10 年的有期徒刑，我国在《中华人民共和国刑法修正案（八）》（以下简称《刑法修正案（八）》）未出来之前最高刑是死刑，在《刑法修正案（八）》生效后，我国取消了对盗窃犯的死刑，未来在立法上降低财产型犯罪的刑罚仍然有很大的空间。

2. 刑事司法对策

司法是社会正义的最后防线，有法谚云：法的效果在于执行。在社会性弱势群体犯罪的司法治理中，要根据社会性弱势群体的不同特点，实行分类处遇，同时，在执行的过程中，尽量使用非监禁刑的措施，即使必须要判处监禁刑，也要注意监禁刑执行过程中的社会化，力求将监禁的负面效应降至最低。

（1）监禁刑执行的分类处遇化、社会化

社会性弱势群体犯罪的原因较多，由于我国正处于社会转型时期，一些社会制度还不完善，造成社会性弱势群体犯罪。另外社会性弱势群体所享有的权利不能得到充分的保障也是导致其犯罪的因素之一。对社会性弱势群体犯罪进行治理，若必须判处监禁刑，在执行的过程中尽量实行分类处理及社会化。第一，针对社会性弱势群体的特点及实际情况，实行分押、分管。我国 1994 年颁行的《中华人民共和国监狱法》以法律的形式确立了分押、分管制度，同时，根据罪犯的犯罪类型、刑罚种类、刑期、改造表现等情况对罪犯实行分别关押，采取不同的方式管理。对于社会性弱势群体而言，也是如此。对社会性弱势群体罪犯的改造，应当根据其生理、心理特点进行分类矫治。还需要对社会性弱势群体罪犯中具有病态人格的罪犯、精神疾病的罪犯及具有心理疾病的罪犯等分类关押和管理。针对那些年老体衰的罪犯，他们具有不便迁移的特点，对其关押应尽量采取"就地"关押的方式。所谓"就地"，是指尽量避免在离犯罪人执行前关押地或居住地较远的监所中执行监禁刑。通过上述分类处遇，将监狱内交叉感染的危害降至最低，最大程度对社会性弱势群体进行保护。第二，针对社会性弱势群体的不同特点，实行分教制度。对社会性弱势群体的犯罪人通过思想教育的方式进行，针对每个犯罪人的思想、人格，采取座谈、交流、对话、倾诉、劝解、疏导等个别化的方式进行教育。

（2）监禁刑执行的社会化

在监禁刑执行的过程中，注重对社会性弱势群体的社会化尤为必要。第一，针对社会性弱势群体，推进监狱内行刑社会化。完善监狱分类、设置适合社会性弱势群体的开放性矫正机构；针对社会性弱势群体，探索新的监禁方式执行刑罚，如家中监禁、半监禁、日间监禁等特殊的执行方式；吸纳社会力量参与社会性弱势群体罪犯的再社会化工作，吸纳社会上各类专业人士和社会志愿者参与社会性弱势群体的社会化行刑工作中；针对社会性弱势群体实行请假离监制度，在运用此项制度时要保持小心谨慎的态度，一方面，应该针对符合条件的社会性弱势群体尽可能多地适用暂时离监制度；另一方面，应该尽快丰富离监事项内容，为犯人建立更多的通往社会的"出口"。第二，针对社会性弱势群体，扩大监狱外行刑的社会化。放宽对社会性弱势群体适用假释的标准；依法扩大对社会性弱势群体适用监外执行的范围。

（3）非监禁刑的社会化

非监禁刑的适用最符合行刑社会化的理念和初衷。就我国目前而言，我国的非监禁刑的刑罚种类主要包括管制、罚金、没收财产、剥夺政治权利、驱逐出境等，实践中主要适用于社会性弱势群体的非监禁刑种类是管制刑和罚金刑，另外还有刑罚裁量制度中的缓刑。因此，司法实践中，加大对社会性弱势群体的管制刑、单处罚金刑和缓刑的适用力度，是保证社会性弱势群体社会化效果的重要措施。第一，对社会性弱势群体尽量多适用管制刑。第二，对社会性弱势群体尽量多适用罚金刑。单处罚金刑跟管制刑面临相同的境地，实践中应用得很少，立法的初衷完全不能在司法中体现。对此，根据不同情况，对社会性弱势群体采取不同措施：对于那些没有经济来源的社会性弱势群体应该尽量少判罚金；对于因为遭遇不能抗拒的灾祸，缴纳判决所确定的罚金数额确实有困难的社会性弱势群体，例如农村贫困群体，依法裁定减少罚金数额或者免除罚金数额，在未来立法设置罚金刑易科社区服务刑的情况下，可以根据具体的情况，对于无力缴纳罚金的社会性弱势群体适用罚金刑易科社区服务刑。第三，对社会性弱势群体尽量多适用缓刑。缓刑虽然不属于狭义上的非监禁刑，但是作为最基本的监禁刑替代措施，对于社会性弱势群体早日回归社会，实现再社会化具有重要意义。然而在实践中，与一些刑法发展成熟的国家相比，我国缓刑在适用比例上明显不足。我国缓刑适用率在30%左右，而世界上多数国家缓刑适用率在50%左右，最高达60%～

70%。究其原因，除了执行体制不健全、司法人员观念保守因素外，就实体内容而言，缓刑存在最大的问题在于实质条件过于笼统，考察内容较为虚泛，缺乏针对区分社会性弱势群体与优势群体的制度设计。好在《刑法修正案（八）》细化了适用缓刑的实质条件，明确了符合缓刑条件的社会性弱势群体适用缓刑的绝对性，同时规定禁止令和社区矫正的方式，这些规定为社会性弱势群体多适用缓刑提供了法律依据。为此，司法使用中，司法人员应该严格遵循法的精神，对于不满 18 周岁的人和已满 75 周岁的人，只要符合缓刑的条件，必须予以缓刑，对于不满 75 周岁的老年人弱势群体，若符合缓刑条件，也尽量判处缓刑。社区服务刑的规定，在最大程度上为社会性弱势群体的社会化创造条件。

3. 对被害人救助措施的完善

犯罪行为发生后，犯罪人无力对被害人的损失进行赔偿，由国家代为对被害人进行补偿，这就是被害人救助制度。一般的刑事犯罪被害人与社会性弱势群体犯罪的被害人不尽相同，一般的刑事犯罪被害人就是犯罪受害人，社会性弱势群体犯罪的被害人不仅包括犯罪人自己，还包括犯罪人的家庭及犯罪受害人，可见社会性弱势犯罪受害人具有两面性。同时社会性弱势群体犯罪的后果也具有两面性。其理由如下：第一，社会性弱势群体犯罪突发性、随意性大，有的破坏性较强，常常令政府措手不及，很难形成大规模的救助活动，甚至使有的人得不到救助。第二，犯罪人的家庭、亲人要承受很大的压力。在一般情况下，社会性弱势群体犯罪产生的犯罪后果具有不确定性，犯罪人的家庭及亲人要背负巨大的社会舆论压力、道德谴责，再者还要遭受受害人或者受害人亲属报仇，所以社会性弱势群体犯罪后，犯罪人的家庭或亲人要背负巨大的压力。第三，社会性弱势群体犯罪后，被害人很难获得赔偿。社会性弱势群体犯罪人犯罪后，不仅会给被害人造成经济上的损失，而且在其精神、生理等方面产生影响。在社会性弱势群体在犯罪过程中，犯罪人要么死亡，要么犯罪造成的损失非常大，犯罪人根本无力进行赔偿，在此种情况下，被害人根本得不到赔偿或者得到的赔偿很少。为了防止被害人成为新的犯罪人，国家应该在合理的范围内对被害人进行补偿。综上所述，社会性弱势群体犯罪的犯罪人、犯罪后果都具有两面性，对被害人进行救助措施完善应包括对被害人、犯罪人及犯罪人的家庭进行救助两个方面。

（1）对被害人的救助措施的完善

社会性弱势群体犯罪常常会给被害人带来巨大的损失，给被害人心理上造成的阴影难以抹平。犯罪人给被害人造成的损失相当大，不仅造成被害人经济、财产上的损失，更甚者是给被害人造成精神上的折磨。在社会性弱势群体犯罪过程中，犯罪人要么死亡，要么犯罪造成的损失非常大，犯罪人根本无力进行赔偿，其家庭也很难对被害人进行赔偿，此刻国家应该发挥作用，对被害人进行补偿。国家对被害人进行补偿有两方面的好处：第一，可以减少被害人在经济、财产上的损失；第二，可以对被害人进行心灵上的安慰，避免被害人成为新的犯罪行为人。同时国家应该鼓励单位、个人进行捐助用作救助基金，便于对被害人进行救助；还应该发挥民间组织的作用，让民间被害人救助机构被建立，同样方便对被害人进行救助。

（2）对犯罪人及犯罪人的家庭的救助措施的完善

社会性弱势群体犯罪后，人们首先想到的是被害人，怎样保护被害人的权利，如何对被害人进行救助，对犯罪人进行严厉的处罚。却很少关注犯罪人犯罪深层次的原因，以及犯罪人、犯罪人的家庭承受的压力。实际上社会性弱势群体犯罪人具有双重身份，不仅是犯罪人，更是受害者，犯罪后本人要承担巨大的压力，同时家庭也要承担巨大的压力。所以社会有必要对犯罪人及犯罪人的家庭提供救助，或者进行精神疏导。

本章小结

社会性弱势群体犯罪的发生是处于社会转型期的中国不可避免的现象，其不同于一般的刑事犯罪，所以在研究社会性弱势群体犯罪的治理时，需要选择社会性弱势群体犯罪的正确治理模式，最终确定社会性弱势群体犯罪的治理路径。在治理模式上，现有的治理模式有不足之处，为了达到对社会性弱势群体犯罪治理之目的，必须在"公众参与"新的治理模式之下，从社会性弱势群体在犯罪前情景预防、犯罪后的刑事应对及社会性弱势群体犯罪其他社会治理路径等方面对社会性弱势群体犯罪进行治理。社会性弱势群体在犯罪前情景预防的具体路径包括增加犯罪难度、提高犯罪风险和降低犯罪刺激、减少犯罪诱因；社会性弱势群体在犯罪后的刑事应对表现为加强对社会性弱势群体的刑法保护；社会性弱势群体犯罪其他社会治理路径包括加强社会性弱势群体就业保障和劳动保护，维护其基本生存权；完善社会保障制度，确保社会性弱势群体基本体面；调整社会结构，确保社会性弱势群体的优先发展权等内容。无论对社会性弱势群体在犯罪前进行情景预防、犯罪后的刑事应对，还是探讨社会性弱势群体犯罪其他社会治理路径，都是为了保护社会性弱势群体的权利，以达到遏制和预防社会性弱势群体犯罪的目的。

结　语

目前我国社会性弱势群体犯罪呈现出犯罪人低龄化的趋势，且文化程度不高，在犯罪前没有工作或以临时工和散工为主，性格存在缺陷，犯罪后不知后悔所占的比例较高。社会性弱势群体犯罪的行为特征主要表现在两个方面，一是以抢劫和盗窃为主，二是经济损失较大。就社会性弱势群体犯罪的目的和动机特征而言，有的因为自己的合法权益遭到侵害，对公权力部门不满，进而报复社会，有的因自己的工资被拖欠，而伤害或杀害企业老板，还有的因经济问题和情感问题引发犯罪。社会性弱势群体犯罪人以判重刑为主。

社会性弱势群体犯罪问题的出现暴露了社会在发展过程中的诸多体制问题和社会问题。究其原因，我国社会正处于转型时期，社会矛盾加剧，社会性弱势群体利益表达机制不健全，发泄途径不畅通，产生仇恨心理；经济发展不平衡，结构性失业，城乡二元结构体制的影响；社会保障制度不健全，贫富差距悬殊等因素造成社会性弱势群体犯罪。要治理社会性弱势群体犯罪问题，必须做好以下工作：

1. 在社会性弱势群体犯罪治理政策上，要体现公平、人本主义、禁止歧视，倾斜保护及权利保障理念；在治理策略上，摒弃"严打"的方式，注重社会支持政策，形成以"社会支持为主，以打击为辅"的治理政策。

2. 在社会性弱势群体犯罪治理模式上，现有的治理模式存在缺陷，应采用"公众参与"新的治理模式。

3. 在社会性弱势群体犯罪治理路径上，应从犯罪前情景预防、犯罪后的刑事应对及其他社会治理路径等方面下手。在犯罪前情景预防的具体路径包括增加犯罪难度、提高犯罪风险和降低犯罪刺激、减少犯罪诱因；在犯罪后的刑事应对表现为加强对社会性弱势群体的刑事法律保护，包括在立法上、刑事司法上的对策，对被害人救助措施的完善；其他社会治理路径包括健全社会性弱势群体利益表达机制，畅通其发泄路径，保障其平等权；打破经济发展不平衡及城乡二元体制结构的影响，鼓励社会性弱势群体就业，保障其生存权、劳动权；调整社会结构，确保社会性弱势群体的机会公平，实现其受教育权、发展权；加强收入分配调节，完善社会保障体系，确保社会性弱势群体的社会保障权等内容。

　　社会性弱势群体犯罪问题折射出社会发展中的弊端、制度的缺陷，它促使我们反思，它拷问着全社会的理性和良知。社会性弱势群体愿用勤劳浇灌出幸福之花，我们应当全力维护他们的权利，这个目标可以达到，也应该达到。无论是谁都应该生活得有尊严，都应该享受有尊严的生活。

参考文献

一、专著类

[1] 余少祥：《弱者的正义 转型社会与社会法问题研究》，社会科学文献出版社 2011 年版。

[2] 张远煌：《犯罪研究的新视野：从事实、观念再到规范》，法律出版社 2010 年版。

[3] 吴宗宪：《西方犯罪学史》，中国人民公安大学出版社 2010 年版。

[4] [美] 詹姆斯·B. 雅各布、吉姆伯利·波特：《仇恨犯罪：刑法与身份政治》，王秀梅译，北京大学出版社 2010 年版。

[5] 张旭、单勇：《犯罪学基本理论研究》，高等教育出版社 2010 年版。

[6] 张小虎：《当代中国社会结构与犯罪》，群众出版社 2009 年版。

[7] 张远煌：《犯罪学原理》，法律出版社 2008 年版。

[8] 江山河：《犯罪学理论》，格致出版社、上海人民出版社 2008 年版。

[9] 许章润主编：《犯罪学》，法律出版社 2007 年版。

[10] 汪明亮：《犯罪生成模式研究》，北京大学出版社 2007 年版。

[11] 郭建安：《美国犯罪学的几个基本问题》，中国人民公安大学出版社 1992 年版。

[12] 吴宗宪：《西方犯罪学》，法律出版社 1999 年版。

[13] 张筱薇：《比较外国犯罪学》，百家出版社 1996 年版。

[14] 麻国安：《中国的流动人口与犯罪》，中国方正出版社 2000 年版。

[15] 周路主编：《当代实证犯罪学新编——犯罪规律研究》，人民法院出版社 2004 年版。

[16] 张福森：《中国监狱体制改革的酝酿与启动》，法律出版社 2015 年版。

[17] [意] 恩里科·菲利：《实证派犯罪学》，郭建安译，中国人民公安大学出版社 2004

年版。

[18] ［波］霍维斯特：《犯罪学的基本问题》，冯树梁等译，国际文化出版公司 1989 年版。

[19] ［德］汉斯·约阿希姆·施奈德：《犯罪学》，吴鑫涛、马君玉译，中国人民公安大学出版社、国际文化出版公司 1990 年版。

[20] ［英］韦恩·莫里森：《理论犯罪学——从现代到后现代》，刘仁文、吴宗宪、徐雨衡、周振杰译，法律出版社 2004 年版。

[21] ［日］菊田幸一：《犯罪学》，成文堂 1984 年版。

[22] ［法］马克·安塞尔：《新刑法理论》，卢建平译，天地图书有限公司 1990 年版。

[23] ［美］埃德温·萨瑟兰等：《犯罪学原理》，吴宗宪等译，中国人民公安大学 2008 年版。

[24] ［美］乔治·B. 沃尔德等：《理论犯罪学》，方鹏译，中国政法大学出版社 2005 年版。

[25] ［日］森本益之等：《刑事政策学》，戴波等译，中国人民公安大学 2004 年版。

[26] ［美］巴特尔等：《犯罪心理学》，杨波等译，中国轻工业出版社 2009 年版。

[27] ［美］戴维·格伦斯基编：《社会分层》，王俊等译，华夏出版社 2005 年版。

[28] ［美］罗伯特·K. 默顿：《社会理论和社会结构》，唐少杰、齐心等译，译林出版社 2008 年版。

[29] 余少祥：《弱者的权利——社会弱势群体保护的法理研究》，社会科学文献出版社 2008 年版。

[30] 吴碧英主编：《中国城镇经济弱势群体救助系统构建研究》，中国财政经济出版社 2006 年版。

[31] 孙立平：《博弈：断裂社会的利益冲突与和谐》，社会科学文献出版社 2006 年版。

[32] 李春玲：《断裂与碎片：当代中国社会阶层分化实证分析》，社会科学文献出版社 2005 年版。

[33] 张敏杰：《中国弱势群体研究》，长春出版社 2003 年版。

[34] 王思斌主编：《社会工作导论》，北京大学出版社 2011 年版。

[35] 杨宜勇等：《公平与效率——当代中国的收入分配问题》，今日中国出版社 1997 年版。

[36] 孙立平：《断裂：20 世纪 90 年代以来的中国社会》，社会科学文献出版社 2003 年版。

[37] 叶澜：《教育概论》，人民教育出版社 2006 年版。

[38] 风笑天：《社会学研究方法》，中国人民大学出版社 2009 年版。

[39] 陆学艺主编：《当代中国社会结构》，社会科学文献出版社 2010 年版。

[40] 简新华、黄锟等：《中国工业化和城市化过程中的农民工问题研究》，人民出版社 2008

年版。

[41] 郑功成、黄黎若莲等：《中国农民工问题与社会保护》，人民出版社 2007 年版。

[42] 国务院研究室课题组编：《中国农民工调研报告》，中国言实出版社 2006 年版。

[43] 韩长赋：《中国农民工的发展与终结》，中国人民大学出版社 2007 年版。

[44] 《列宁全集》（第 25 卷），人民出版社 1958 年版。

[45] 《马克思恩格斯全集》（第 2 卷），人民出版社 1953 年版。

[46] 李剑阁主编：《中国新农村建设调查》，上海远东出版社 2012 年版。

[47] 刘祖云：《中国社会发展三论：转型·分化·和谐》，社会科学文献出版社 2007 年版。

[48] 叶普万：《贫困经济学研究》，中国社会科学出版社 2004 年版。

[49] 曹明贵等：《农村人力资源开发与人力资本流动研究》，经济科学出版社 2006 年版。

[50] 孔祥智主编：《中国三农前景报告》，中国时代经济出版社 2009 年版。

[51] 陈晓华、张红宇主编：《中国农村劳动力的转移与就业》，中国农业出版社 2005 年版。

[52] 郑杭生主编：《中国人民大学中国社会发展研究报告 2006，走向更讲治理的社会：社会建设与社会管理》，中国人民大学出版社 2006 年版。

[53] 夏耕：《中国城乡二元经济结构转换研究：要素流动、制度变迁、市场机制与政府作用》，北京大学出版社 2005 年版。

[54] 江小涓：《中国经济运行与政策报告 No. 1 2002-2003 迈向全面小康社会的中国经济》，社会科学文献出版社 2003 年版。

[55] 宋林飞：《劳动与就业》，社会科学文献出版社 2002 年版。

[56] 吴声功、姜建成等：《和谐社会视域中的弱势群体经济权益保护研究》，上海三联书店 2012 年版。

[57] ［美］塞缪尔·P. 亨廷顿：《变化社会中的政治秩序》，王冠华等译，上海三联书店 1989 年版。

[58] ［英］安东尼·吉登斯：《社会学》，李康译，北京大学出版社 2010 年版。

[59] ［美］彼得·M. 布劳：《社会生活中的交换与权力》，李国武译，商务印书馆 2008 年版。

[60] ［美］戴维·迈尔斯：《社会心理学》，张智勇等译，人民邮电出版社 2006 年版。

二、论文类

[1] 周沛："城市弱势群体生存现状与救助机制研究——以南京市白下区为个案"，载《唯实》2006 年第 3 期。

[2] 陈成文："社会学视野中的社会弱者"，载《湖南师范大学社会科学学报》1999 年第 2 期。

［3］张友琴："社会支持与社会支持网——弱势群体社会支持的工作模式初探"，载《厦门大学学报（哲学社会科学版）》2002 年第 3 期。

［4］吴鹏森："论弱势群体的'社会报复'"，载《江苏行政学院学报》2003 年第 1 期。

［5］俞荣根、张立平："社会弱势群体权利缺位的法律救济"，载《重庆行政（公共论坛）》2006 年第 3 期。

［6］钱大军、王哲："法学意义上的社会弱势群体概念"，载《当代法学》2004 年第 3 期。

［7］昝剑森、程新征："略论改革中的弱势群体"，载《第二届中国社会福利理论与政策研讨会论文集》2001 年版。

［8］刘书林："注重做好弱势群体的思想政治工作"，载《前线》2001 年第 5 期。

［9］杨团："弱势群体及其保护性社会政策"，载《前线》2001 年第 5 期。

［10］孙迪亮："社会转型期城市弱势群体的特征、成因及扶助"，载《理论研究》2003 年第 1 期。

［11］骆群："'弱势群体'再界定"，载《南京社会科学》2007 年第 3 期。

［12］郑杭生、李迎生："全面建设小康社会与弱势群体的社会救助"，载《中国人民大学学报》2003 年第 1 期。

［13］邓伟志、苏红："关于弱势群体问题"，载《社会科学论坛（学术研究卷）》2005 年第 03 期。

［14］李林："法治社会与弱势群体的人权保障"，载《前线》2001 年第 5 期。

［15］钱再见："中国社会弱势群体及其社会支持政策"，载《江海学刊》2002 年第 3 期。

［16］崔凤、张海东："社会分化过程中的弱势群体及其政策选择"，载《吉林大学社会科学学报》2003 年第 3 期。

［17］薛晓明："弱势群体概念之辨析"，载《生产力研究》2003 年第 6 期。

［18］冯书泉："构建和谐社会必须关注弱势群体"，载《人民论坛》2005 年第 2 期。

［19］杨瑞清、辜静波："关于弱势群体引发群体性事件的原因透析"，载《求实》2005 年第 12 期。

［20］池进、熊英文："弱势群体'位差势能'分析"，载《求实》2005 年第 11 期。

［21］郭建安："论犯罪学的研究对象"，载《江苏警官学院学报》2008 年第 1 期。

［22］王仲兴、李波："我国犯罪学研究方法与方法研究"，载《政法学刊》2006 年第 6 期。

［23］卜树春、吴伟："教育结果视角下的高等教育公平问题解析——以农村弱势群体家庭学生就业为例"，载《辽宁教育研究》2008 年第 12 期。

［24］高玥、单勇："从压力控制到社会支持：仇恨犯罪的治理转型"，载《东北师大学报（哲学社会科学版）》2014 年第 5 期。

[25] 贾俊强：“当前个人极端暴力事件研究分析——以'失意群体'为视角”，载《河南财经政法大学学报》2014年第1期。

[26] 刘德发、唐子石：“我国仇恨犯罪的特点及治理对策”，载《中州学刊》2014年第6期。

[27] 于建嵘：“当前压力维稳的困境与出路——再论中国社会的刚性稳定”，载《探索与争鸣》2012年第9期。

[28] 王文华：“仇恨犯罪若干问题研究”，载《河北法学》2011年第4期。

[29] 王文华：“'法外复仇'传统与'仇恨犯罪'的抗制——以中国传统复仇文化为视角”，载《法学论坛》2011年第6期。

[30] 王文华：“群体性暴力事件与仇恨犯罪：刑法与刑事政策的回应”，载《甘肃政法学院学报》2011年第4期。

[31] 汪明亮：“以一种积极的刑事政策预防弱势群体犯罪——基于西方社会支持理论的分析”，载《社会科学》2010年第6期。

[32] 焦俊峰：“犯罪控制中的治理理论”，载《国家检察学院学报》2010年第2期。

[33] 汪明亮：“社会网络分析之犯罪学意义”，载《法律科学（西北政法大学学报）》2010年第6期。

[34] “社会建设：政府执政为民的捷径”，载《探索与争鸣》2010年第1期。

[35] 刘少杰：“改革创新社会管理体制，化解风险型社会矛盾”，载《科学社会主义》2010年第3期。

[36] 李骅：“马克斯·舍勒怨恨理论评述”，载《北京化工大学学报（社会科学版）》2009年第3期。

[37] 汪明亮：“基于社会资本解释范式的刑事政策研究”，载《中国法学》2009年第1期。

[38] 于建嵘：“当前我国群体型事件的主要类型及其基本特征”，载《中国政法大学学报》2009年第6期。

[39] 冯卫国：“犯罪控制与社会参与——构建和谐社会背景下的思考”，载《法律科学（西北政法学院学报）》2007年第2期。

[40] 陈晓明：“引发犯罪的社会结构因素分析”，载《甘肃政法学院学报》2007年第1期。

[41] 刘广三、杨厚瑞：“我国犯罪原因研究的现状与困境”，载《法学论坛》2007年第2期。

[42] 皮艺军：“刑事一体化的方法论解析——对一个注释范本的检视”，载《刑事法评论》2007年第1期。

[43] 景天魁：“适度公平就是底线公平”，载《红旗文稿》2007年第9期。

[44] 倪先敏：“关注弱势群体构建和谐社会”，载《中国劳动关系学院学报》2006年第2期。

［45］ 郑素一、逯惠艳："论社会弱势群体的法律保护"，载《行政与法》2006 年第 7 期。

［46］ 周林刚、冯建华："社会支持理论——一个文献的回顾"，载《广西师范学院学报（哲学社会科学版）》2005 年第 3 期。

［47］ 皮勇："论网络恐怖活动犯罪及对策"，载《武汉大学学报（人文科学版）》2004 年第 5 期。

［48］ 万闻华："NGO 社会支持的公共政策分析——以弱势群体为论域"，载《中国行政管理》2004 年第 3 期。

［49］ 刘艳红："重构我国刑法学研究的'方法群'"，载《法商研究》2003 年第 3 期。

［50］ 李志勇："关注社会弱势群体"，载《党政干部学刊》2001 年第 7 期。

［51］ 贺寨平："国外社会支持网研究综述"，载《国外社会科学》2001 年第 1 期。

［52］ 陈成文、潘泽泉："论社会支持的社会学意义"，载《湖南师范大学社会科学学报》2000 年第 6 期。

［53］ 陈宝友："监狱服刑人员权利意识研究"，载《犯罪与改造研究》2009 年第 11 期。

［54］ 陈士涵、余飞："外省籍罪犯的特点及监狱的矫正对策"，载《犯罪与改造研究》2007 年第 3 期。

［55］ 陈安民："农民工群体的弱势特征分析"，载《山东省农业工程学院学报》2005 年第 6 期。

［56］ 白田甜："社区矫正制度的本土化研究"，载赵秉志主编：《刑事政策专题讨论》，中国人民大学出版社 2012 年版。

三、外文类

［1］ Aya Gruber, "Victim Wrongs: The Case For a General Criminal Defense Based on Wrongful Victim Behavior in an Era of Victims' Rights", *Temple Law Review*. Vol. 76, Winter, 2013, p. 645.

［2］ I Wellikoff, "Victim-offender mediation and violent crimes: On the way to justice", *YeshivaUniversity Cardozo Journal of Conflict Resolution*. 1. 2015. 5.

［3］ Manuel Cancio Melia, "Victim Behavior and Offender Liability: A European Perspective", *Buffalo Criminal Law Review*. 2004, 7 (2), pp. 513~550.

［4］ Jessie K. Liu, "Victimhood", Curators of the University of Missouri. *Missouri Law Review*, Winter, 2 (2012), p. 115.

［5］ Holtfreter Kristy, Michael D. Reisig and Thomas G. Blomberg, "Consumer Fraud Victimization in Florida: An Empirical Study", St. *Thomas Law Review*. 2006, 18 (3), pp. 761~789.

［6］ James P. Lynch, "Problems and Promise of Victimization Surveys for Cross-National Research",

The University of Chicago. *Crime and Justice*. Vol. 34, No. 1 (2006), pp. 229~287.

[7] Pat Carlen, "Sledgehammer: Women's Imprisonment at the Millennium", *British Journal of Criminology*, 2000, 40 (3).

[8] Lori B. Girshick, "No Safe Haven: Stories of Women in Prison", Northeastern University Press, *Bureau of Justice Statistics* 1999.

相关法律法规

中华人民共和国劳动法

(1994 年 7 月 5 日第八届全国人民代表大会常务委员会第八次会议通过 根据 2009 年 8 月 27 日第十一届全国人民代表大会常务委员会第十次会议《关于修改部分法律的决定》第一次修正 根据 2018 年 12 月 29 日第十三届全国人民代表大会常务委员会第七次会议《关于修改〈中华人民共和国劳动法〉等七部法律的决定》第二次修正)

第一章 总 则

第一条 为了保护劳动者的合法权益，调整劳动关系，建立和维护适应社会主义市场经济的劳动制度，促进经济发展和社会进步，根据宪法，制定本法。

第二条 在中华人民共和国境内的企业、个体经济组织（以下统称用人单位）和与之形成劳动关系的劳动者，适用本法。

国家机关、事业组织、社会团体和与之建立劳动合同关系的劳动者，依照本法执行。

第三条 劳动者享有平等就业和选择职业的权利、取得劳动报酬的权利、休息休假的权利、获得劳动安全卫生保护的权利、接受职业技能培训的权利、享受社会保险和福利的权利、提请劳动争议处理的权利以及法律规定的其他劳动权利。

劳动者应当完成劳动任务，提高职业技能，执行劳动安全卫生规程，遵守劳动纪律和职业道德。

第四条 用人单位应当依法建立和完善规章制度，保障劳动者享有劳动权利和履行劳动义务。

第五条 国家采取各种措施，促进劳动就业，发展职业教育，制定劳动标准，调节社会收入，完善社会保险，协调劳动关系，逐步提高劳动者的生活水平。

第六条 国家提倡劳动者参加社会义务劳动，开展劳动竞赛和合理化建议活动，鼓励和保护劳动者进行科学研究、技术革新和发明创造，表彰和奖励劳动模范和先进工作者。

第七条 劳动者有权依法参加和组织工会。

工会代表和维护劳动者的合法权益，依法独立自主地开展活动。

第八条 劳动者依照法律规定，通过职工大会、职工代表大会或者其他形式，参与民主管理或者就保护劳动者合法权益与用人单位进行平等协商。

第九条 国务院劳动行政部门主管全国劳动工作。

县级以上地方人民政府劳动行政部门主管本行政区域内的劳动工作。

第二章　促进就业

第十条 国家通过促进经济和社会发展，创造就业条件，扩大就业机会。

国家鼓励企业、事业组织、社会团体在法律、行政法规规定的范围内兴办产业或者拓展经营，增加就业。

国家支持劳动者自愿组织起来就业和从事个体经营实现就业。

第十一条 地方各级人民政府应当采取措施，发展多种类型的职业介绍机构，提供就业服务。

第十二条 劳动者就业，不因民族、种族、性别、宗教信仰不同而受歧视。

第十三条 妇女享有与男子平等的就业权利。在录用职工时，除国家规定的不适合妇女的工种或者岗位外，不得以性别为由拒绝录用妇女或者提高对妇女的录用标准。

第十四条 残疾人、少数民族人员、退出现役的军人的就业，法律、法规有特别规定的，从其规定。

第十五条 禁止用人单位招用未满十六周岁的未成年人。

文艺、体育和特种工艺单位招用未满十六周岁的未成年人，必须遵守国家有关规定，并保障其接受义务教育的权利。

第三章 劳动合同和集体合同

第十六条 劳动合同是劳动者与用人单位确立劳动关系、明确双方权利和义务的协议。

建立劳动关系应当订立劳动合同。

第十七条 订立和变更劳动合同，应当遵循平等自愿、协商一致的原则，不得违反法律、行政法规的规定。

劳动合同依法订立即具有法律约束力，当事人必须履行劳动合同规定的义务。

第十八条 下列劳动合同无效：

（一）违反法律、行政法规的劳动合同；

（二）采取欺诈、威胁等手段订立的劳动合同。

无效的劳动合同，从订立的时候起，就没有法律约束力。确认劳动合同部分无效的，如果不影响其余部分的效力，其余部分仍然有效。

劳动合同的无效，由劳动争议仲裁委员会或者人民法院确认。

第十九条 劳动合同应当以书面形式订立，并具备以下条 款：

（一）劳动合同期限；

（二）工作内容；

（三）劳动保护和劳动条件；

（四）劳动报酬；

（五）劳动纪律；

（六）劳动合同终止的条件；

（七）违反劳动合同的责任。

劳动合同除前款规定的必备条 款外，当事人可以协商约定其他内容。

第二十条 劳动合同的期限分为有固定期限、无固定期限和以完成一定的工作为期限。

劳动者在同一用人单位连续工作满十年以上，当事人双方同意续延劳动合同的，如果劳动者提出订立无固定期限的劳动合同，应当订立无固定期限的劳动合同。

第二十一条 劳动合同可以约定试用期。试用期最长不得超过六个月。

第二十二条 劳动合同当事人可以在劳动合同中约定保守用人单位商业秘密的有关事项。

第二十三条 劳动合同期满或者当事人约定的劳动合同终止条件出现，劳动合同即行终止。

第二十四条 经劳动合同当事人协商一致，劳动合同可以解除。

第二十五条 劳动者有下列情形之一的，用人单位可以解除劳动合同：

（一）在试用期间被证明不符合录用条件的；

（二）严重违反劳动纪律或者用人单位规章制度的；

（三）严重失职，营私舞弊，对用人单位利益造成重大损害的；

（四）被依法追究刑事责任的。

第二十六条 有下列情形之一的，用人单位可以解除劳动合同，但是应当提前三十日以书面形式通知劳动者本人：

（一）劳动者患病或者非因工负伤，医疗期满后，不能从事原工作也不能从事由用人单位另行安排的工作的；

（二）劳动者不能胜任工作，经过培训或者调整工作岗位，仍不能胜任工作的；

（三）劳动合同订立时所依据的客观情况发生重大变化，致使原劳动合同无法履行，经当事人协商不能就变更劳动合同达成协议的。

第二十七条 用人单位濒临破产进行法定整顿期间或者生产经营状况发生严重困难，确需裁减人员的，应当提前三十日向工会或者全体职工说明情况，听取工会或者职工的意见，经向劳动行政部门报告后，可以裁减人员。

用人单位依据本条规定裁减人员，在六个月内录用人员的，应当优先录用被裁减的人员。

第二十八条 用人单位依据本法第二十四条、第二十六条、第二十七条的规定解除劳动合同的，应当依照国家有关规定给予经济补偿。

第二十九条 劳动者有下列情形之一的，用人单位不得依据本法第二十六条、第二十七条的规定解除劳动合同：

（一）患职业病或者因工负伤并被确认丧失或者部分丧失劳动能力的；

（二）患病或者负伤，在规定的医疗期内的；

（三）女职工在孕期、产期、哺乳期内的；

（四）法律、行政法规规定的其他情形。

第三十条 用人单位解除劳动合同，工会认为不适当的，有权提出意见。如果用人单位违反法律、法规或者劳动合同，工会有权要求重新处理；劳动者申请仲裁或者提起诉讼的，工会应当依法给予支持和帮助。

第三十一条 劳动者解除劳动合同，应当提前三十日以书面形式通知用人单位。

第三十二条 有下列情形之一的，劳动者可以随时通知用人单位解除劳动合同：

（一）在试用期内的；

（二）用人单位以暴力、威胁或者非法限制人身自由的手段强迫劳动的；

（三）用人单位未按照劳动合同约定支付劳动报酬或者提供劳动条件的。

第三十三条 企业职工一方与企业可以就劳动报酬、工作时间、休息休假、劳动安全卫生、保险福利等事项，签订集体合同。集体合同草案应当提交职工代表大会或者全体职工讨论通过。

集体合同由工会代表职工与企业签订；没有建立工会的企业，由职工推举的代表与企业签订。

第三十四条 集体合同签订后应当报送劳动行政部门；劳动行政部门自收到集体合同文本之日起十五日内未提出异议的，集体合同即行生效。

第三十五条 依法签订的集体合同对企业和企业全体职工具有约束力。职工个人与企业订立的劳动合同中劳动条件和劳动报酬等标准不得低于集体合同的规定。

第四章 工作时间和休息休假

第三十六条 国家实行劳动者每日工作时间不超过八小时、平均每周工作时间不超过四十四小时的工时制度。

第三十七条 对实行计件工作的劳动者，用人单位应当根据本法第三十六条 规定的工时制度合理确定其劳动定额和计件报酬标准。

第三十八条 用人单位应当保证劳动者每周至少休息一日。

第三十九条 企业因生产特点不能实行本法第三十六条、第三十八条规定的，经劳动行政部门批准，可以实行其他工作和休息办法。

第四十条 用人单位在下列节日期间应当依法安排劳动者休假：

（一）元旦；

（二）春节；

（三）国际劳动节；

（四）国庆节；

（五）法律、法规规定的其他休假节日。

第四十一条 用人单位由于生产经营需要，经与工会和劳动者协商后可以延长工作时间，一般每日不得超过一小时；因特殊原因需要延长工作时间的，在保障劳动者身体健康的条件下延长工作时间每日不得超过三小时，但是每月不得超过三十六小时。

第四十二条 有下列情形之一的，延长工作时间不受本法第四十一条规定的限制：

（一）发生自然灾害、事故或者因其他原因，威胁劳动者生命健康和财产安全，需要紧急处理的；

（二）生产设备、交通运输线路、公共设施发生故障，影响生产和公众利益，必须及时抢修的；

（三）法律、行政法规规定的其他情形。

第四十三条 用人单位不得违反本法规定延长劳动者的工作时间。

第四十四条 有下列情形之一的，用人单位应当按照下列标准支付高于劳动者正常工作时间工资的工资报酬：

（一）安排劳动者延长工作时间的，支付不低于工资的百分之一百五十的工资报酬；

（二）休息日安排劳动者工作又不能安排补休的，支付不低于工资的百分之二百的工资报酬；

（三）法定休假日安排劳动者工作的，支付不低于工资的百分之三百的工资报酬。

第四十五条 国家实行带薪年休假制度。

劳动者连续工作一年以上的，享受带薪年休假。具体办法由国务院规定。

第五章　工　资

第四十六条　工资分配应当遵循按劳分配原则，实行同工同酬。

工资水平在经济发展的基础上逐步提高。国家对工资总量实行宏观调控。

第四十七条　用人单位根据本单位的生产经营特点和经济效益，依法自主确定本单位的工资分配方式和工资水平。

第四十八条　国家实行最低工资保障制度。最低工资的具体标准由省、自治区、直辖市人民政府规定，报国务院备案。

用人单位支付劳动者的工资不得低于当地最低工资标准。

第四十九条　确定和调整最低工资标准应当综合参考下列因素：

（一）劳动者本人及平均赡养人口的最低生活费用；

（二）社会平均工资水平；

（三）劳动生产率；

（四）就业状况；

（五）地区之间经济发展水平的差异。

第五十条　工资应当以货币形式按月支付给劳动者本人。不得克扣或者无故拖欠劳动者的工资。

第五十一条　劳动者在法定休假日和婚丧假期间以及依法参加社会活动期间，用人单位应当依法支付工资。

第六章　劳动安全卫生

第五十二条　用人单位必须建立、健全劳动安全卫生制度，严格执行国家劳动安全卫生规程和标准，对劳动者进行劳动安全卫生教育，防止劳动过程中的事故，减少职业危害。

第五十三条　劳动安全卫生设施必须符合国家规定的标准。

新建、改建、扩建工程的劳动安全卫生设施必须与主体工程同时设计、同时施工、同时投入生产和使用。

第五十四条　用人单位必须为劳动者提供符合国家规定的劳动安全卫生条件和必要的劳动防护用品，对从事有职业危害作业的劳动者应当定期进行健康检查。

第五十五条　从事特种作业的劳动者必须经过专门培训并取得特种作业

资格。

第五十六条　劳动者在劳动过程中必须严格遵守安全操作规程。

劳动者对用人单位管理人员违章指挥、强令冒险作业，有权拒绝执行；对危害生命安全和身体健康的行为，有权提出批评、检举和控告。

第五十七条　国家建立伤亡事故和职业病统计报告和处理制度。县级以上各级人民政府劳动行政部门、有关部门和用人单位应当依法对劳动者在劳动过程中发生的伤亡事故和劳动者的职业病状况，进行统计、报告和处理。

第七章　女职工和未成年工特殊保护

第五十八条　国家对女职工和未成年工实行特殊劳动保护。

未成年工是指年满十六周岁未满十八周岁的劳动者。

第五十九条　禁止安排女职工从事矿山井下、国家规定的第四级体力劳动强度的劳动和其他禁忌从事的劳动。

第六十条　不得安排女职工在经期从事高处、低温、冷水作业和国家规定的第三级体力劳动强度的劳动。

第六十一条　不得安排女职工在怀孕期间从事国家规定的第三级体力劳动强度的劳动和孕期禁忌从事的劳动。对怀孕七个月以上的女职工，不得安排其延长工作时间和夜班劳动。

第六十二条　女职工生育享受不少于九十天的产假。

第六十三条　不得安排女职工在哺乳未满一周岁的婴儿期间从事国家规定的第三级体力劳动强度的劳动和哺乳期禁忌从事的其他劳动，不得安排其延长工作时间和夜班劳动。

第六十四条　不得安排未成年工从事矿山井下、有毒有害、国家规定的第四级体力劳动强度的劳动和其他禁忌从事的劳动。

第六十五条　用人单位应当对未成年工定期进行健康检查。

第八章　职业培训

第六十六条　国家通过各种途径，采取各种措施，发展职业培训事业，开发劳动者的职业技能，提高劳动者素质，增强劳动者的就业能力和工作能力。

第六十七条　各级人民政府应当把发展职业培训纳入社会经济发展的规

划，鼓励和支持有条件的企业、事业组织、社会团体和个人进行各种形式的职业培训。

第六十八条 用人单位应当建立职业培训制度，按照国家规定提取和使用职业培训经费，根据本单位实际，有计划地对劳动者进行职业培训。

从事技术工种的劳动者，上岗前必须经过培训。

第六十九条 国家确定职业分类，对规定的职业制定职业技能标准，实行职业资格证书制度，由经备案的考核鉴定机构负责对劳动者实施职业技能考核鉴定。

第九章 社会保险和福利

第七十条 国家发展社会保险事业，建立社会保险制度，设立社会保险基金，使劳动者在年老、患病、工伤、失业、生育等情况下获得帮助和补偿。

第七十一条 社会保险水平应当与社会经济发展水平和社会承受能力相适应。

第七十二条 社会保险基金按照保险类型确定资金来源，逐步实行社会统筹。用人单位和劳动者必须依法参加社会保险，缴纳社会保险费。

第七十三条 劳动者在下列情形下，依法享受社会保险待遇：

（一）退休；

（二）患病、负伤；

（三）因工伤残或者患职业病；

（四）失业；

（五）生育。

劳动者死亡后，其遗属依法享受遗属津贴。

劳动者享受社会保险待遇的条件和标准由法律、法规规定。

劳动者享受的社会保险金必须按时足额支付。

第七十四条 社会保险基金经办机构依照法律规定收支、管理和运营社会保险基金，并负有使社会保险基金保值增值的责任。

社会保险基金监督机构依照法律规定，对社会保险基金的收支、管理和运营实施监督。

社会保险基金经办机构和社会保险基金监督机构的设立和职能由法律规定。

任何组织和个人不得挪用社会保险基金。

第七十五条　国家鼓励用人单位根据本单位实际情况为劳动者建立补充保险。

国家提倡劳动者个人进行储蓄性保险。

第七十六条　国家发展社会福利事业，兴建公共福利设施，为劳动者休息、休养和疗养提供条件。

用人单位应当创造条件，改善集体福利，提高劳动者的福利待遇。

第十章　劳动争议

第七十七条　用人单位与劳动者发生劳动争议，当事人可以依法申请调解、仲裁、提起诉讼，也可以协商解决。

调解原则适用于仲裁和诉讼程序。

第七十八条　解决劳动争议，应当根据合法、公正、及时处理的原则，依法维护劳动争议当事人的合法权益。

第七十九条　劳动争议发生后，当事人可以向本单位劳动争议调解委员会申请调解；调解不成，当事人一方要求仲裁的，可以向劳动争议仲裁委员会申请仲裁。当事人一方也可以直接向劳动争议仲裁委员会申请仲裁。对仲裁裁决不服的，可以向人民法院提起诉讼。

第八十条　在用人单位内，可以设立劳动争议调解委员会。劳动争议调解委员会由职工代表、用人单位代表和工会代表组成。劳动争议调解委员会主任由工会代表担任。

劳动争议经调解达成协议的，当事人应当履行。

第八十一条　劳动争议仲裁委员会由劳动行政部门代表、同级工会代表、用人单位方面的代表组成。劳动争议仲裁委员会主任由劳动行政部门代表担任。

第八十二条　提出仲裁要求的一方应当自劳动争议发生之日起六十日内向劳动争议仲裁委员会提出书面申请。仲裁裁决一般应在收到仲裁申请的六十日内作出。对仲裁裁决无异议的，当事人必须履行。

第八十三条　劳动争议当事人对仲裁裁决不服的，可以自收到仲裁裁决书之日起十五日内向人民法院提起诉讼。一方当事人在法定期限内不起诉又不履行仲裁裁决的，另一方当事人可以申请人民法院强制执行。

第八十四条 因签订集体合同发生争议，当事人协商解决不成的，当地人民政府劳动行政部门可以组织有关各方协调处理。

因履行集体合同发生争议，当事人协商解决不成的，可以向劳动争议仲裁委员会申请仲裁；对仲裁裁决不服的，可以自收到仲裁裁决书之日起十五日内向人民法院提起诉讼。

第十一章 监督检查

第八十五条 县级以上各级人民政府劳动行政部门依法对用人单位遵守劳动法律、法规的情况进行监督检查，对违反劳动法律、法规的行为有权制止，并责令改正。

第八十六条 县级以上各级人民政府劳动行政部门监督检查人员执行公务，有权进入用人单位了解执行劳动法律、法规的情况，查阅必要的资料，并对劳动场所进行检查。

县级以上各级人民政府劳动行政部门监督检查人员执行公务，必须出示证件，秉公执法并遵守有关规定。

第八十七条 县级以上各级人民政府有关部门在各自职责范围内，对用人单位遵守劳动法律、法规的情况进行监督。

第八十八条 各级工会依法维护劳动者的合法权益，对用人单位遵守劳动法律、法规的情况进行监督。

任何组织和个人对于违反劳动法律、法规的行为有权检举和控告。

第十二章 法律责任

第八十九条 用人单位制定的劳动规章制度违反法律、法规规定的，由劳动行政部门给予警告，责令改正；对劳动者造成损害的，应当承担赔偿责任。

第九十条 用人单位违反本法规定，延长劳动者工作时间的，由劳动行政部门给予警告，责令改正，并可以处以罚款。

第九十一条 用人单位有下列侵害劳动者合法权益情形之一的，由劳动行政部门责令支付劳动者的工资报酬、经济补偿，并可以责令支付赔偿金：

（一）克扣或者无故拖欠劳动者工资的；

（二）拒不支付劳动者延长工作时间工资报酬的；

（三）低于当地最低工资标准支付劳动者工资的；

（四）解除劳动合同后，未依照本法规定给予劳动者经济补偿的。

第九十二条 用人单位的劳动安全设施和劳动卫生条件不符合国家规定或者未向劳动者提供必要的劳动防护用品和劳动保护设施的，由劳动行政部门或者有关部门责令改正，可以处以罚款；情节严重的，提请县级以上人民政府决定责令停产整顿；对事故隐患不采取措施，致使发生重大事故，造成劳动者生命和财产损失的，对责任人员依照刑法有关规定追究刑事责任。

第九十三条 用人单位强令劳动者违章冒险作业，发生重大伤亡事故，造成严重后果的，对责任人员依法追究刑事责任。

第九十四条 用人单位非法招用未满十六周岁的未成年人的，由劳动行政部门责令改正，处以罚款；情节严重的，由市场监督管理部门吊销营业执照。

第九十五条 用人单位违反本法对女职工和未成年工的保护规定，侵害其合法权益的，由劳动行政部门责令改正，处以罚款；对女职工或者未成年工造成损害的，应当承担赔偿责任。

第九十六条 用人单位有下列行为之一，由公安机关对责任人员处以十五日以下拘留、罚款或者警告；构成犯罪的，对责任人员依法追究刑事责任：

（一）以暴力、威胁或者非法限制人身自由的手段强迫劳动的；

（二）侮辱、体罚、殴打、非法搜查和拘禁劳动者的。

第九十七条 由于用人单位的原因订立的无效合同，对劳动者造成损害的，应当承担赔偿责任。

第九十八条 用人单位违反本法规定的条件解除劳动合同或者故意拖延不订立劳动合同的，由劳动行政部门责令改正；对劳动者造成损害的，应当承担赔偿责任。

第九十九条 用人单位招用尚未解除劳动合同的劳动者，对原用人单位造成经济损失的，该用人单位应当依法承担连带赔偿责任。

第一百条 用人单位无故不缴纳社会保险费的，由劳动行政部门责令其限期缴纳；逾期不缴的，可以加收滞纳金。

第一百零一条 用人单位无理阻挠劳动行政部门、有关部门及其工作人员行使监督检查权，打击报复举报人员的，由劳动行政部门或者有关部门处以罚款；构成犯罪的，对责任人员依法追究刑事责任。

第一百零二条　劳动者违反本法规定的条件解除劳动合同或者违反劳动合同中约定的保密事项，对用人单位造成经济损失的，应当依法承担赔偿责任。

第一百零三条　劳动行政部门或者有关部门的工作人员滥用职权、玩忽职守、徇私舞弊，构成犯罪的，依法追究刑事责任；不构成犯罪的，给予行政处分。

第一百零四条　国家工作人员和社会保险基金经办机构的工作人员挪用社会保险基金，构成犯罪的，依法追究刑事责任。

第一百零五条　违反本法规定侵害劳动者合法权益，其他法律、行政法规已规定处罚的，依照该法律、行政法规的规定处罚。

第十三章　附　　则

第一百零六条　省、自治区、直辖市人民政府根据本法和本地区的实际情况，规定劳动合同制度的实施步骤，报国务院备案。

第一百零七条　本法自 1995 年 1 月 1 日起施行。

中华人民共和国劳动合同法

(2007 年 6 月 29 日第十届全国人民代表大会常务委员会第二十八次会议通过，根据 2012 年 12 月 28 日第十一届全国人民代表大会常务委员会第三十次会议《关于修改〈中华人民共和国劳动合同法〉的决定》修正)

第一章　总　则

第一条　为了完善劳动合同制度，明确劳动合同双方当事人的权利和义务，保护劳动者的合法权益，构建和发展和谐稳定的劳动关系，制定本法。

第二条　中华人民共和国境内的企业、个体经济组织、民办非企业单位等组织（以下称用人单位）与劳动者建立劳动关系，订立、履行、变更、解除或者终止劳动合同，适用本法。

国家机关、事业单位、社会团体和与其建立劳动关系的劳动者，订立、履行、变更、解除或者终止劳动合同，依照本法执行。

第三条　订立劳动合同，应当遵循合法、公平、平等自愿、协商一致、诚实信用的原则。

依法订立的劳动合同具有约束力，用人单位与劳动者应当履行劳动合同约定的义务。

第四条　用人单位应当依法建立和完善劳动规章制度，保障劳动者享有劳动权利、履行劳动义务。

用人单位在制定、修改或者决定有关劳动报酬、工作时间、休息休假、劳动安全卫生、保险福利、职工培训、劳动纪律以及劳动定额管理等直接涉及劳动者切身利益的规章制度或者重大事项时，应当经职工代表大会或者全体职工讨论，提出方案和意见，与工会或者职工代表平等协商确定。

在规章制度和重大事项决定实施过程中，工会或者职工认为不适当的，有权向用人单位提出，通过协商予以修改完善。

用人单位应当将直接涉及劳动者切身利益的规章制度和重大事项决定公

示，或者告知劳动者。

第五条 县级以上人民政府劳动行政部门会同工会和企业方面代表，建立健全协调劳动关系三方机制，共同研究解决有关劳动关系的重大问题。

第六条 工会应当帮助、指导劳动者与用人单位依法订立和履行劳动合同，并与用人单位建立集体协商机制，维护劳动者的合法权益。

第二章 劳动合同的订立

第七条 用人单位自用工之日起即与劳动者建立劳动关系。用人单位应当建立职工名册备查。

第八条 用人单位招用劳动者时，应当如实告知劳动者工作内容、工作条件、工作地点、职业危害、安全生产状况、劳动报酬，以及劳动者要求了解的其他情况；用人单位有权了解劳动者与劳动合同直接相关的基本情况，劳动者应当如实说明。

第九条 用人单位招用劳动者，不得扣押劳动者的居民身份证和其他证件，不得要求劳动者提供担保或者以其他名义向劳动者收取财物。

第十条 建立劳动关系，应当订立书面劳动合同。

已建立劳动关系，未同时订立书面劳动合同的，应当自用工之日起1个月内订立书面劳动合同。

用人单位与劳动者在用工前订立劳动合同的，劳动关系自用工之日起建立。

第十一条 用人单位未在用工的同时订立书面劳动合同，与劳动者约定的劳动报酬不明确的，新招用的劳动者的劳动报酬按照集体合同规定的标准执行；没有集体合同或者集体合同未规定的，实行同工同酬。

第十二条 劳动合同分为固定期限劳动合同、无固定期限劳动合同和以完成一定工作任务为期限的劳动合同。

第十三条 固定期限劳动合同，是指用人单位与劳动者约定合同终止时间的劳动合同。

用人单位与劳动者协商一致，可以订立固定期限劳动合同。

第十四条 无固定期限劳动合同，是指用人单位与劳动者约定无确定终止时间的劳动合同。

用人单位与劳动者协商一致，可以订立无固定期限劳动合同。有下列情形之一，劳动者提出或者同意续订、订立劳动合同的，除劳动者提出订立固定期限劳动合同外，应当订立无固定期限劳动合同：

（一）劳动者在该用人单位连续工作满 10 年的；

（二）用人单位初次实行劳动合同制度或者国有企业改制重新订立劳动合同时，劳动者在该用人单位连续工作满 10 年且距法定退休年龄不足 10 年的；

（三）连续订立二次固定期限劳动合同，且劳动者没有本法第 39 条和第 40 条第一项、第二项规定的情形，续订劳动合同的。

用人单位自用工之日起满 1 年不与劳动者订立书面劳动合同的，视为用人单位与劳动者已订立无固定期限劳动合同。

第十五条 以完成一定工作任务为期限的劳动合同，是指用人单位与劳动者约定以某项工作的完成为合同期限的劳动合同。

用人单位与劳动者协商一致，可以订立以完成一定工作任务为期限的劳动合同。

第十六条 劳动合同由用人单位与劳动者协商一致，并经用人单位与劳动者在劳动合同文本上签字或者盖章生效。

劳动合同文本由用人单位和劳动者各执一份。

第十七条 劳动合同应当具备以下条款：

（一）用人单位的名称、住所和法定代表人或者主要负责人；

（二）劳动者的姓名、住址和居民身份证或者其他有效身份证件号码；

（三）劳动合同期限；

（四）工作内容和工作地点；

（五）工作时间和休息休假；

（六）劳动报酬；

（七）社会保险；

（八）劳动保护、劳动条件和职业危害防护；

（九）法律、法规规定应当纳入劳动合同的其他事项。

劳动合同除前款规定的必备条款外，用人单位与劳动者可以约定试用期、培训、保守秘密、补充保险和福利待遇等其他事项。

第十八条 劳动合同对劳动报酬和劳动条件等标准约定不明确，引发争议的，用人单位与劳动者可以重新协商；协商不成的，适用集体合同规定；没有集体合同或者集体合同未规定劳动报酬的，实行同工同酬；没有集体合同或者集体合同未规定劳动条件等标准的，适用国家有关规定。

第十九条　劳动合同期限 3 个月以上不满 1 年的，试用期不得超过 1 个月；劳动合同期限一年以上不满 3 年的，试用期不得超过 2 个月；3 年以上固定期限和无固定期限的劳动合同，试用期不得超过 6 个月。

同一用人单位与同一劳动者只能约定一次试用期。

以完成一定工作任务为期限的劳动合同或者劳动合同期限不满 3 个月的，不得约定试用期。

试用期包含在劳动合同期限内。劳动合同仅约定试用期的，试用期不成立，该期限为劳动合同期限。

第二十条　劳动者在试用期的工资不得低于本单位相同岗位最低档工资或者劳动合同约定工资的 80%，并不得低于用人单位所在地的最低工资标准。

第二十一条　在试用期中，除劳动者有本法第 39 条和第 40 条第一项、第二项规定的情形外，用人单位不得解除劳动合同。用人单位在试用期解除劳动合同的，应当向劳动者说明理由。

第二十二条　用人单位为劳动者提供专项培训费用，对其进行专业技术培训的，可以与该劳动者订立协议，约定服务期。

劳动者违反服务期约定的，应当按照约定向用人单位支付违约金。违约金的数额不得超过用人单位提供的培训费用。用人单位要求劳动者支付的违约金不得超过服务期尚未履行部分所应分摊的培训费用。

用人单位与劳动者约定服务期的，不影响按照正常的工资调整机制提高劳动者在服务期期间的劳动报酬。

第二十三条　用人单位与劳动者可以在劳动合同中约定保守用人单位的商业秘密和与知识产权相关的保密事项。

对负有保密义务的劳动者，用人单位可以在劳动合同或者保密协议中与劳动者约定竞业限制条款，并约定在解除或者终止劳动合同后，在竞业限制期限内按月给予劳动者经济补偿。劳动者违反竞业限制约定的，应当按照约定向用人单位支付违约金。

第二十四条　竞业限制的人员限于用人单位的高级管理人员、高级技术人员和其他负有保密义务的人员。竞业限制的范围、地域、期限由用人单位与劳动者约定，竞业限制的约定不得违反法律、法规的规定。

在解除或者终止劳动合同后，前款规定的人员到与本单位生产或者经营同类产品、从事同类业务的有竞争关系的其他用人单位，或者自己开业生产或者经营同类产品、从事同类业务的竞业限制期限，不得超过 2 年。

第二十五条　除本法第 22 条和第 23 条规定的情形外，用人单位不得与劳动者约定由劳动者承担违约金。

第二十六条　下列劳动合同无效或者部分无效：

（一）以欺诈、胁迫的手段或者乘人之危，使对方在违背真实意思的情况下订立或者变更劳动合同的；

（二）用人单位免除自己的法定责任、排除劳动者权利的；

（三）违反法律、行政法规强制性规定的。

对劳动合同的无效或者部分无效有争议的，由劳动争议仲裁机构或者人民法院确认。

第二十七条　劳动合同部分无效，不影响其他部分效力的，其他部分仍然有效。

第二十八条　劳动合同被确认无效，劳动者已付出劳动的，用人单位应当向劳动者支付劳动报酬。劳动报酬的数额，参照本单位相同或者相近岗位劳动者的劳动报酬确定。

第三章　劳动合同的履行和变更

第二十九条　用人单位与劳动者应当按照劳动合同的约定，全面履行各自的义务。

第三十条　用人单位应当按照劳动合同约定和国家规定，向劳动者及时足额支付劳动报酬。

用人单位拖欠或者未足额支付劳动报酬的，劳动者可以依法向当地人民法院申请支付令，人民法院应当依法发出支付令。

第三十一条　用人单位应当严格执行劳动定额标准，不得强迫或者变相强迫劳动者加班。用人单位安排加班的，应当按照国家有关规定向劳动者支付加班费。

第三十二条　劳动者拒绝用人单位管理人员违章指挥、强令冒险作业的，不视为违反劳动合同。

劳动者对危害生命安全和身体健康的劳动条件，有权对用人单位提出批评、检举和控告。

第三十三条 用人单位变更名称、法定代表人、主要负责人或者投资人等事项，不影响劳动合同的履行。

第三十四条 用人单位发生合并或者分立等情况，原劳动合同继续有效，劳动合同由承继其权利和义务的用人单位继续履行。

第三十五条 用人单位与劳动者协商一致，可以变更劳动合同约定的内容。变更劳动合同，应当采用书面形式。

变更后的劳动合同文本由用人单位和劳动者各执一份。

第四章　劳动合同的解除和终止

第三十六条 用人单位与劳动者协商一致，可以解除劳动合同。

第三十七条 劳动者提前30日以书面形式通知用人单位，可以解除劳动合同。劳动者在试用期内提前3日通知用人单位，可以解除劳动合同。

第三十八条 用人单位有下列情形之一的，劳动者可以解除劳动合同：

（一）未按照劳动合同约定提供劳动保护或者劳动条件的；

（二）未及时足额支付劳动报酬的；

（三）未依法为劳动者缴纳社会保险费的；

（四）用人单位的规章制度违反法律、法规的规定，损害劳动者权益的；

（五）因本法第26条第1款规定的情形致使劳动合同无效的；

（六）法律、行政法规规定劳动者可以解除劳动合同的其他情形。

用人单位以暴力、威胁或者非法限制人身自由的手段强迫劳动者劳动的，或者用人单位违章指挥、强令冒险作业危及劳动者人身安全的，劳动者可以立即解除劳动合同，不需事先告知用人单位。

第三十九条 劳动者有下列情形之一的，用人单位可以解除劳动合同：

（一）在试用期间被证明不符合录用条件的；

（二）严重违反用人单位的规章制度的；

（三）严重失职，营私舞弊，给用人单位造成重大损害的；

（四）劳动者同时与其他用人单位建立劳动关系，对完成本单位的工作任务造成严重影响，或者经用人单位提出，拒不改正的；

（五）因本法第26条第1款第1项规定的情形致使劳动合同无效的；

（六）被依法追究刑事责任的。

第四十条 有下列情形之一的，用人单位提前30日以书面形式通知劳动者本人或者额外支付劳动者 1 个月工资后，可以解除劳动合同：

（一）劳动者患病或者非因工负伤，在规定的医疗期满后不能从事原工作，也不能从事由用人单位另行安排的工作的；

（二）劳动者不能胜任工作，经过培训或者调整工作岗位，仍不能胜任工作的；

（三）劳动合同订立时所依据的客观情况发生重大变化，致使劳动合同无法履行，经用人单位与劳动者协商，未能就变更劳动合同内容达成协议的。

第四十一条 有下列情形之一，需要裁减人员 20 人以上或者裁减不足 20 人但占企业职工总数 10%以上的，用人单位提前 30 日向工会或者全体职工说明情况，听取工会或者职工的意见后，裁减人员方案经向劳动行政部门报告，可以裁减人员：

（一）依照企业破产法规定进行重整的；

（二）生产经营发生严重困难的；

（三）企业转产、重大技术革新或者经营方式调整，经变更劳动合同后，仍需裁减人员的；

（四）其他因劳动合同订立时所依据的客观经济情况发生重大变化，致使劳动合同无法履行的。

裁减人员时，应当优先留用下列人员：

（一）与本单位订立较长期限的固定期限劳动合同的；

（二）与本单位订立无固定期限劳动合同的；

（三）家庭无其他就业人员，有需要扶养的老人或者未成年人的。

用人单位依照本条第 1 款规定裁减人员，在 6 个月内重新招用人员的，应当通知被裁减的人员，并在同等条件下优先招用被裁减的人员。

第四十二条 劳动者有下列情形之一的，用人单位不得依照本法第 40 条、第 41 条的规定解除劳动合同：

（一）从事接触职业病危害作业的劳动者未进行离岗前职业健康检查，或者疑似职业病病人在诊断或者医学观察期间的；

（二）在本单位患职业病或者因工负伤并被确认丧失或者部分丧失劳动能力的；

（三）患病或者非因工负伤，在规定的医疗期内的；

（四）女职工在孕期、产期、哺乳期的；

（五）在本单位连续工作满 15 年，且距法定退休年龄不足 5 年的；

（六）法律、行政法规规定的其他情形。

第四十三条 用人单位单方解除劳动合同，应当事先将理由通知工会。用人单位违反法律、行政法规规定或者劳动合同约定的，工会有权要求用人单位纠正。用人单位应当研究工会的意见，并将处理结果书面通知工会。

第四十四条 有下列情形之一的，劳动合同终止：

（一）劳动合同期满的；

（二）劳动者开始依法享受基本养老保险待遇的；

（三）劳动者死亡，或者被人民法院宣告死亡或者宣告失踪的；

（四）用人单位被依法宣告破产的；

（五）用人单位被吊销营业执照、责令关闭、撤销或者用人单位决定提前解散的；

（六）法律、行政法规规定的其他情形。

第四十五条 劳动合同期满，有本法第 42 条规定情形之一的，劳动合同应当续延至相应的情形消失时终止。但是，本法第 42 条第二项规定丧失或者部分丧失劳动能力劳动者的劳动合同的终止，按照国家有关工伤保险的规定执行。

第四十六条 有下列情形之一的，用人单位应当向劳动者支付经济补偿：

（一）劳动者依照本法第 38 条规定解除劳动合同的；

（二）用人单位依照本法第 36 条规定向劳动者提出解除劳动合同并与劳动者协商一致解除劳动合同的；

（三）用人单位依照本法第 40 条规定解除劳动合同的；

（四）用人单位依照本法第 41 条第 1 款规定解除劳动合同的；

（五）除用人单位维持或者提高劳动合同约定条件续订劳动合同，劳动者不同意续订的情形外，依照本法第 44 条第一项规定终止固定期限劳动合同的；

（六）依照本法第 44 条第四项、第五项规定终止劳动合同的；

（七）法律、行政法规规定的其他情形。

第四十七条 经济补偿按劳动者在本单位工作的年限，每满一年支付一个月工资的标准向劳动者支付。6 个月以上不满 1 年的，按 1 年计算；不满 6 个月的，向劳动者支付半个月工资的经济补偿。

劳动者月工资高于用人单位所在直辖市、设区的市级人民政府公布的本地区上年度职工月平均工资 3 倍的，向其支付经济补偿的标准按职工月平均工资 3 倍的数额支付，向其支付经济补偿的年限最高不超过 12 年。

本条所称月工资是指劳动者在劳动合同解除或者终止前 12 个月的平均工资。

第四十八条　用人单位违反本法规定解除或者终止劳动合同，劳动者要求继续履行劳动合同的，用人单位应当继续履行；劳动者不要求继续履行劳动合同或者劳动合同已经不能继续履行的，用人单位应当依照本法第 87 条规定支付赔偿金。

第四十九条　国家采取措施，建立健全劳动者社会保险关系跨地区转移接续制度。

第五十条　用人单位应当在解除或者终止劳动合同时出具解除或者终止劳动合同的证明，并在 15 日内为劳动者办理档案和社会保险关系转移手续。

劳动者应当按照双方约定，办理工作交接。用人单位依照本法有关规定应当向劳动者支付经济补偿的，在办结工作交接时支付。

用人单位对已经解除或者终止的劳动合同的文本，至少保存 2 年备查。

第五章　特别规定

第一节　集体合同

第五十一条　企业职工一方与用人单位通过平等协商，可以就劳动报酬、工作时间、休息休假、劳动安全卫生、保险福利等事项订立集体合同。集体合同草案应当提交职工代表大会或者全体职工讨论通过。

集体合同由工会代表企业职工一方与用人单位订立；尚未建立工会的用人单位，由上级工会指导劳动者推举的代表与用人单位订立。

第五十二条　企业职工一方与用人单位可以订立劳动安全卫生、女职工权益保护、工资调整机制等专项集体合同。

第五十三条　在县级以下区域内，建筑业、采矿业、餐饮服务业等行业可以由工会与企业方面代表订立行业性集体合同，或者订立区域性集体合同。

第五十四条　集体合同订立后，应当报送劳动行政部门；劳动行政部门自收到集体合同文本之日起 15 日内未提出异议的，集体合同即行生效。

依法订立的集体合同对用人单位和劳动者具有约束力。行业性、区域性集体合同对当地本行业、本区域的用人单位和劳动者具有约束力。

第五十五条 集体合同中劳动报酬和劳动条件等标准不得低于当地人民政府规定的最低标准；用人单位与劳动者订立的劳动合同中劳动报酬和劳动条件等标准不得低于集体合同规定的标准。

第五十六条 用人单位违反集体合同，侵犯职工劳动权益的，工会可以依法要求用人单位承担责任；因履行集体合同发生争议，经协商解决不成的，工会可以依法申请仲裁、提起诉讼。

第二节　劳务派遣

第五十七条 经营劳务派遣业务应当具备下列条件：

（一）注册资本不得少于人民币 200 万元；

（二）有与开展业务相适应的固定的经营场所和设施；

（三）有符合法律、行政法规规定的劳务派遣管理制度；

（四）法律、行政法规规定的其他条件。

经营劳务派遣业务，应当向劳动行政部门依法申请行政许可；经许可的，依法办理相应的公司登记。未经许可，任何单位和个人不得经营劳务派遣业务。

第五十八条 劳务派遣单位是本法所称用人单位，应当履行用人单位对劳动者的义务。劳务派遣单位与被派遣劳动者订立的劳动合同，除应当载明本法第 17 条规定的事项外，还应当载明被派遣劳动者的用工单位以及派遣期限、工作岗位等情况。

劳务派遣单位应当与被派遣劳动者订立 2 年以上的固定期限劳动合同，按月支付劳动报酬；被派遣劳动者在无工作期间，劳务派遣单位应当按照所在地人民政府规定的最低工资标准，向其按月支付报酬。

第五十九条 劳务派遣单位派遣劳动者应当与接受以劳务派遣形式用工的单位（以下称用工单位）订立劳务派遣协议。劳务派遣协议应当约定派遣岗位和人员数量、派遣期限、劳动报酬和社会保险费的数额与支付方式以及违反协议的责任。

用工单位应当根据工作岗位的实际需要与劳务派遣单位确定派遣期限，

不得将连续用工期限分割订立数个短期劳务派遣协议。

第六十条 劳务派遣单位应当将劳务派遣协议的内容告知被派遣劳动者。

劳务派遣单位不得克扣用工单位按照劳务派遣协议支付给被派遣劳动者的劳动报酬。

劳务派遣单位和用工单位不得向被派遣劳动者收取费用。

第六十一条 劳务派遣单位跨地区派遣劳动者的，被派遣劳动者享有的劳动报酬和劳动条件，按照用工单位所在地的标准执行。

第六十二条 用工单位应当履行下列义务：

（一）执行国家劳动标准，提供相应的劳动条件和劳动保护；

（二）告知被派遣劳动者的工作要求和劳动报酬；

（三）支付加班费、绩效奖金，提供与工作岗位相关的福利待遇；

（四）对在岗被派遣劳动者进行工作岗位所必需的培训；

（五）连续用工的，实行正常的工资调整机制。

用工单位不得将被派遣劳动者再派遣到其他用人单位。

第六十三条 被派遣劳动者享有与用工单位的劳动者同工同酬的权利。用工单位应当按照同工同酬原则，对被派遣劳动者与本单位同类岗位的劳动者实行相同的劳动报酬分配办法。用工单位无同类岗位劳动者的，参照用工单位所在地相同或者相近岗位劳动者的劳动报酬确定。

劳务派遣单位与被派遣劳动者订立的劳动合同和与用工单位订立的劳务派遣协议，载明或者约定的向被派遣劳动者支付的劳动报酬应当符合前款规定。

第六十四条 被派遣劳动者有权在劳务派遣单位或者用工单位依法参加或者组织工会，维护自身的合法权益。

第六十五条 被派遣劳动者可以依照本法第36条、第38条的规定与劳务派遣单位解除劳动合同。

被派遣劳动者有本法第39条和第40条第一项、第二项规定情形的，用工单位可以将劳动者退回劳务派遣单位，劳务派遣单位依照本法有关规定，可以与劳动者解除劳动合同。

第六十六条 劳动合同用工是我国的企业基本用工形式。劳务派遣用工是补充形式，只能在临时性、辅助性或者替代性的工作岗位上实施。

前款规定的临时性工作岗位是指存续时间不超过6个月的岗位；辅助性

工作岗位是指为主营业务岗位提供服务的非主营业务岗位；替代性工作岗位是指用工单位的劳动者因脱产学习、休假等原因无法工作的一定期间内，可以由其他劳动者替代工作的岗位。

用工单位应当严格控制劳务派遣用工数量，不得超过其用工总量的一定比例，具体比例由国务院劳动行政部门规定。

第六十七条 用人单位不得设立劳务派遣单位向本单位或者所属单位派遣劳动者。

第三节 非全日制用工

第六十八条 非全日制用工，是指以小时计酬为主，劳动者在同一用人单位一般平均每日工作时间不超过 4 小时，每周工作时间累计不超过 24 小时的用工形式。

第六十九条 非全日制用工双方当事人可以订立口头协议。

从事非全日制用工的劳动者可以与一个或者一个以上用人单位订立劳动合同；但是，后订立的劳动合同不得影响先订立的劳动合同的履行。

第七十条 非全日制用工双方当事人不得约定试用期。

第七十一条 非全日制用工双方当事人任何一方都可以随时通知对方终止用工。终止用工，用人单位不向劳动者支付经济补偿。

第七十二条 非全日制用工小时计酬标准不得低于用人单位所在地人民政府规定的最低小时工资标准。

非全日制用工劳动报酬结算支付周期最长不得超过 15 日。

第六章 监督检查

第七十三条 国务院劳动行政部门负责全国劳动合同制度实施的监督管理。

县级以上地方人民政府劳动行政部门负责本行政区域内劳动合同制度实施的监督管理。

县级以上各级人民政府劳动行政部门在劳动合同制度实施的监督管理工作中，应当听取工会、企业方面代表以及有关行业主管部门的意见。

第七十四条 县级以上地方人民政府劳动行政部门依法对下列实施劳动合同制度的情况进行监督检查：

（一）用人单位制定直接涉及劳动者切身利益的规章制度及其执行的情况；

（二）用人单位与劳动者订立和解除劳动合同的情况；

（三）劳务派遣单位和用工单位遵守劳务派遣有关规定的情况；

（四）用人单位遵守国家关于劳动者工作时间和休息休假规定的情况；

（五）用人单位支付劳动合同约定的劳动报酬和执行最低工资标准的情况；

（六）用人单位参加各项社会保险和缴纳社会保险费的情况；

（七）法律、法规规定的其他劳动监察事项。

第七十五条　县级以上地方人民政府劳动行政部门实施监督检查时，有权查阅与劳动合同、集体合同有关的材料，有权对劳动场所进行实地检查，用人单位和劳动者都应当如实提供有关情况和材料。

劳动行政部门的工作人员进行监督检查，应当出示证件，依法行使职权，文明执法。

第七十六条　县级以上人民政府建设、卫生、安全生产监督管理等有关主管部门在各自职责范围内，对用人单位执行劳动合同制度的情况进行监督管理。

第七十七条　劳动者合法权益受到侵害的，有权要求有关部门依法处理，或者依法申请仲裁、提起诉讼。

第七十八条　工会依法维护劳动者的合法权益，对用人单位履行劳动合同、集体合同的情况进行监督。用人单位违反劳动法律、法规和劳动合同、集体合同的，工会有权提出意见或者要求纠正；劳动者申请仲裁、提起诉讼的，工会依法给予支持和帮助。

第七十九条　任何组织或者个人对违反本法的行为都有权举报，县级以上人民政府劳动行政部门应当及时核实、处理，并对举报有功人员给予奖励。

第七章　法律责任

第八十条　用人单位直接涉及劳动者切身利益的规章制度违反法律、法规规定的，由劳动行政部门责令改正，给予警告；给劳动者造成损害的，应当承担赔偿责任。

第八十一条　用人单位提供的劳动合同文本未载明本法规定的劳动合同

必备条款或者用人单位未将劳动合同文本交付劳动者的，由劳动行政部门责令改正；给劳动者造成损害的，应当承担赔偿责任。

第八十二条　用人单位自用工之日起超过 1 个月不满 1 年未与劳动者订立书面劳动合同的，应当向劳动者每月支付 2 倍的工资。

用人单位违反本法规定不与劳动者订立无固定期限劳动合同的，自应当订立无固定期限劳动合同之日起向劳动者每月支付 2 倍的工资。

第八十三条　用人单位违反本法规定与劳动者约定试用期的，由劳动行政部门责令改正；违法约定的试用期已经履行的，由用人单位以劳动者试用期满月工资为标准，按已经履行的超过法定试用期的期间向劳动者支付赔偿金。

第八十四条　用人单位违反本法规定，扣押劳动者居民身份证等证件的，由劳动行政部门责令限期退还劳动者本人，并依照有关法律规定给予处罚。

用人单位违反本法规定，以担保或者其他名义向劳动者收取财物的，由劳动行政部门责令限期退还劳动者本人，并以每人 500 元以上 2000 元以下的标准处以罚款；给劳动者造成损害的，应当承担赔偿责任。

劳动者依法解除或者终止劳动合同，用人单位扣押劳动者档案或者其他物品的，依照前款规定处罚。

第八十五条　用人单位有下列情形之一的，由劳动行政部门责令限期支付劳动报酬、加班费或者经济补偿；劳动报酬低于当地最低工资标准的，应当支付其差额部分；逾期不支付的，责令用人单位按应付金额 50% 以上 100% 以下的标准向劳动者加付赔偿金：

（一）未按照劳动合同的约定或者国家规定及时足额支付劳动者劳动报酬的；

（二）低于当地最低工资标准支付劳动者工资的；

（三）安排加班不支付加班费的；

（四）解除或者终止劳动合同，未依照本法规定向劳动者支付经济补偿的。

第八十六条　劳动合同依照本法第 26 条规定被确认无效，给对方造成损害的，有过错的一方应当承担赔偿责任。

第八十七条　用人单位违反本法规定解除或者终止劳动合同的，应当依照本法第 47 条规定的经济补偿标准的 2 倍向劳动者支付赔偿金。

第八十八条　用人单位有下列情形之一的，依法给予行政处罚；构成犯罪的，依法追究刑事责任；给劳动者造成损害的，应当承担赔偿责任：

（一）以暴力、威胁或者非法限制人身自由的手段强迫劳动的；

（二）违章指挥或者强令冒险作业危及劳动者人身安全的；

（三）侮辱、体罚、殴打、非法搜查或者拘禁劳动者的；

（四）劳动条件恶劣、环境污染严重，给劳动者身心健康造成严重损害的。

第八十九条　用人单位违反本法规定未向劳动者出具解除或者终止劳动合同的书面证明，由劳动行政部门责令改正；给劳动者造成损害的，应当承担赔偿责任。

第九十条　劳动者违反本法规定解除劳动合同，或者违反劳动合同中约定的保密义务或者竞业限制，给用人单位造成损失的，应当承担赔偿责任。

第九十一条　用人单位招用与其他用人单位尚未解除或者终止劳动合同的劳动者，给其他用人单位造成损失的，应当承担连带赔偿责任。

第九十二条　违反本法规定，未经许可，擅自经营劳务派遣业务的，由劳动行政部门责令停止违法行为，没收违法所得，并处违法所得 1 倍以上 5 倍以下的罚款；没有违法所得的，可以处 5 万元以下的罚款。

劳务派遣单位、用工单位违反本法有关劳务派遣规定的，由劳动行政部门责令限期改正；逾期不改正的，以每人五千元以上一万元以下的标准处以罚款，对劳务派遣单位，吊销其劳务派遣业务经营许可证。用工单位给被派遣劳动者造成损害的，劳务派遣单位与用工单位承担连带赔偿责任。

第九十三条　对不具备合法经营资格的用人单位的违法犯罪行为，依法追究法律责任；劳动者已经付出劳动的，该单位或者其出资人应当依照本法有关规定向劳动者支付劳动报酬、经济补偿、赔偿金；给劳动者造成损害的，应当承担赔偿责任。

第九十四条　个人承包经营违反本法规定招用劳动者，给劳动者造成损害的，发包的组织与个人承包经营者承担连带赔偿责任。

第九十五条　劳动行政部门和其他有关主管部门及其工作人员玩忽职守、不履行法定职责，或者违法行使职权，给劳动者或者用人单位造成损害的，应当承担赔偿责任；对直接负责的主管人员和其他直接责任人员，依法给予行政处分；构成犯罪的，依法追究刑事责任。

第八章　附　则

第九十六条　事业单位与实行聘用制的工作人员订立、履行、变更、解除或者终止劳动合同，法律、行政法规或者国务院另有规定的，依照其规定；未作规定的，依照本法有关规定执行。

第九十七条　本法施行前已依法订立且在本法施行之日存续的劳动合同，继续履行；本法第 14 条第 2 款第三项规定连续订立固定期限劳动合同的次数，自本法施行后续订固定期限劳动合同时开始计算。

本法施行前已建立劳动关系，尚未订立书面劳动合同的，应当自本法施行之日起 1 个月内订立。

本法施行之日存续的劳动合同在本法施行后解除或者终止，依照本法第 46 条规定应当支付经济补偿的，经济补偿年限自本法施行之日起计算；本法施行前按照当时有关规定，用人单位应当向劳动者支付经济补偿的，按照当时有关规定执行。

第九十八条　本法自 2008 年 1 月 1 日起施行。

中华人民共和国劳动合同法实施条例

第一章　总　则

第一条　为了贯彻实施《中华人民共和国劳动合同法》（以下简称劳动合同法），制定本条例。

第二条　各级人民政府和县级以上人民政府劳动行政等有关部门以及工会等组织，应当采取措施，推动劳动合同法的贯彻实施，促进劳动关系的和谐。

第三条　依法成立的会计师事务所、律师事务所等合伙组织和基金会，属于劳动合同法规定的用人单位。

第二章　劳动合同的订立

第四条　劳动合同法规定的用人单位设立的分支机构，依法取得营业执照或者登记证书的，可以作为用人单位与劳动者订立劳动合同；未依法取得营业执照或者登记证书的，受用人单位委托可以与劳动者订立劳动合同。

第五条　自用工之日起1个月内，经用人单位书面通知后，劳动者不与用人单位订立书面劳动合同的，用人单位应当书面通知劳动者终止劳动关系，无需向劳动者支付经济补偿，但是应当依法向劳动者支付其实际工作时间的劳动报酬。

第六条　用人单位自用工之日起超过1个月不满1年未与劳动者订立书面劳动合同的，应当依照劳动合同法第82条的规定向劳动者每月支付两倍的工资，并与劳动者补订书面劳动合同；劳动者不与用人单位订立书面劳动合同的，用人单位应当书面通知劳动者终止劳动关系，并依照劳动合同法第47条的规定支付经济补偿。

前款规定的用人单位向劳动者每月支付两倍工资的起算时间为用工之日起满1个月的次日，截止时间为补订书面劳动合同的前一日。

第七条　用人单位自用工之日起满1年未与劳动者订立书面劳动合同的，自用工之日起满1个月的次日至满1年的前一日应当依照劳动合同法第82条的规定向劳动者每月支付两倍的工资，并视为自用工之日起满1年的当日已经与劳动者订立无固定期限劳动合同，应当立即与劳动者补订书面劳动合同。

第八条　劳动合同法第七条规定的职工名册，应当包括劳动者姓名、性别、公民身份号码、户籍地址及现住址、联系方式、用工形式、用工起始时间、劳动合同期限等内容。

第九条　劳动合同法第14条第2款规定的连续工作满10年的起始时间，应当自用人单位用工之日起计算，包括劳动合同法施行前的工作年限。

第十条　劳动者非因本人原因从原用人单位被安排到新用人单位工作的，劳动者在原用人单位的工作年限合并计算为新用人单位的工作年限。原用人单位已经向劳动者支付经济补偿的，新用人单位在依法解除、终止劳动合同计算支付经济补偿的工作年限时，不再计算劳动者在原用人单位的工作年限。

第十一条　除劳动者与用人单位协商一致的情形外，劳动者依照劳动合同法第14条第2款的规定，提出订立无固定期限劳动合同的，用人单位应当与其订立无固定期限劳动合同。对劳动合同的内容，双方应当按照合法、公平、平等自愿、协商一致、诚实信用的原则协商确定；对协商不一致的内容，依照劳动合同法第18条的规定执行。

第十二条　地方各级人民政府及县级以上地方人民政府有关部门为安置就业困难人员提供的给予岗位补贴和社会保险补贴的公益性岗位，其劳动合同不适用劳动合同法有关无固定期限劳动合同的规定以及支付经济补偿的规定。

第十三条　用人单位与劳动者不得在劳动合同法第四十四条规定的劳动合同终止情形之外约定其他的劳动合同终止条件。

第十四条　劳动合同履行地与用人单位注册地不一致的，有关劳动者的最低工资标准、劳动保护、劳动条件、职业危害防护和本地区上年度职工月平均工资标准等事项，按照劳动合同履行地的有关规定执行；用人单位注册地的有关标准高于劳动合同履行地的有关标准，且用人单位与劳动者约定按照用人单位注册地的有关规定执行的，从其约定。

第十五条　劳动者在试用期的工资不得低于本单位相同岗位最低档工资的80%或者不得低于劳动合同约定工资的80%，并不得低于用人单位所在地的最低工资标准。

第十六条 劳动合同法第 22 条第 2 款规定的培训费用，包括用人单位为了对劳动者进行专业技术培训而支付的有凭证的培训费用、培训期间的差旅费用以及因培训产生的用于该劳动者的其他直接费用。

第十七条 劳动合同期满，但是用人单位与劳动者依照劳动合同法第 22 条的规定约定的服务期尚未到期的，劳动合同应当续延至服务期满；双方另有约定的，从其约定。

第三章 劳动合同的解除和终止

第十八条 有下列情形之一的，依照劳动合同法规定的条件、程序，劳动者可以与用人单位解除固定期限劳动合同、无固定期限劳动合同或者以完成一定工作任务为期限的劳动合同：

（一）劳动者与用人单位协商一致的；

（二）劳动者提前 30 日以书面形式通知用人单位的；

（三）劳动者在试用期内提前 3 日通知用人单位的；

（四）用人单位未按照劳动合同约定提供劳动保护或者劳动条件的；

（五）用人单位未及时足额支付劳动报酬的；

（六）用人单位未依法为劳动者缴纳社会保险费的；

（七）用人单位的规章制度违反法律、法规的规定，损害劳动者权益的；

（八）用人单位以欺诈、胁迫的手段或者乘人之危，使劳动者在违背真实意思的情况下订立或者变更劳动合同的；

（九）用人单位在劳动合同中免除自己的法定责任、排除劳动者权利的；

（十）用人单位违反法律、行政法规强制性规定的；

（十一）用人单位以暴力、威胁或者非法限制人身自由的手段强迫劳动者劳动的；

（十二）用人单位违章指挥、强令冒险作业危及劳动者人身安全的；

（十三）法律、行政法规规定劳动者可以解除劳动合同的其他情形。

第十九条 有下列情形之一的，依照劳动合同法规定的条件、程序，用人单位可以与劳动者解除固定期限劳动合同、无固定期限劳动合同或者以完成一定工作任务为期限的劳动合同：

（一）用人单位与劳动者协商一致的；

（二）劳动者在试用期间被证明不符合录用条件的；

（三）劳动者严重违反用人单位的规章制度的；

（四）劳动者严重失职，营私舞弊，给用人单位造成重大损害的；

（五）劳动者同时与其他用人单位建立劳动关系，对完成本单位的工作任务造成严重影响，或者经用人单位提出，拒不改正的；

（六）劳动者以欺诈、胁迫的手段或者乘人之危，使用人单位在违背真实意思的情况下订立或者变更劳动合同的；

（七）劳动者被依法追究刑事责任的；

（八）劳动者患病或者非因工负伤，在规定的医疗期满后不能从事原工作，也不能从事由用人单位另行安排的工作的；

（九）劳动者不能胜任工作，经过培训或者调整工作岗位，仍不能胜任工作的；

（十）劳动合同订立时所依据的客观情况发生重大变化，致使劳动合同无法履行，经用人单位与劳动者协商，未能就变更劳动合同内容达成协议的；

（十一）用人单位依照企业破产法规定进行重整的；

（十二）用人单位生产经营发生严重困难的；

（十三）企业转产、重大技术革新或者经营方式调整，经变更劳动合同后，仍需裁减人员的；

（十四）其他因劳动合同订立时所依据的客观经济情况发生重大变化，致使劳动合同无法履行的。

第二十条　用人单位依照劳动合同法第40条的规定，选择额外支付劳动者一个月工资解除劳动合同的，其额外支付的工资应当按照该劳动者上一个月的工资标准确定。

第二十一条　劳动者达到法定退休年龄的，劳动合同终止。

第二十二条　以完成一定工作任务为期限的劳动合同因任务完成而终止的，用人单位应当依照劳动合同法第47条的规定向劳动者支付经济补偿。

第二十三条　用人单位依法终止工伤职工的劳动合同的，除依照劳动合同法第47条的规定支付经济补偿外，还应当依照国家有关工伤保险的规定支付一次性工伤医疗补助金和伤残就业补助金。

第二十四条　用人单位出具的解除、终止劳动合同的证明，应当写明劳动合同期限、解除或者终止劳动合同的日期、工作岗位、在本单位的工作年限。

第二十五条　用人单位违反劳动合同法的规定解除或者终止劳动合同，依照劳动合同法第 87 条的规定支付了赔偿金的，不再支付经济补偿。赔偿金的计算年限自用工之日起计算。

第二十六条　用人单位与劳动者约定了服务期，劳动者依照劳动合同法第 38 条的规定解除劳动合同的，不属于违反服务期的约定，用人单位不得要求劳动者支付违约金。

有下列情形之一，用人单位与劳动者解除约定服务期的劳动合同的，劳动者应当按照劳动合同的约定向用人单位支付违约金：

（一）劳动者严重违反用人单位的规章制度的；

（二）劳动者严重失职，营私舞弊，给用人单位造成重大损害的；

（三）劳动者同时与其他用人单位建立劳动关系，对完成本单位的工作任务造成严重影响，或者经用人单位提出，拒不改正的；

（四）劳动者以欺诈、胁迫的手段或者乘人之危，使用人单位在违背真实意思的情况下订立或者变更劳动合同的；

（五）劳动者被依法追究刑事责任的。

第二十七条　劳动合同法第 47 条规定的经济补偿的月工资按照劳动者应得工资计算，包括计时工资或者计件工资以及奖金、津贴和补贴等货币性收入。劳动者在劳动合同解除或者终止前 12 个月的平均工资低于当地最低工资标准的，按照当地最低工资标准计算。劳动者工作不满 12 个月的，按照实际工作的月数计算平均工资。

第四章　劳务派遣特别规定

第二十八条　用人单位或者其所属单位出资或者合伙设立的劳务派遣单位，向本单位或者所属单位派遣劳动者的，属于劳动合同法第 67 条规定的不得设立的劳务派遣单位。

第二十九条　用工单位应当履行劳动合同法第 62 条规定的义务，维护被派遣劳动者的合法权益。

第三十条　劳务派遣单位不得以非全日制用工形式招用被派遣劳动者。

第三十一条　劳务派遣单位或者被派遣劳动者依法解除、终止劳动合同的经济补偿，依照劳动合同法第 46 条、第 47 条的规定执行。

第三十二条 劳务派遣单位违法解除或者终止被派遣劳动者的劳动合同的，依照劳动合同法第 48 条的规定执行。

第五章 法律责任

第三十三条 用人单位违反劳动合同法有关建立职工名册规定的，由劳动行政部门责令限期改正；逾期不改正的，由劳动行政部门处 2000 元以上 2 万元以下的罚款。

第三十四条 用人单位依照劳动合同法的规定应当向劳动者每月支付两倍的工资或者应当向劳动者支付赔偿金而未支付的，劳动行政部门应当责令用人单位支付。

第三十五条 用工单位违反劳动合同法和本条例有关劳务派遣规定的，由劳动行政部门和其他有关主管部门责令改正；情节严重的，以每位被派遣劳动者 1000 元以上 5000 元以下的标准处以罚款；给被派遣劳动者造成损害的，劳务派遣单位和用工单位承担连带赔偿责任。

第六章 附 则

第三十六条 对违反劳动合同法和本条例的行为的投诉、举报，县级以上地方人民政府劳动行政部门依照《劳动保障监察条例》的规定处理。

第三十七条 劳动者与用人单位因订立、履行、变更、解除或者终止劳动合同发生争议的，依照《中华人民共和国劳动争议调解仲裁法》的规定处理。

第三十八条 本条例自公布之日起施行。

中华人民共和国工会法

(1992 年 4 月 3 日第七届全国人民代表大会第五次会议通过 根据 2001 年 10 月 27 日第九届全国人民代表大会常务委员会第二十四次会议《关于修改〈中华人民共和国工会法〉的决定》第一次修正 根据 2009 年 8 月 27 日第十一届全国人民代表大会常务委员会第十次会议《关于修改部分法律的决定》第二次修正)

第一章 总 则

第一条 为保障工会在国家政治、经济和社会生活中的地位，确定工会的权利与义务，发挥工会在社会主义现代化建设事业中的作用，根据宪法，制定本法。

第二条 工会是职工自愿结合的工人阶级的群众组织。

中华全国总工会及其各工会组织代表职工的利益，依法维护职工的合法权益。

第三条 在中国境内的企业、事业单位、机关中以工资收入为主要生活来源的体力劳动者和脑力劳动者，不分民族、种族、性别、职业、宗教信仰、教育程度，都有依法参加和组织工会的权利。任何组织和个人不得阻挠和限制。

第四条 工会必须遵守和维护宪法，以宪法为根本的活动准则，以经济建设为中心，坚持社会主义道路、坚持人民民主专政、坚持中国共产党的领导、坚持马克思列宁主义毛泽东思想邓小平理论，坚持改革开放，依照工会章程独立自主地开展工作。

工会会员全国代表大会制定或者修改《中国工会章程》，章程不得与宪法和法律相抵触。

国家保护工会的合法权益不受侵犯。

第五条 工会组织和教育职工依照宪法和法律的规定行使民主权利，发挥国家主人翁的作用，通过各种途径和形式，参与管理国家事务、管理经济和文化事业、管理社会事务；协助人民政府开展工作，维护工人阶级领导的、以工农联盟为基础的人民民主专政的社会主义国家政权。

第六条 维护职工合法权益是工会的基本职责。工会在维护全国人民总体利益的同时，代表和维护职工的合法权益。

工会通过平等协商和集体合同制度，协调劳动关系，维护企业职工劳动权益。

工会依照法律规定通过职工代表大会或者其他形式，组织职工参与本单位的民主决策、民主管理和民主监督。

工会必须密切联系职工，听取和反映职工的意见和要求，关心职工的生活，帮助职工解决困难，全心全意为职工服务。

第七条 工会动员和组织职工积极参加经济建设，努力完成生产任务和工作任务。教育职工不断提高思想道德、技术业务和科学文化素质，建设有理想、有道德、有文化、有纪律的职工队伍。

第八条 中华全国总工会根据独立、平等、互相尊重、互不干涉内部事务的原则，加强同各国工会组织的友好合作关系。

第二章　工会组织

第九条 工会各级组织按照民主集中制原则建立。

各级工会委员会由会员大会或者会员代表大会民主选举产生。企业主要负责人的近亲属不得作为本企业基层工会委员会成员的人选。

各级工会委员会向同级会员大会或者会员代表大会负责并报告工作，接受其监督。

工会会员大会或者会员代表大会有权撤换或者罢免其所选举的代表或者工会委员会组成人员。

上级工会组织领导下级工会组织。

第十条 企业、事业单位、机关有会员25人以上的，应当建立基层工会委员会；不足25人的，可以单独建立基层工会委员会，也可以由两个以上单位的会员联合建立基层工会委员会，也可以选举组织员1人，组织会员开展活动。女职工人数较多的，可以建立工会女职工委员会，在同级工会领导下开展工作；女职工人数较少的，可以在工会委员会中设女职工委员。

企业职工较多的乡镇、城市街道，可以建立基层工会的联合会。

县级以上地方建立地方各级总工会。

同一行业或者性质相近的几个行业，可以根据需要建立全国的或者地方的产业工会。

全国建立统一的中华全国总工会。

第十一条 基层工会、地方各级总工会、全国或者地方产业工会组织的建立，必须报上一级工会批准。

上级工会可以派员帮助和指导企业职工组建工会，任何单位和个人不得阻挠。

第十二条 任何组织和个人不得随意撤销、合并工会组织。

基层工会所在的企业终止或者所在的事业单位、机关被撤销，该工会组织相应撤销，并报告上一级工会。

依前款规定被撤销的工会，其会员的会籍可以继续保留，具体管理办法由中华全国总工会制定。

第十三条 职工200人以上的企业、事业单位的工会，可以设专职工会主席。工会专职工作人员的人数由工会与企业、事业单位协商确定。

第十四条 中华全国总工会、地方总工会、产业工会具有社会团体法人资格。

基层工会组织具备民法通则规定的法人条件的，依法取得社会团体法人资格。

第十五条 基层工会委员会每届任期3年或者5年。各级地方总工会委员会和产业工会委员会每届任期5年。

第十六条 基层工会委员会定期召开会员大会或者会员代表大会，讨论决定工会工作的重大问题。经基层工会委员会或者1/3以上的工会会员提议，可以临时召开会员大会或者会员代表大会。

第十七条 工会主席、副主席任期未满时，不得随意调动其工作。因工作需要调动时，应当征得本级工会委员会和上一级工会的同意。

罢免工会主席、副主席必须召开会员大会或者会员代表大会讨论，非经会员大会全体会员或者会员代表大会全体代表过半数通过，不得罢免。

第十八条 基层工会专职主席、副主席或者委员自任职之日起，其劳动合同期限自动延长，延长期限相当于其任职期间；非专职主席、副主席或者委员自任职之日起，其尚未履行的劳动合同期限短于任期的，劳动合同期限自动延长至任期期满。但是，任职期间个人严重过失或者达到法定退休年龄的除外。

第三章　工会的权利和义务

第十九条　企业、事业单位违反职工代表大会制度和其他民主管理制度，工会有权要求纠正，保障职工依法行使民主管理的权利。

法律、法规规定应当提交职工大会或者职工代表大会审议、通过、决定的事项，企业、事业单位应当依法办理。

第二十条　工会帮助、指导职工与企业以及实行企业化管理的事业单位签订劳动合同。

工会代表职工与企业以及实行企业化管理的事业单位进行平等协商，签订集体合同。集体合同草案应当提交职工代表大会或者全体职工讨论通过。

工会签订集体合同，上级工会应当给予支持和帮助。

企业违反集体合同，侵犯职工劳动权益的，工会可以依法要求企业承担责任；因履行集体合同发生争议，经协商解决不成的，工会可以向劳动争议仲裁机构提请仲裁，仲裁机构不予受理或者对仲裁裁决不服的，可以向人民法院提起诉讼。

第二十一条　企业、事业单位处分职工，工会认为不适当的，有权提出意见。

企业单方面解除职工劳动合同时，应当事先将理由通知工会，工会认为企业违反法律、法规和有关合同，要求重新研究处理时，企业应当研究工会的意见，并将处理结果书面通知工会。

职工认为企业侵犯其劳动权益而申请劳动争议仲裁或者向人民法院提起诉讼的，工会应当给予支持和帮助。

第二十二条　企业、事业单位违反劳动法律、法规规定，有下列侵犯职工劳动权益情形，工会应当代表职工与企业、事业单位交涉，要求企业、事业单位采取措施予以改正；企业、事业单位应当予以研究处理，并向工会作出答复；企业、事业单位拒不改正的，工会可以请求当地人民政府依法作出处理：

（一）克扣职工工资的；

（二）不提供劳动安全卫生条件的；

（三）随意延长劳动时间的；

（四）侵犯女职工和未成年工特殊权益的；

（五）其他严重侵犯职工劳动权益的。

第二十三条　工会依照国家规定对新建、扩建企业和技术改造工程中的劳动条件和安全卫生设施与主体工程同时设计、同时施工、同时投产使用进行监督。对工会提出的意见，企业或者主管部门应当认真处理，并将处理结果书面通知工会。

第二十四条　工会发现企业违章指挥、强令工人冒险作业，或者生产过程中发现明显重大事故隐患和职业危害，有权提出解决的建议，企业应当及时研究答复；发现危及职工生命安全的情况时，工会有权向企业建议组织职工撤离危险现场，企业必须及时作出处理决定。

第二十五条　工会有权对企业、事业单位侵犯职工合法权益的问题进行调查，有关单位应当予以协助。

第二十六条　职工因工伤亡事故和其他严重危害职工健康问题的调查处理，必须有工会参加。工会应当向有关部门提出处理意见，并有权要求追究直接负责的主管人员和有关责任人员的责任。对工会提出的意见，应当及时研究，给予答复。

第二十七条　企业、事业单位发生停工、怠工事件，工会应当代表职工同企业、事业单位或者有关方面协商，反映职工的意见和要求并提出解决意见。对于职工的合理要求，企业、事业单位应当予以解决。工会协助企业、事业单位做好工作，尽快恢复生产、工作秩序。

第二十八条　工会参加企业的劳动争议调解工作。

地方劳动争议仲裁组织应当有同级工会代表参加。

第二十九条　县级以上各级总工会可以为所属工会和职工提供法律服务。

第三十条　工会协助企业、事业单位、机关办好职工集体福利事业，做好工资、劳动安全卫生和社会保险工作。

第三十一条　工会会同企业、事业单位教育职工以国家主人翁态度对待劳动，爱护国家和企业的财产，组织职工开展群众性的合理化建议、技术革新活动，进行业余文化技术学习和职工培训，组织职工开展文娱、体育活动。

第三十二条　根据政府委托，工会与有关部门共同做好劳动模范和先进生产（工作）者的评选、表彰、培养和管理工作。

第三十三条　国家机关在组织起草或者修改直接涉及职工切身利益的法

律、法规、规章时，应当听取工会意见。

县级以上各级人民政府制定国民经济和社会发展计划，对涉及职工利益的重大问题，应当听取同级工会的意见。

县级以上各级人民政府及其有关部门研究制定劳动就业、工资、劳动安全卫生、社会保险等涉及职工切身利益的政策、措施时，应当吸收同级工会参加研究，听取工会意见。

第三十四条 县级以上地方各级人民政府可以召开会议或者采取适当方式，向同级工会通报政府的重要的工作部署和与工会工作有关的行政措施，研究解决工会反映的职工群众的意见和要求。

各级人民政府劳动行政部门应当会同同级工会和企业方面代表，建立劳动关系三方协商机制，共同研究解决劳动关系方面的重大问题。

第四章 基层工会组织

第三十五条 国有企业职工代表大会是企业实行民主管理的基本形式，是职工行使民主管理权力的机构，依照法律规定行使职权。

国有企业的工会委员会是职工代表大会的工作机构，负责职工代表大会的日常工作，检查、督促职工代表大会决议的执行。

第三十六条 集体企业的工会委员会，应当支持和组织职工参加民主管理和民主监督，维护职工选举和罢免管理人员、决定经营管理的重大问题的权力。

第三十七条 本法第 35 条、第 36 条规定以外的其他企业、事业单位的工会委员会，依照法律规定组织职工采取与企业、事业单位相适应的形式，参与企业、事业单位民主管理。

第三十八条 企业、事业单位研究经营管理和发展的重大问题应当听取工会的意见；召开讨论有关工资、福利、劳动安全卫生、社会保险等涉及职工切身利益的会议，必须有工会代表参加。

企业、事业单位应当支持工会依法开展工作，工会应当支持企业、事业单位依法行使经营管理权。

第三十九条 公司的董事会、监事会中职工代表的产生，依照公司法有关规定执行。

第四十条 基层工会委员会召开会议或者组织职工活动，应当在生产或者工作时间以外进行，需要占用生产或者工作时间的，应当事先征得企业、事业单位的同意。

基层工会的非专职委员占用生产或者工作时间参加会议或者从事工会工作，每月不超过3个工作日，其工资照发，其他待遇不受影响。

第四十一条 企业、事业单位、机关工会委员会的专职工作人员的工资、奖励、补贴，由所在单位支付。社会保险和其他福利待遇等，享受本单位职工同等待遇。

第五章 工会的经费和财产

第四十二条 工会经费的来源：

（一）工会会员缴纳的会费；

（二）建立工会组织的企业、事业单位、机关按每月全部职工工资总额的2%向工会拨缴的经费；

（三）工会所属的企业、事业单位上缴的收入；

（四）人民政府的补助；

（五）其他收入。

前款第二项规定的企业、事业单位拨缴的经费在税前列支。

工会经费主要用于为职工服务和工会活动。经费使用的具体办法由中华全国总工会制定。

第四十三条 企业、事业单位无正当理由拖延或者拒不拨缴工会经费，基层工会或者上级工会可以向当地人民法院申请支付令；拒不执行支付令的，工会可以依法申请人民法院强制执行。

第四十四条 工会应当根据经费独立原则，建立预算、决算和经费审查监督制度。

各级工会建立经费审查委员会。

各级工会经费收支情况应当由同级工会经费审查委员会审查，并且定期向会员大会或者会员代表大会报告，接受监督。工会会员大会或者会员代表大会有权对经费使用情况提出意见。

工会经费的使用应当依法接受国家的监督。

第四十五条 各级人民政府和企业、事业单位、机关应当为工会办公和开展活动，提供必要的设施和活动场所等物质条件。

第四十六条　工会的财产、经费和国家拨给工会使用的不动产，任何组织和个人不得侵占、挪用和任意调拨。

第四十七条　工会所属的为职工服务的企业、事业单位，其隶属关系不得随意改变。

第四十八条　县级以上各级工会的离休、退休人员的待遇，与国家机关工作人员同等对待。

第六章　法律责任

第四十九条　工会对违反本法规定侵犯其合法权益的，有权提请人民政府或者有关部门予以处理，或者向人民法院提起诉讼。

第五十条　违反本法第3条、第11条规定，阻挠职工依法参加和组织工会或者阻挠上级工会帮助、指导职工筹建工会的，由劳动行政部门责令其改正；拒不改正的，由劳动行政部门提请县级以上人民政府处理；以暴力、威胁等手段阻挠造成严重后果，构成犯罪的，依法追究刑事责任。

第五十一条　违反本法规定，对依法履行职责的工会工作人员无正当理由调动工作岗位，进行打击报复的，由劳动行政部门责令改正、恢复原工作；造成损失的，给予赔偿。

对依法履行职责的工会工作人员进行侮辱、诽谤或者进行人身伤害，构成犯罪的，依法追究刑事责任；尚未构成犯罪的，由公安机关依照治安管理处罚条例的规定处罚。

第五十二条　违反本法规定，有下列情形之一的，由劳动行政部门责令恢复其工作，并补发被解除劳动合同期间应得的报酬，或者责令给予本人年收入2倍的赔偿：

（一）职工因参加工会活动而被解除劳动合同的；

（二）工会工作人员因履行本法规定的职责而被解除劳动合同的。

第五十三条　违反本法规定，有下列情形之一的，由县级以上人民政府责令改正，依法处理：

（一）妨碍工会组织职工通过职工代表大会和其他形式依法行使民主权利的；

（二）非法撤销、合并工会组织的；

（三）妨碍工会参加职工因工伤亡事故以及其他侵犯职工合法权益问题的

调查处理的；

（四）无正当理由拒绝进行平等协商的。

第五十四条 违反本法第46条规定，侵占工会经费和财产拒不返还的，工会可以向人民法院提起诉讼，要求返还，并赔偿损失。

第五十五条 工会工作人员违反本法规定，损害职工或者工会权益的，由同级工会或者上级工会责令改正，或者予以处分；情节严重的，依照《中国工会章程》予以罢免；造成损失的，应当承担赔偿责任；构成犯罪的，依法追究刑事责任。

第七章 附　则

第五十六条 中华全国总工会会同有关国家机关制定机关工会实施本法的具体办法。

第五十七条 本法自公布之日起施行。1950年6月29日中央人民政府颁布的《中华人民共和国工会法》同时废止。

中华人民共和国社会保险法（ 2018 修正 ）

（2010 年 10 月 28 日第十一届全国人民代表大会常务委员会第十七次会议通过 根据 2018 年 12 月 29 日第十三届全国人民代表大会常务委员会第七次会议《关于修改〈中华人民共和国社会保险法〉的决定》修正）

第一章 总 则

第一条 为了规范社会保险关系，维护公民参加社会保险和享受社会保险待遇的合法权益，使公民共享发展成果，促进社会和谐稳定，根据宪法，制定本法。

第二条 国家建立基本养老保险、基本医疗保险、工伤保险、失业保险、生育保险等社会保险制度，保障公民在年老、疾病、工伤、失业、生育等情况下依法从国家和社会获得物质帮助的权利。

第三条 社会保险制度坚持广覆盖、保基本、多层次、可持续的方针，社会保险水平应当与经济社会发展水平相适应。

第四条 中华人民共和国境内的用人单位和个人依法缴纳社会保险费，有权查询缴费记录、个人权益记录，要求社会保险经办机构提供社会保险咨询等相关服务。

个人依法享受社会保险待遇，有权监督本单位为其缴费情况。

第五条 县级以上人民政府将社会保险事业纳入国民经济和社会发展规划。

国家多渠道筹集社会保险资金。县级以上人民政府对社会保险事业给予必要的经费支持。

国家通过税收优惠政策支持社会保险事业。

第六条 国家对社会保险基金实行严格监管。

国务院和省、自治区、直辖市人民政府建立健全社会保险基金监督管理制度，保障社会保险基金安全、有效运行。

县级以上人民政府采取措施，鼓励和支持社会各方面参与社会保险基金的监督。

第七条 国务院社会保险行政部门负责全国的社会保险管理工作，国务院其他有关部门在各自的职责范围内负责有关的社会保险工作。

县级以上地方人民政府社会保险行政部门负责本行政区域的社会保险管理工作，县级以上地方人民政府其他有关部门在各自的职责范围内负责有关的社会保险工作。

第八条 社会保险经办机构提供社会保险服务，负责社会保险登记、个人权益记录、社会保险待遇支付等工作。

第九条 工会依法维护职工的合法权益，有权参与社会保险重大事项的研究，参加社会保险监督委员会，对与职工社会保险权益有关的事项进行监督。

第二章　基本养老保险

第十条 职工应当参加基本养老保险，由用人单位和职工共同缴纳基本养老保险费。

无雇工的个体工商户、未在用人单位参加基本养老保险的非全日制从业人员以及其他灵活就业人员可以参加基本养老保险，由个人缴纳基本养老保险费。

公务员和参照公务员法管理的工作人员养老保险的办法由国务院规定。

第十一条 基本养老保险实行社会统筹与个人账户相结合。

基本养老保险基金由用人单位和个人缴费以及政府补贴等组成。

第十二条 用人单位应当按照国家规定的本单位职工工资总额的比例缴纳基本养老保险费，记入基本养老保险统筹基金。

职工应当按照国家规定的本人工资的比例缴纳基本养老保险费，记入个人账户。

无雇工的个体工商户、未在用人单位参加基本养老保险的非全日制从业人员以及其他灵活就业人员参加基本养老保险的，应当按照国家规定缴纳基本养老保险费，分别记入基本养老保险统筹基金和个人账户。

第十三条 国有企业、事业单位职工参加基本养老保险前，视同缴费年限期间应当缴纳的基本养老保险费由政府承担。

基本养老保险基金出现支付不足时，政府给予补贴。

第十四条 个人账户不得提前支取，记账利率不得低于银行定期存款利率，免征利息税。个人死亡的，个人账户余额可以继承。

第十五条 基本养老金由统筹养老金和个人账户养老金组成。

基本养老金根据个人累计缴费年限、缴费工资、当地职工平均工资、个人账户金额、城镇人口平均预期寿命等因素确定。

第十六条 参加基本养老保险的个人，达到法定退休年龄时累计缴费满十五年的，按月领取基本养老金。

参加基本养老保险的个人，达到法定退休年龄时累计缴费不足十五年的，可以缴费至满十五年，按月领取基本养老金；也可以转入新型农村社会养老保险或者城镇居民社会养老保险，按照国务院规定享受相应的养老保险待遇。

第十七条 参加基本养老保险的个人，因病或者非因工死亡的，其遗属可以领取丧葬补助金和抚恤金；在未达到法定退休年龄时因病或者非因工致残完全丧失劳动能力的，可以领取病残津贴。所需资金从基本养老保险基金中支付。

第十八条 国家建立基本养老金正常调整机制。根据职工平均工资增长、物价上涨情况，适时提高基本养老保险待遇水平。

第十九条 个人跨统筹地区就业的，其基本养老保险关系随本人转移，缴费年限累计计算。个人达到法定退休年龄时，基本养老金分段计算、统一支付。具体办法由国务院规定。

第二十条 国家建立和完善新型农村社会养老保险制度。

新型农村社会养老保险实行个人缴费、集体补助和政府补贴相结合。

第二十一条 新型农村社会养老保险待遇由基础养老金和个人账户养老金组成。

参加新型农村社会养老保险的农村居民，符合国家规定条件的，按月领取新型农村社会养老保险待遇。

第二十二条 国家建立和完善城镇居民社会养老保险制度。

省、自治区、直辖市人民政府根据实际情况，可以将城镇居民社会养老保险和新型农村社会养老保险合并实施。

第三章　基本医疗保险

第二十三条　职工应当参加职工基本医疗保险，由用人单位和职工按照国家规定共同缴纳基本医疗保险费。

无雇工的个体工商户、未在用人单位参加职工基本医疗保险的非全日制从业人员以及其他灵活就业人员可以参加职工基本医疗保险，由个人按照国家规定缴纳基本医疗保险费。

第二十四条　国家建立和完善新型农村合作医疗制度。

新型农村合作医疗的管理办法，由国务院规定。

第二十五条　国家建立和完善城镇居民基本医疗保险制度。

城镇居民基本医疗保险实行个人缴费和政府补贴相结合。

享受最低生活保障的人、丧失劳动能力的残疾人、低收入家庭六十周岁以上的老年人和未成年人等所需个人缴费部分，由政府给予补贴。

第二十六条　职工基本医疗保险、新型农村合作医疗和城镇居民基本医疗保险的待遇标准按照国家规定执行。

第二十七条　参加职工基本医疗保险的个人，达到法定退休年龄时累计缴费达到国家规定年限的，退休后不再缴纳基本医疗保险费，按照国家规定享受基本医疗保险待遇；未达到国家规定年限的，可以缴费至国家规定年限。

第二十八条　符合基本医疗保险药品目录、诊疗项目、医疗服务设施标准以及急诊、抢救的医疗费用，按照国家规定从基本医疗保险基金中支付。

第二十九条　参保人员医疗费用中应当由基本医疗保险基金支付的部分，由社会保险经办机构与医疗机构、药品经营单位直接结算。

社会保险行政部门和卫生行政部门应当建立异地就医医疗费用结算制度，方便参保人员享受基本医疗保险待遇。

第三十条　下列医疗费用不纳入基本医疗保险基金支付范围：

（一）应当从工伤保险基金中支付的；

（二）应当由第三人负担的；

（三）应当由公共卫生负担的；

（四）在境外就医的。

医疗费用依法应当由第三人负担，第三人不支付或者无法确定第三人的，由基本医疗保险基金先行支付。基本医疗保险基金先行支付后，有权向第三人追偿。

第三十一条 社会保险经办机构根据管理服务的需要，可以与医疗机构、药品经营单位签订服务协议，规范医疗服务行为。

医疗机构应当为参保人员提供合理、必要的医疗服务。

第三十二条 个人跨统筹地区就业的，其基本医疗保险关系随本人转移，缴费年限累计计算。

第四章　工伤保险

第三十三条 职工应当参加工伤保险，由用人单位缴纳工伤保险费，职工不缴纳工伤保险费。

第三十四条 国家根据不同行业的工伤风险程度确定行业的差别费率，并根据使用工伤保险基金、工伤发生率等情况在每个行业内确定费率档次。行业差别费率和行业内费率档次由国务院社会保险行政部门制定，报国务院批准后公布施行。

社会保险经办机构根据用人单位使用工伤保险基金、工伤发生率和所属行业费率档次等情况，确定用人单位缴费费率。

第三十五条 用人单位应当按照本单位职工工资总额，根据社会保险经办机构确定的费率缴纳工伤保险费。

第三十六条 职工因工作原因受到事故伤害或者患职业病，且经工伤认定的，享受工伤保险待遇；其中，经劳动能力鉴定丧失劳动能力的，享受伤残待遇。

工伤认定和劳动能力鉴定应当简捷、方便。

第三十七条 职工因下列情形之一导致本人在工作中伤亡的，不认定为工伤：

（一）故意犯罪；

（二）醉酒或者吸毒；

（三）自残或者自杀；

（四）法律、行政法规规定的其他情形。

第三十八条 因工伤发生的下列费用，按照国家规定从工伤保险基金中支付：

（一）治疗工伤的医疗费用和康复费用；

（二）住院伙食补助费；

（三）到统筹地区以外就医的交通食宿费；

（四）安装配置伤残辅助器具所需费用；

（五）生活不能自理的，经劳动能力鉴定委员会确认的生活护理费；

（六）一次性伤残补助金和一至四级伤残职工按月领取的伤残津贴；

（七）终止或者解除劳动合同时，应当享受的一次性医疗补助金；

（八）因工死亡的，其遗属领取的丧葬补助金、供养亲属抚恤金和因工死亡补助金；

（九）劳动能力鉴定费。

第三十九条 因工伤发生的下列费用，按照国家规定由用人单位支付：

（一）治疗工伤期间的工资福利；

（二）五级、六级伤残职工按月领取的伤残津贴；

（三）终止或者解除劳动合同时，应当享受的一次性伤残就业补助金。

第四十条 工伤职工符合领取基本养老金条件的，停发伤残津贴，享受基本养老保险待遇。基本养老保险待遇低于伤残津贴的，从工伤保险基金中补足差额。

第四十一条 职工所在用人单位未依法缴纳工伤保险费，发生工伤事故的，由用人单位支付工伤保险待遇。用人单位不支付的，从工伤保险基金中先行支付。

从工伤保险基金中先行支付的工伤保险待遇应当由用人单位偿还。用人单位不偿还的，社会保险经办机构可以依照本法第六十三条的规定追偿。

第四十二条 由于第三人的原因造成工伤，第三人不支付工伤医疗费用或者无法确定第三人的，由工伤保险基金先行支付。工伤保险基金先行支付后，有权向第三人追偿。

第四十三条 工伤职工有下列情形之一的，停止享受工伤保险待遇：

（一）丧失享受待遇条件的；

（二）拒不接受劳动能力鉴定的；

（三）拒绝治疗的。

第五章　失业保险

第四十四条 职工应当参加失业保险，由用人单位和职工按照国家规定共同缴纳失业保险费。

第四十五条 失业人员符合下列条件的，从失业保险基金中领取失业保险金：

（一）失业前用人单位和本人已经缴纳失业保险费满一年的；

（二）非因本人意愿中断就业的；

（三）已经进行失业登记，并有求职要求的。

第四十六条 失业人员失业前用人单位和本人累计缴费满一年不足五年的，领取失业保险金的期限最长为十二个月；累计缴费满五年不足十年的，领取失业保险金的期限最长为十八个月；累计缴费十年以上的，领取失业保险金的期限最长为二十四个月。重新就业后，再次失业的，缴费时间重新计算，领取失业保险金的期限与前次失业应当领取而尚未领取的失业保险金的期限合并计算，最长不超过二十四个月。

第四十七条 失业保险金的标准，由省、自治区、直辖市人民政府确定，不得低于城市居民最低生活保障标准。

第四十八条 失业人员在领取失业保险金期间，参加职工基本医疗保险，享受基本医疗保险待遇。

失业人员应当缴纳的基本医疗保险费从失业保险基金中支付，个人不缴纳基本医疗保险费。

第四十九条 失业人员在领取失业保险金期间死亡的，参照当地对在职职工死亡的规定，向其遗属发给一次性丧葬补助金和抚恤金。所需资金从失业保险基金中支付。

个人死亡同时符合领取基本养老保险丧葬补助金、工伤保险丧葬补助金和失业保险丧葬补助金条件的，其遗属只能选择领取其中的一项。

第五十条 用人单位应当及时为失业人员出具终止或者解除劳动关系的证明，并将失业人员的名单自终止或者解除劳动关系之日起十五日内告知社会保险经办机构。

失业人员应当持本单位为其出具的终止或者解除劳动关系的证明，及时到指定的公共就业服务机构办理失业登记。

失业人员凭失业登记证明和个人身份证明，到社会保险经办机构办理领取失业保险金的手续。失业保险金领取期限自办理失业登记之日起计算。

第五十一条 失业人员在领取失业保险金期间有下列情形之一的，停止领取失业保险金，并同时停止享受其他失业保险待遇：

（一）重新就业的；

（二）应征服兵役的；

（三）移居境外的；

（四）享受基本养老保险待遇的；

（五）无正当理由，拒不接受当地人民政府指定部门或者机构介绍的适当工作或者提供的培训的。

第五十二条　职工跨统筹地区就业的，其失业保险关系随本人转移，缴费年限累计计算。

第六章　生育保险

第五十三条　职工应当参加生育保险，由用人单位按照国家规定缴纳生育保险费，职工不缴纳生育保险费。

第五十四条　用人单位已经缴纳生育保险费的，其职工享受生育保险待遇；职工未就业配偶按照国家规定享受生育医疗费用待遇。所需资金从生育保险基金中支付。

生育保险待遇包括生育医疗费用和生育津贴。

第五十五条　生育医疗费用包括下列各项：

（一）生育的医疗费用；

（二）计划生育的医疗费用；

（三）法律、法规规定的其他项目费用。

第五十六条　职工有下列情形之一的，可以按照国家规定享受生育津贴：

（一）女职工生育享受产假；

（二）享受计划生育手术休假；

（三）法律、法规规定的其他情形。

生育津贴按照职工所在用人单位上年度职工月平均工资计发。

第七章　社会保险费征缴

第五十七条　用人单位应当自成立之日起三十日内凭营业执照、登记证书或者单位印章，向当地社会保险经办机构申请办理社会保险登记。社会保险经办机构应当自收到申请之日起十五日内予以审核，发给社会保险登记证件。

用人单位的社会保险登记事项发生变更或者用人单位依法终止的，应当自变更或者终止之日起三十日内，到社会保险经办机构办理变更或者注销社会保险登记。

市场监督管理部门、民政部门和机构编制管理机关应当及时向社会保险经办机构通报用人单位的成立、终止情况，公安机关应当及时向社会保险经办机构通报个人的出生、死亡以及户口登记、迁移、注销等情况。

第五十八条　用人单位应当自用工之日起三十日内为其职工向社会保险经办机构申请办理社会保险登记。未办理社会保险登记的，由社会保险经办机构核定其应当缴纳的社会保险费。

自愿参加社会保险的无雇工的个体工商户、未在用人单位参加社会保险的非全日制从业人员以及其他灵活就业人员，应当向社会保险经办机构申请办理社会保险登记。

国家建立全国统一的个人社会保障号码。个人社会保障号码为公民身份号码。

第五十九条　县级以上人民政府加强社会保险费的征收工作。

社会保险费实行统一征收，实施步骤和具体办法由国务院规定。

第六十条　用人单位应当自行申报、按时足额缴纳社会保险费，非因不可抗力等法定事由不得缓缴、减免。职工应当缴纳的社会保险费由用人单位代扣代缴，用人单位应当按月将缴纳社会保险费的明细情况告知本人。

无雇工的个体工商户、未在用人单位参加社会保险的非全日制从业人员以及其他灵活就业人员，可以直接向社会保险费征收机构缴纳社会保险费。

第六十一条　社会保险费征收机构应当依法按时足额征收社会保险费，并将缴费情况定期告知用人单位和个人。

第六十二条　用人单位未按规定申报应当缴纳的社会保险费数额的，按照该单位上月缴费额的百分之一百一十确定应当缴纳数额；缴费单位补办申报手续后，由社会保险费征收机构按照规定结算。

第六十三条　用人单位未按时足额缴纳社会保险费的，由社会保险费征收机构责令其限期缴纳或者补足。

用人单位逾期仍未缴纳或者补足社会保险费的，社会保险费征收机构可以向银行和其他金融机构查询其存款账户；并可以申请县级以上有关行政部门作出划拨社会保险费的决定，书面通知其开户银行或者其他金融机构划拨社会保险费。用人单位账户余额少于应当缴纳的社会保险费的，社会保险费征收机构可以要求该用人单位提供担保，签订延期缴费协议。

用人单位未足额缴纳社会保险费且未提供担保的，社会保险费征收机构可以申请人民法院扣押、查封、拍卖其价值相当于应当缴纳社会保险费的财产，以拍卖所得抵缴社会保险费。

第八章　社会保险基金

第六十四条　社会保险基金包括基本养老保险基金、基本医疗保险基金、工伤保险基金、失业保险基金和生育保险基金。除基本医疗保险基金与生育保险基金合并建账及核算外，其他各项社会保险基金按照社会保险险种分别建账，分账核算。社会保险基金执行国家统一的会计制度。

社会保险基金专款专用，任何组织和个人不得侵占或者挪用。

基本养老保险基金逐步实行全国统筹，其他社会保险基金逐步实行省级统筹，具体时间、步骤由国务院规定。

第六十五条　社会保险基金通过预算实现收支平衡。

县级以上人民政府在社会保险基金出现支付不足时，给予补贴。

第六十六条　社会保险基金按照统筹层次设立预算。除基本医疗保险基金与生育保险基金预算合并编制外，其他社会保险基金预算按照社会保险项目分别编制。

第六十七条　社会保险基金预算、决算草案的编制、审核和批准，依照法律和国务院规定执行。

第六十八条　社会保险基金存入财政专户，具体管理办法由国务院规定。

第六十九条　社会保险基金在保证安全的前提下，按照国务院规定投资运营实现保值增值。

社会保险基金不得违规投资运营，不得用于平衡其他政府预算，不得用于兴建、改建办公场所和支付人员经费、运行费用、管理费用，或者违反法律、行政法规规定挪作其他用途。

第七十条　社会保险经办机构应当定期向社会公布参加社会保险情况以及社会保险基金的收入、支出、结余和收益情况。

第七十一条　国家设立全国社会保障基金，由中央财政预算拨款以及国务院批准的其他方式筹集的资金构成，用于社会保障支出的补充、调剂。全国社会保障基金由全国社会保障基金管理运营机构负责管理运营，在保证安全的前提下实现保值增值。

全国社会保障基金应当定期向社会公布收支、管理和投资运营的情况。国务院财政部门、社会保险行政部门、审计机关对全国社会保障基金的收支、管理和投资运营情况实施监督。

第九章　社会保险经办

第七十二条　统筹地区设立社会保险经办机构。社会保险经办机构根据工作需要，经所在地的社会保险行政部门和机构编制管理机关批准，可以在本统筹地区设立分支机构和服务网点。

社会保险经办机构的人员经费和经办社会保险发生的基本运行费用、管理费用，由同级财政按照国家规定予以保障。

第七十三条　社会保险经办机构应当建立健全业务、财务、安全和风险管理制度。

社会保险经办机构应当按时足额支付社会保险待遇。

第七十四条　社会保险经办机构通过业务经办、统计、调查获取社会保险工作所需的数据，有关单位和个人应当及时、如实提供。

社会保险经办机构应当及时为用人单位建立档案，完整、准确地记录参加社会保险的人员、缴费等社会保险数据，妥善保管登记、申报的原始凭证和支付结算的会计凭证。

社会保险经办机构应当及时、完整、准确地记录参加社会保险的个人缴费和用人单位为其缴费，以及享受社会保险待遇等个人权益记录，定期将个人权益记录单免费寄送本人。

用人单位和个人可以免费向社会保险经办机构查询、核对其缴费和享受社会保险待遇记录，要求社会保险经办机构提供社会保险咨询等相关服务。

第七十五条　全国社会保险信息系统按照国家统一规划，由县级以上人民政府按照分级负责的原则共同建设。

第十章　社会保险监督

第七十六条　各级人民代表大会常务委员会听取和审议本级人民政府对

社会保险基金的收支、管理、投资运营以及监督检查情况的专项工作报告，组织对本法实施情况的执法检查等，依法行使监督职权。

第七十七条　县级以上人民政府社会保险行政部门应当加强对用人单位和个人遵守社会保险法律、法规情况的监督检查。

社会保险行政部门实施监督检查时，被检查的用人单位和个人应当如实提供与社会保险有关的资料，不得拒绝检查或者谎报、瞒报。

第七十八条　财政部门、审计机关按照各自职责，对社会保险基金的收支、管理和投资运营情况实施监督。

第七十九条　社会保险行政部门对社会保险基金的收支、管理和投资运营情况进行监督检查，发现存在问题的，应当提出整改建议，依法作出处理决定或者向有关行政部门提出处理建议。社会保险基金检查结果应当定期向社会公布。

社会保险行政部门对社会保险基金实施监督检查，有权采取下列措施：

（一）查阅、记录、复制与社会保险基金收支、管理和投资运营相关的资料，对可能被转移、隐匿或者灭失的资料予以封存；

（二）询问与调查事项有关的单位和个人，要求其对与调查事项有关的问题作出说明、提供有关证明材料；

（三）对隐匿、转移、侵占、挪用社会保险基金的行为予以制止并责令改正。

第八十条　统筹地区人民政府成立由用人单位代表、参保人员代表，以及工会代表、专家等组成的社会保险监督委员会，掌握、分析社会保险基金的收支、管理和投资运营情况，对社会保险工作提出咨询意见和建议，实施社会监督。

社会保险经办机构应当定期向社会保险监督委员会汇报社会保险基金的收支、管理和投资运营情况。社会保险监督委员会可以聘请会计师事务所对社会保险基金的收支、管理和投资运营情况进行年度审计和专项审计。审计结果应当向社会公开。

社会保险监督委员会发现社会保险基金收支、管理和投资运营中存在问题的，有权提出改正建议；对社会保险经办机构及其工作人员的违法行为，有权向有关部门提出依法处理建议。

第八十一条　社会保险行政部门和其他有关行政部门、社会保险经办机构、社会保险费征收机构及其工作人员，应当依法为用人单位和个人的信息保密，不得以任何形式泄露。

第八十二条 任何组织或者个人有权对违反社会保险法律、法规的行为进行举报、投诉。

社会保险行政部门、卫生行政部门、社会保险经办机构、社会保险费征收机构和财政部门、审计机关对属于本部门、本机构职责范围的举报、投诉，应当依法处理；对不属于本部门、本机构职责范围的，应当书面通知并移交有权处理的部门、机构处理。有权处理的部门、机构应当及时处理，不得推诿。

第八十三条 用人单位或者个人认为社会保险费征收机构的行为侵害自己合法权益的，可以依法申请行政复议或者提起行政诉讼。

用人单位或者个人对社会保险经办机构不依法办理社会保险登记、核定社会保险费、支付社会保险待遇、办理社会保险转移接续手续或者侵害其他社会保险权益的行为，可以依法申请行政复议或者提起行政诉讼。

个人与所在用人单位发生社会保险争议的，可以依法申请调解、仲裁，提起诉讼。用人单位侵害个人社会保险权益的，个人也可以要求社会保险行政部门或者社会保险费征收机构依法处理。

第十一章　法律责任

第八十四条 用人单位不办理社会保险登记的，由社会保险行政部门责令限期改正；逾期不改正的，对用人单位处应缴社会保险费数额一倍以上三倍以下的罚款，对其直接负责的主管人员和其他直接责任人员处五百元以上三千元以下的罚款。

第八十五条 用人单位拒不出具终止或者解除劳动关系证明的，依照《中华人民共和国劳动合同法》的规定处理。

第八十六条 用人单位未按时足额缴纳社会保险费的，由社会保险费征收机构责令限期缴纳或者补足，并自欠缴之日起，按日加收万分之五的滞纳金；逾期仍不缴纳的，由有关行政部门处欠缴数额一倍以上三倍以下的罚款。

第八十七条 社会保险经办机构以及医疗机构、药品经营单位等社会保险服务机构以欺诈、伪造证明材料或者其他手段骗取社会保险基金支出的，由社会保险行政部门责令退回骗取的社会保险金，处骗取金额二倍以上五倍以下的罚款；属于社会保险服务机构的，解除服务协议；直接负责的主管人员和其他直接责任人员有执业资格的，依法吊销其执业资格。

第八十八条　以欺诈、伪造证明材料或者其他手段骗取社会保险待遇的，由社会保险行政部门责令退回骗取的社会保险金，处骗取金额二倍以上五倍以下的罚款。

第八十九条　社会保险经办机构及其工作人员有下列行为之一的，由社会保险行政部门责令改正；给社会保险基金、用人单位或者个人造成损失的，依法承担赔偿责任；对直接负责的主管人员和其他直接责任人员依法给予处分：

（一）未履行社会保险法定职责的；

（二）未将社会保险基金存入财政专户的；

（三）克扣或者拒不按时支付社会保险待遇的；

（四）丢失或者篡改缴费记录、享受社会保险待遇记录等社会保险数据、个人权益记录的；

（五）有违反社会保险法律、法规的其他行为的。

第九十条　社会保险费征收机构擅自更改社会保险费缴费基数、费率，导致少收或者多收社会保险费的，由有关行政部门责令其追缴应当缴纳的社会保险费或者退还不应当缴纳的社会保险费；对直接负责的主管人员和其他直接责任人员依法给予处分。

第九十一条　违反本法规定，隐匿、转移、侵占、挪用社会保险基金或者违规投资运营的，由社会保险行政部门、财政部门、审计机关责令追回；有违法所得的，没收违法所得；对直接负责的主管人员和其他直接责任人员依法给予处分。

第九十二条　社会保险行政部门和其他有关行政部门、社会保险经办机构、社会保险费征收机构及其工作人员泄露用人单位和个人信息的，对直接负责的主管人员和其他直接责任人员依法给予处分；给用人单位或者个人造成损失的，应当承担赔偿责任。

第九十三条　国家工作人员在社会保险管理、监督工作中滥用职权、玩忽职守、徇私舞弊的，依法给予处分。

第九十四条　违反本法规定，构成犯罪的，依法追究刑事责任。

第十二章　附　则

第九十五条　进城务工的农村居民依照本法规定参加社会保险。

第九十六条　征收农村集体所有的土地，应当足额安排被征地农民的社会保险费，按照国务院规定将被征地农民纳入相应的社会保险制度。

第九十七条　外国人在中国境内就业的，参照本法规定参加社会保险。

第九十八条　本法自 2011 年 7 月 1 日起施行。

工伤保险条例

（2003 年 4 月 27 日中华人民共和国国务院令第 375 号公布　根据 2010 年 12 月 20 日《国务院关于修改〈工伤保险条例〉的决定》修订）

第一章　总　则

第一条　为了保障因工作遭受事故伤害或者患职业病的职工获得医疗救治和经济补偿，促进工伤预防和职业康复，分散用人单位的工伤风险，制定本条例。

第二条　中华人民共和国境内的企业、事业单位、社会团体、民办非企业单位、基金会、律师事务所、会计师事务所等组织和有雇工的个体工商户（以下称用人单位）应当依照本条例规定参加工伤保险，为本单位全部职工或者雇工（以下称职工）缴纳工伤保险费。

中华人民共和国境内的企业、事业单位、社会团体、民办非企业单位、基金会、律师事务所、会计师事务所等组织的职工和个体工商户的雇工，均有依照本条例的规定享受工伤保险待遇的权利。

第三条　工伤保险费的征缴按照《社会保险费征缴暂行条例》关于基本养老保险费、基本医疗保险费、失业保险费的征缴规定执行。

第四条　用人单位应当将参加工伤保险的有关情况在本单位内公示。

用人单位和职工应当遵守有关安全生产和职业病防治的法律法规，执行安全卫生规程和标准，预防工伤事故发生，避免和减少职业病危害。

职工发生工伤时，用人单位应当采取措施使工伤职工得到及时救治。

第五条　国务院社会保险行政部门负责全国的工伤保险工作。

县级以上地方各级人民政府社会保险行政部门负责本行政区域内的工伤保险工作。

社会保险行政部门按照国务院有关规定设立的社会保险经办机构（以下

称经办机构）具体承办工伤保险事务。

第六条　社会保险行政部门等部门制定工伤保险的政策、标准，应当征求工会组织、用人单位代表的意见。

第二章　工伤保险基金

第七条　工伤保险基金由用人单位缴纳的工伤保险费、工伤保险基金的利息和依法纳入工伤保险基金的其他资金构成。

第八条　工伤保险费根据以支定收、收支平衡的原则，确定费率。

国家根据不同行业的工伤风险程度确定行业的差别费率，并根据工伤保险费使用、工伤发生率等情况在每个行业内确定若干费率档次。行业差别费率及行业内费率档次由国务院社会保险行政部门制定，报国务院批准后公布施行。

统筹地区经办机构根据用人单位工伤保险费使用、工伤发生率等情况，适用所属行业内相应的费率档次确定单位缴费费率。

第九条　国务院社会保险行政部门应当定期了解全国各统筹地区工伤保险基金收支情况，及时提出调整行业差别费率及行业内费率档次的方案，报国务院批准后公布施行。

第十条　用人单位应当按时缴纳工伤保险费。职工个人不缴纳工伤保险费。

用人单位缴纳工伤保险费的数额为本单位职工工资总额乘以单位缴费费率之积。

对难以按照工资总额缴纳工伤保险费的行业，其缴纳工伤保险费的具体方式，由国务院社会保险行政部门规定。

第十一条　工伤保险基金逐步实行省级统筹。

跨地区、生产流动性较大的行业，可以采取相对集中的方式异地参加统筹地区的工伤保险。具体办法由国务院社会保险行政部门会同有关行业的主管部门制定。

第十二条　工伤保险基金存入社会保障基金财政专户，用于本条例规定的工伤保险待遇，劳动能力鉴定，工伤预防的宣传、培训等费用，以及法律、法规规定的用于工伤保险的其他费用的支付。

工伤预防费用的提取比例、使用和管理的具体办法，由国务院社会保险行政部门会同国务院财政、卫生行政、安全生产监督管理等部门规定。

任何单位或者个人不得将工伤保险基金用于投资运营、兴建或者改建办公场所、发放奖金，或者挪作其他用途。

第十三条 工伤保险基金应当留有一定比例的储备金，用于统筹地区重大事故的工伤保险待遇支付；储备金不足支付的，由统筹地区的人民政府垫付。储备金占基金总额的具体比例和储备金的使用办法，由省、自治区、直辖市人民政府规定。

第三章 工伤认定

第十四条 职工有下列情形之一的，应当认定为工伤：

（一）在工作时间和工作场所内，因工作原因受到事故伤害的；

（二）工作时间前后在工作场所内，从事与工作有关的预备性或者收尾性工作受到事故伤害的；

（三）在工作时间和工作场所内，因履行工作职责受到暴力等意外伤害的；

（四）患职业病的；

（五）因工外出期间，由于工作原因受到伤害或者发生事故下落不明的；

（六）在上下班途中，受到非本人主要责任的交通事故或者城市轨道交通、客运轮渡、火车事故伤害的；

（七）法律、行政法规规定应当认定为工伤的其他情形。

第十五条 职工有下列情形之一的，视同工伤：

（一）在工作时间和工作岗位，突发疾病死亡或者在 48 小时之内经抢救无效死亡的；

（二）在抢险救灾等维护国家利益、公共利益活动中受到伤害的；

（三）职工原在军队服役，因战、因公负伤致残，已取得革命伤残军人证，到用人单位后旧伤复发的。

职工有前款第（一）项、第（二）项情形的，按照本条例的有关规定享受工伤保险待遇；职工有前款第（三）项情形的，按照本条例的有关规定享受除一次性伤残补助金以外的工伤保险待遇。

第十六条 职工符合本条例第 14 条、第 15 条的规定，但是有下列情形之一的，不得认定为工伤或者视同工伤：

（一）故意犯罪的；

（二）醉酒或者吸毒的；

（三）自残或者自杀的。

第十七条　职工发生事故伤害或者按照职业病防治法规定被诊断、鉴定为职业病，所在单位应当自事故伤害发生之日或者被诊断、鉴定为职业病之日起 30 日内，向统筹地区社会保险行政部门提出工伤认定申请。遇有特殊情况，经报社会保险行政部门同意，申请时限可以适当延长。

用人单位未按前款规定提出工伤认定申请的，工伤职工或者其近亲属、工会组织在事故伤害发生之日或者被诊断、鉴定为职业病之日起 1 年内，可以直接向用人单位所在地统筹地区社会保险行政部门提出工伤认定申请。

按照本条第 1 款规定应当由省级社会保险行政部门进行工伤认定的事项，根据属地原则由用人单位所在地的设区的市级社会保险行政部门办理。

用人单位未在本条第 1 款规定的时限内提交工伤认定申请，在此期间发生符合本条例规定的工伤待遇等有关费用由该用人单位负担。

第十八条　提出工伤认定申请应当提交下列材料：

（一）工伤认定申请表；

（二）与用人单位存在劳动关系（包括事实劳动关系）的证明材料；

（三）医疗诊断证明或者职业病诊断证明书（或者职业病诊断鉴定书）。

工伤认定申请表应当包括事故发生的时间、地点、原因以及职工伤害程度等基本情况。

工伤认定申请人提供材料不完整的，社会保险行政部门应当一次性书面告知工伤认定申请人需要补正的全部材料。申请人按照书面告知要求补正材料后，社会保险行政部门应当受理。

第十九条　社会保险行政部门受理工伤认定申请后，根据审核需要可以对事故伤害进行调查核实，用人单位、职工、工会组织、医疗机构以及有关部门应当予以协助。职业病诊断和诊断争议的鉴定，依照职业病防治法的有关规定执行。对依法取得职业病诊断证明书或者职业病诊断鉴定书的，社会保险行政部门不再进行调查核实。

职工或者其近亲属认为是工伤，用人单位不认为是工伤的，由用人单位承担举证责任。

第二十条　社会保险行政部门应当自受理工伤认定申请之日起 60 日内作

出工伤认定的决定，并书面通知申请工伤认定的职工或者其近亲属和该职工所在单位。

社会保险行政部门对受理的事实清楚、权利义务明确的工伤认定申请，应当在 15 日内作出工伤认定的决定。

作出工伤认定决定需要以司法机关或者有关行政主管部门的结论为依据的，在司法机关或者有关行政主管部门尚未作出结论期间，作出工伤认定决定的时限中止。

社会保险行政部门工作人员与工伤认定申请人有利害关系的，应当回避。

第四章　劳动能力鉴定

第二十一条　职工发生工伤，经治疗伤情相对稳定后存在残疾、影响劳动能力的，应当进行劳动能力鉴定。

第二十二条　劳动能力鉴定是指劳动功能障碍程度和生活自理障碍程度的等级鉴定。

劳动功能障碍分为十个伤残等级，最重的为一级，最轻的为十级。

生活自理障碍分为三个等级：生活完全不能自理、生活大部分不能自理和生活部分不能自理。

劳动能力鉴定标准由国务院社会保险行政部门会同国务院卫生行政部门等部门制定。

第二十三条　劳动能力鉴定由用人单位、工伤职工或者其近亲属向设区的市级劳动能力鉴定委员会提出申请，并提供工伤认定决定和职工工伤医疗的有关资料。

第二十四条　省、自治区、直辖市劳动能力鉴定委员会和设区的市级劳动能力鉴定委员会分别由省、自治区、直辖市和设区的市级社会保险行政部门、卫生行政部门、工会组织、经办机构代表以及用人单位代表组成。

劳动能力鉴定委员会建立医疗卫生专家库。列入专家库的医疗卫生专业技术人员应当具备下列条件：

（一）具有医疗卫生高级专业技术职务任职资格；

（二）掌握劳动能力鉴定的相关知识；

（三）具有良好的职业品德。

第二十五条　设区的市级劳动能力鉴定委员会收到劳动能力鉴定申请后，

应当从其建立的医疗卫生专家库中随机抽取 3 名或者 5 名相关专家组成专家组，由专家组提出鉴定意见。设区的市级劳动能力鉴定委员会根据专家组的鉴定意见作出工伤职工劳动能力鉴定结论；必要时，可以委托具备资格的医疗机构协助进行有关的诊断。

设区的市级劳动能力鉴定委员会应当自收到劳动能力鉴定申请之日起 60 日内作出劳动能力鉴定结论，必要时，作出劳动能力鉴定结论的期限可以延长 30 日。劳动能力鉴定结论应当及时送达申请鉴定的单位和个人。

第二十六条　申请鉴定的单位或者个人对设区的市级劳动能力鉴定委员会作出的鉴定结论不服的，可以在收到该鉴定结论之日起 15 日内向省、自治区、直辖市劳动能力鉴定委员会提出再次鉴定申请。省、自治区、直辖市劳动能力鉴定委员会作出的劳动能力鉴定结论为最终结论。

第二十七条　劳动能力鉴定工作应当客观、公正。劳动能力鉴定委员会组成人员或者参加鉴定的专家与当事人有利害关系的，应当回避。

第二十八条　自劳动能力鉴定结论作出之日起 1 年后，工伤职工或者其近亲属、所在单位或者经办机构认为伤残情况发生变化的，可以申请劳动能力复查鉴定。

第二十九条　劳动能力鉴定委员会依照本条例第 26 条和第 28 条的规定进行再次鉴定和复查鉴定的期限，依照本条例第 25 条第 2 款的规定执行。

第五章　工伤保险待遇

第三十条　职工因工作遭受事故伤害或者患职业病进行治疗，享受工伤医疗待遇。

职工治疗工伤应当在签订服务协议的医疗机构就医，情况紧急时可以先到就近的医疗机构急救。

治疗工伤所需费用符合工伤保险诊疗项目目录、工伤保险药品目录、工伤保险住院服务标准的，从工伤保险基金支付。工伤保险诊疗项目目录、工伤保险药品目录、工伤保险住院服务标准，由国务院社会保险行政部门会同国务院卫生行政部门、食品药品监督管理部门等部门规定。

职工住院治疗工伤的伙食补助费，以及经医疗机构出具证明，报经办机构同意，工伤职工到统筹地区以外就医所需的交通、食宿费用从工伤保险基金支付，基金支付的具体标准由统筹地区人民政府规定。

工伤职工治疗非工伤引发的疾病，不享受工伤医疗待遇，按照基本医疗保险办法处理。

工伤职工到签订服务协议的医疗机构进行工伤康复的费用，符合规定的，从工伤保险基金支付。

第三十一条 社会保险行政部门作出认定为工伤的决定后发生行政复议、行政诉讼的，行政复议和行政诉讼期间不停止支付工伤职工治疗工伤的医疗费用。

第三十二条 工伤职工因日常生活或者就业需要，经劳动能力鉴定委员会确认，可以安装假肢、矫形器、假眼、假牙和配置轮椅等辅助器具，所需费用按照国家规定的标准从工伤保险基金支付。

第三十三条 职工因工作遭受事故伤害或者患职业病需要暂停工作接受工伤医疗的，在停工留薪期内，原工资福利待遇不变，由所在单位按月支付。

停工留薪期一般不超过 12 个月。伤情严重或者情况特殊，经设区的市级劳动能力鉴定委员会确认，可以适当延长，但延长不得超过 12 个月。工伤职工评定伤残等级后，停发原待遇，按照本章的有关规定享受伤残待遇。工伤职工在停工留薪期满后仍需治疗的，继续享受工伤医疗待遇。

生活不能自理的工伤职工在停工留薪期需要护理的，由所在单位负责。

第三十四条 工伤职工已经评定伤残等级并经劳动能力鉴定委员会确认需要生活护理的，从工伤保险基金按月支付生活护理费。

生活护理费按照生活完全不能自理、生活大部分不能自理或者生活部分不能自理 3 个不同等级支付，其标准分别为统筹地区上年度职工月平均工资的 50%、40% 或者 30%。

第三十五条 职工因工致残被鉴定为一级至四级伤残的，保留劳动关系，退出工作岗位，享受以下待遇：

（一）从工伤保险基金按伤残等级支付一次性伤残补助金，标准为：一级伤残为 27 个月的本人工资，二级伤残为 25 个月的本人工资，三级伤残为 23 个月的本人工资，四级伤残为 21 个月的本人工资；

（二）从工伤保险基金按月支付伤残津贴，标准为：一级伤残为本人工资的 90%，二级伤残为本人工资的 85%，三级伤残为本人工资的 80%，四级伤残为本人工资的 75%。伤残津贴实际金额低于当地最低工资标准的，由工伤保险基金补足差额；

（三）工伤职工达到退休年龄并办理退休手续后，停发伤残津贴，按照国家有关规定享受基本养老保险待遇。基本养老保险待遇低于伤残津贴的，由工伤保险基金补足差额。

职工因工致残被鉴定为一级至四级伤残的，由用人单位和职工个人以伤残津贴为基数，缴纳基本医疗保险费。

第三十六条 职工因工致残被鉴定为五级、六级伤残的，享受以下待遇：

（一）从工伤保险基金按伤残等级支付一次性伤残补助金，标准为：五级伤残为 18 个月的本人工资，六级伤残为 16 个月的本人工资；

（二）保留与用人单位的劳动关系，由用人单位安排适当工作。难以安排工作的，由用人单位按月发给伤残津贴，标准为：五级伤残为本人工资的 70%，六级伤残为本人工资的 60%，并由用人单位按照规定为其缴纳应缴纳的各项社会保险费。伤残津贴实际金额低于当地最低工资标准的，由用人单位补足差额。

经工伤职工本人提出，该职工可以与用人单位解除或者终止劳动关系，由工伤保险基金支付一次性工伤医疗补助金，由用人单位支付一次性伤残就业补助金。一次性工伤医疗补助金和一次性伤残就业补助金的具体标准由省、自治区、直辖市人民政府规定。

第三十七条 职工因工致残被鉴定为七级至十级伤残的，享受以下待遇：

（一）从工伤保险基金按伤残等级支付一次性伤残补助金，标准为：七级伤残为 13 个月的本人工资，八级伤残为 11 个月的本人工资，九级伤残为 9 个月的本人工资，十级伤残为 7 个月的本人工资；

（二）劳动、聘用合同期满终止，或者职工本人提出解除劳动、聘用合同的，由工伤保险基金支付一次性工伤医疗补助金，由用人单位支付一次性伤残就业补助金。一次性工伤医疗补助金和一次性伤残就业补助金的具体标准由省、自治区、直辖市人民政府规定。

第三十八条 工伤职工工伤复发，确认需要治疗的，享受本条例第 30 条、第 32 条和第 33 条规定的工伤待遇。

第三十九条 职工因工死亡，其近亲属按照下列规定从工伤保险基金领取丧葬补助金、供养亲属抚恤金和一次性工亡补助金：

（一）丧葬补助金为 6 个月的统筹地区上年度职工月平均工资；

（二）供养亲属抚恤金按照职工本人工资的一定比例发给由因工死亡职工

生前提供主要生活来源、无劳动能力的亲属。标准为：配偶每月 40%，其他亲属每人每月 30%，孤寡老人或者孤儿每人每月在上述标准的基础上增加 10%。核定的各供养亲属的抚恤金之和不应高于因工死亡职工生前的工资。供养亲属的具体范围由国务院社会保险行政部门规定；

（三）一次性工亡补助金标准为上一年度全国城镇居民人均可支配收入的 20 倍。

伤残职工在停工留薪期内因工伤导致死亡的，其近亲属享受本条第 1 款规定的待遇。

一级至四级伤残职工在停工留薪期满后死亡的，其近亲属可以享受本条第 1 款第（一）项、第（二）项规定的待遇。

第四十条 伤残津贴、供养亲属抚恤金、生活护理费由统筹地区社会保险行政部门根据职工平均工资和生活费用变化等情况适时调整。调整办法由省、自治区、直辖市人民政府规定。

第四十一条 职工因工外出期间发生事故或者在抢险救灾中下落不明的，从事故发生当月起 3 个月内照发工资，从第 4 个月起停发工资，由工伤保险基金向其供养亲属按月支付供养亲属抚恤金。生活有困难的，可以预支一次性工亡补助金的 50%。职工被人民法院宣告死亡的，按照本条例第 39 条职工因工死亡的规定处理。

第四十二条 工伤职工有下列情形之一的，停止享受工伤保险待遇：

（一）丧失享受待遇条件的；

（二）拒不接受劳动能力鉴定的；

（三）拒绝治疗的。

第四十三条 用人单位分立、合并、转让的，承继单位应当承担原用人单位的工伤保险责任；原用人单位已经参加工伤保险的，承继单位应当到当地经办机构办理工伤保险变更登记。

用人单位实行承包经营的，工伤保险责任由职工劳动关系所在单位承担。

职工被借调期间受到工伤事故伤害的，由原用人单位承担工伤保险责任，但原用人单位与借调单位可以约定补偿办法。

企业破产的，在破产清算时依法拨付应当由单位支付的工伤保险待遇费用。

第四十四条 职工被派遣出境工作，依据前往国家或者地区的法律应当参加当地工伤保险的，参加当地工伤保险，其国内工伤保险关系中止；不能参加当地工伤保险的，其国内工伤保险关系不中止。

第四十五条 职工再次发生工伤，根据规定应当享受伤残津贴的，按照新认定的伤残等级享受伤残津贴待遇。

第六章 监督管理

第四十六条 经办机构具体承办工伤保险事务，履行下列职责：

（一）根据省、自治区、直辖市人民政府规定，征收工伤保险费；

（二）核查用人单位的工资总额和职工人数，办理工伤保险登记，并负责保存用人单位缴费和职工享受工伤保险待遇情况的记录；

（三）进行工伤保险的调查、统计；

（四）按照规定管理工伤保险基金的支出；

（五）按照规定核定工伤保险待遇；

（六）为工伤职工或者其近亲属免费提供咨询服务。

第四十七条 经办机构与医疗机构、辅助器具配置机构在平等协商的基础上签订服务协议，并公布签订服务协议的医疗机构、辅助器具配置机构的名单。具体办法由国务院社会保险行政部门分别会同国务院卫生行政部门、民政部门等部门制定。

第四十八条 经办机构按照协议和国家有关目录、标准对工伤职工医疗费用、康复费用、辅助器具费用的使用情况进行核查，并按时足额结算费用。

第四十九条 经办机构应当定期公布工伤保险基金的收支情况，及时向社会保险行政部门提出调整费率的建议。

第五十条 社会保险行政部门、经办机构应当定期听取工伤职工、医疗机构、辅助器具配置机构以及社会各界对改进工伤保险工作的意见。

第五十一条 社会保险行政部门依法对工伤保险费的征缴和工伤保险基金的支付情况进行监督检查。

财政部门和审计机关依法对工伤保险基金的收支、管理情况进行监督。

第五十二条 任何组织和个人对有关工伤保险的违法行为，有权举报。社会保险行政部门对举报应当及时调查，按照规定处理，并为举报人保密。

第五十三条 工会组织依法维护工伤职工的合法权益，对用人单位的工伤保险工作实行监督。

第五十四条 职工与用人单位发生工伤待遇方面的争议，按照处理劳动争议的有关规定处理。

第五十五条 有下列情形之一的，有关单位或者个人可以依法申请行政复议，也可以依法向人民法院提起行政诉讼：

（一）申请工伤认定的职工或者其近亲属、该职工所在单位对工伤认定申请不予受理的决定不服的；

（二）申请工伤认定的职工或者其近亲属、该职工所在单位对工伤认定结论不服的；

（三）用人单位对经办机构确定的单位缴费费率不服的；

（四）签订服务协议的医疗机构、辅助器具配置机构认为经办机构未履行有关协议或者规定的；

（五）工伤职工或者其近亲属对经办机构核定的工伤保险待遇有异议的。

第七章 法律责任

第五十六条 单位或者个人违反本条例第 12 条规定挪用工伤保险基金，构成犯罪的，依法追究刑事责任；尚不构成犯罪的，依法给予处分或者纪律处分。被挪用的基金由社会保险行政部门追回，并入工伤保险基金；没收的违法所得依法上缴国库。

第五十七条 社会保险行政部门工作人员有下列情形之一的，依法给予处分；情节严重，构成犯罪的，依法追究刑事责任：

（一）无正当理由不受理工伤认定申请，或者弄虚作假将不符合工伤条件的人员认定为工伤职工的；

（二）未妥善保管申请工伤认定的证据材料，致使有关证据灭失的；

（三）收受当事人财物的。

第五十八条 经办机构有下列行为之一的，由社会保险行政部门责令改正，对直接负责的主管人员和其他责任人员依法给予纪律处分；情节严重，构成犯罪的，依法追究刑事责任；造成当事人经济损失的，由经办机构依法承担赔偿责任：

（一）未按规定保存用人单位缴费和职工享受工伤保险待遇情况记录的；

（二）不按规定核定工伤保险待遇的；

（三）收受当事人财物的。

第五十九条 医疗机构、辅助器具配置机构不按服务协议提供服务的，经办机构可以解除服务协议。

经办机构不按时足额结算费用的，由社会保险行政部门责令改正；医疗机构、辅助器具配置机构可以解除服务协议。

第六十条 用人单位、工伤职工或者其近亲属骗取工伤保险待遇，医疗机构、辅助器具配置机构骗取工伤保险基金支出的，由社会保险行政部门责令退还，处骗取金额2倍以上5倍以下的罚款；情节严重，构成犯罪的，依法追究刑事责任。

第六十一条 从事劳动能力鉴定的组织或者个人有下列情形之一的，由社会保险行政部门责令改正，处2000元以上10000元以下的罚款；情节严重，构成犯罪的，依法追究刑事责任：

（一）提供虚假鉴定意见的；

（二）提供虚假诊断证明的；

（三）收受当事人财物的。

第六十二条 用人单位依照本条例规定应当参加工伤保险而未参加的，由社会保险行政部门责令限期参加，补缴应当缴纳的工伤保险费，并自欠缴之日起，按日加收5‰的滞纳金；逾期仍不缴纳的，处欠缴数额1倍以上3倍以下的罚款。

依照本条例规定应当参加工伤保险而未参加工伤保险的用人单位职工发生工伤的，由该用人单位按照本条例规定的工伤保险待遇项目和标准支付费用。

用人单位参加工伤保险并补缴应当缴纳的工伤保险费、滞纳金后，由工伤保险基金和用人单位依照本条例的规定支付新发生的费用。

第六十三条 用人单位违反本条例第19条的规定，拒不协助社会保险行政部门对事故进行调查核实的，由社会保险行政部门责令改正，处2000元以上20000元以下的罚款。

第八章　附　　则

第六十四条 本条例所称工资总额，是指用人单位直接支付给本单位全部职工的劳动报酬总额。

本条例所称本人工资，是指工伤职工因工作遭受事故伤害或者患职业病前 12 个月平均月缴费工资。本人工资高于统筹地区职工平均工资 300% 的，按照统筹地区职工平均工资的 300% 计算；本人工资低于统筹地区职工平均工资 60% 的，按照统筹地区职工平均工资的 60% 计算。

第六十五条 公务员和参照公务员法管理的事业单位、社会团体的工作人员因工作遭受事故伤害或者患职业病的，由所在单位支付费用。具体办法由国务院社会保险行政部门会同国务院财政部门规定。

第六十六条 无营业执照或者未经依法登记、备案的单位以及被依法吊销营业执照或者撤销登记、备案的单位的职工受到事故伤害或者患职业病的，由该单位向伤残职工或者死亡职工的近亲属给予一次性赔偿，赔偿标准不得低于本条例规定的工伤保险待遇；用人单位不得使用童工，用人单位使用童工造成童工伤残、死亡的，由该单位向童工或者童工的近亲属给予一次性赔偿，赔偿标准不得低于本条例规定的工伤保险待遇。具体办法由国务院社会保险行政部门规定。

前款规定的伤残职工或者死亡职工的近亲属就赔偿数额与单位发生争议的，以及前款规定的童工或者童工的近亲属就赔偿数额与单位发生争议的，按照处理劳动争议的有关规定处理。

第六十七条 本条例自 2004 年 1 月 1 日起施行。本条例施行前已受到事故伤害或者患职业病的职工尚未完成工伤认定的，按照本条例的规定执行。

后　记

时光荏苒，岁月芳华。转眼间，三年的博士学习已经结束。在本书写作落笔之际，忽然间感到在华南理工大学三年的学习时间是如此短暂，以至于整本书的写作和修改都显得如此仓促。同时，本书只不过勾勒了研究社会性弱势群体犯罪治理的思想轮廓，这仅仅是在社会性弱势群体犯罪形势日趋严峻的背景下进行粗浅的研究，但愿本书提出的治理对策能为政府决策提供帮助。

此刻，在我脑海中浮现最多的两个字：感谢！感谢我的导师胡学相教授，从本书的选题、内容、方法、资料收集、社会调研到写作的全过程，都凝聚着他不倦的教诲，他在学术上睿智的见解、广博的学识、不懈的探索精神启发我写这样一个主题，是他经常给予我以鼓励和引导、批评和建议；又是他在百忙之余给我的书稿提出细致的修改意见，没有什么比这更能推动我的写作进程，虽历时几载，却给以终身受益无穷之道。对恩师的感激之情无以言表。

感谢恩师吴大华教授、张艾清教授、宋强教授、张帆教授、李小红博士在我读博期间给我各种关怀与帮助，在我情绪低落之时给我鼓励，让我充满力量。

感谢华南理工大学的教育和培养。学校和学院的领导为我们提供良好的学习和科研条件。学院老师们授吾以文、教吾做人，他们的远见卓识使我拥有了良好的事业基础和平台。

感谢诸多朋友、同仁、同学等的鼎力相助。多年来他们的温暖一直伴随着我，回报大家始终是心中的愿望。

最后，感谢我的父母、岳父母，他们给了我无穷的动力，一直默默地鼓励与支持着我、教导我无论在工作、还是生活中，要谦逊，多学习。如今我再次回到学校，他们仍然教导我多向老师请教。如今我已到了立志之年，父母、岳父母的仁爱和慈祥还一直激励着我不断前行，没有他们的理解、支持、帮助就不会有我今天的收获与梦想！

感谢最多应是我的妻子张婷博士，在我读博期间给我无微不至的关怀与体谅，每当我学习繁忙时候，她总是为我打气鼓劲，并且默默担负着操持家务的繁重任务，在她面前我非常愧疚，也是这种相依相守爱的力量使我不再彷徨。

恳请各位专家、读者提出宝贵的意见！

谨识于贵阳·花溪

图书在版编目（ＣＩＰ）数据

社会性弱势群体犯罪治理研究/向鹏著.—北京：中国政法大学出版社，2020.1
（2020.10 重印）
ISBN 978-7-5620-9080-9

Ⅰ.①社…　Ⅱ.①向…　Ⅲ.①边缘群体-预防犯罪-研究-中国　Ⅳ.①D924.114

中国版本图书馆 CIP 数据核字(2019)第 129629 号

出　版　者　中国政法大学出版社

地　　　址　北京市海淀区西土城路 25 号

邮寄地址　北京 100088 信箱 8034 分箱　邮编 100088

网　　　址　http://www.cuplpress.com (网络实名：中国政法大学出版社)

电　　　话　010-58908285(总编室) 58908433 (编辑部) 58908334(邮购部)

承　　印　北京九州迅驰传媒文化有限公司

开　　本　787mm×1092mm　1/16

印　　张　16

字　　数　261 千字

版　　次　2020 年 1 月第 1 版

印　　次　2020 年 10 月第 2 次印刷

定　　价　59.00 元